JN081618

# EMPOWERING

EMPOWERING LEADERSHIP

# エンパワリング・
リーダーシップ

青木幹喜 [著]
Aoki Mikiyoshi

# LEADERSHIP

中央経済社

# は し が き

　本書では，支援型リーダーシップの１つであるエンパワリング・リーダーシップの効果が，どの程度あるのかを，日本企業を対象にして明らかにした。エンパワリング・リーダーシップというのは，「従業員を支援し，彼らが心理的にエンパワーし，自律的に行動できるようにするリーダーシップのこと」であるが，このようなリーダーシップの効果を日本企業から得られたデータによって明らかにした。

　すでにかなりの時が経つが，2006年に『エンパワーメント経営』（中央経済社）という本を出版した。驚いたのは，この『エンパワーメント経営』を出版してからほどなくして，エンパワーメントに関する問い合わせや講演・研修の依頼があったことである。はじめにエンパワーメントについて知りたいとの問い合わせをくれたのは，看護学を学ぶ女子学生であった。わざわざ大学まで電話をくれ，エンパワーメントについて質問をしてくれた。その後，ベンチャーキャピタルの研修担当の方や製造企業で研修を担当する方，また，かつて企業の取締役だった方からも，問い合わせや依頼をいただいた。

　講演や研修とは無縁の研究者だと思っていたが，この『エンパワーメント経営』の出版を契機に，講演や研修に関わるようになった。当初，なぜ，企業の方々がエンパワーメントというテーマに飛びつくのか，その真意が十分つかめなかった。むしろ，看護を学ぶ学生の方が，その真意を理解しやすかった。無我夢中で企業の方々を前にして話し，研修をする中で，しだいにエンパワーメントというテーマに飛びつく理由も理解できるようになってきた。もちろん，エンパワーメントというコンセプトが，当時，経営の分野で流行していたこともあるが，それ以上に，エンパワーメントというコンセプトを使うと，もしかしたらマネジャーやリーダーが直面する問題を解決してくれるのではないかという期待があったからであろう。

　多くの調査結果が示すように，マネジャーやリーダーが直面する問題のうち，もっとも多いのは部下育成の問題であった。「部下がマネジャーに問題をふっ

てくる」とか,「部下が自分で考えない」といった悩みを持つマネジャーや
リーダーは多く,こうした部下育成に関わる問題について,エンパワーメント
というコンセプトが,突破口を開いてくれるのではないかという期待があるこ
とが,しだいにわかってきた。こうして,徐々に経営におけるエンパワーメン
トという広いテーマではなく,マネジャーとエンパワーメント（エンパワリン
グ・リーダーシップ）という限定したテーマに絞り,研究をするようになった。

　企業研修の現場では,部下が自ら考え行動できるようなスキルをマネジャー
やリーダーが身につけられるスキル・トレーニングを行なってきた。具体的に
は,部下の有意味感を高めるためのスキル,部下の自己決定感を高めるための
スキル,そして部下のコンピタンスを高めるためのスキル,さらに部下の成長
感を高めるためのスキルをマネジャーやリーダーが身につけられるようなスキ
ル・トレーニングを行なってきた。

　しかし,こうしたスキル・トレーニングを行なう中で,絶えず部下の自律的
行動を促し支援するリーダーシップ・スタイルであるエンパワリング・リー
ダーシップが,本当に日本でも有効であるのかという問題もあった。本書では,
研修時のエンパワリング・リーダーシップに関わるスキル・トレーニングの内
容を直接的に扱うというよりは,少し距離を置いて,エンパワリング・リー
ダーシップというリーダーシップ・スタイルの有効性をあらためて考えてみた。

　本書をまとめる途中で,大学をマネジメントするという仕事に関わる機会も
得た。リーダーシップが他人事ではなく,まさに自分事になり,実践する立場
になった。エンパワリング・リーダーシップを実践すれば,大学が抱える多岐
にわたる問題を解決できるほど単純なものではなかったが,それなりに有効な
場面は沢山あった。さすがに,大学のマネジメントに関わっている期間,本書
をまとめる作業は遅々として進まなかった。そして,この間に,エンパワリン
グ・リーダーシップ研究はさらに進展し,本書では十分触れられなかった新し
い研究内容も生まれていた。もっと新しい研究動向を盛り込み,エンパワリン
グ・リーダーシップの内容を紹介したかったが,それ以上に,何とか自分の研
究の足跡を残したいという気持ちの方が強かった。自分の残りの研究者人生を
考え,不十分とは知りつつ,あえて今回,本書を出版させていただくことにし
た。

　この足跡を残したいという気持ちをしっかりと受け止めて，出版の手助けをしてくれたのは中央経済社の皆さんである。中央経済社の皆さんには，ただただ感謝しかない。特に，山本継社長，また長年おつきあいいただいてきた納見伸之さんには，御礼を申し上げたい。

2021年10月

青木 幹喜

## Contents

はしがき

# 第7章

# 日本企業のエンパワリング・リーダーシップの分析枠組み

# 第8章

# 調査の方法

# 序　章

## 本書の問題意識と背景

　本書では，支援型のリーダーシップと考えられるエンパワリング・リーダーシップが，本当に効果があるのかを，日本企業のマネジャーやリーダーを対象にして，実証的に明らかにした。また，単にマネジャーやリーダーの取るエンパワリング・リーダーシップの効果を検証するだけでなく，マネジャーやリーダーがエンパワリング・リーダーシップというスタイルを取るのは，一体，どのような要因からの影響があるのかも，実証的に明らかにした。

## I　本書のリサーチ・クエスチョン

### 1．本書におけるエンパワリング・リーダーシップの捉え方

　次章で詳しく検討するが，本書でのエンパワリング・リーダーシップの捉え方は，「従業員を支援し，彼らが心理的にエンパワーし，自律的に行動できるようにするリーダーシップ」のことである。様々なエンパワリング・リーダーシップの定義のうち，従来のエンパワーメントの捉え方をベースに，従業員への権限委譲を強調した定義もあるが，本書では，権限の委譲に加え，従業員の心理的エンパワーメントを強調した内容になっている。そして，こうしたエンパワリング・リーダーシップを対象にして，リサーチ・クエスチョンを解いていこうとしたのが本書である。

## ２．本書におけるリサーチ・クエスチョン

### （1）当初のリサーチ・クエスチョン

　本書の当初のリサーチ・クエスチョンは，「日本企業を対象にして，そこで働くマネジャーやリーダーが発揮するエンパワリング・リーダーシップは，従業員の革新的行動や能力発揮を促すのだろうか」ということであった。エンパワリング・リーダーシップ研究をサーベイすると，2000年以降，世界各地で理論的，実証的な研究が行なわれるようになり，主にその効果が検討されてきた。残念ながら，日本でのエンパワリング・リーダーシップ研究は，あまり見られなかったことから，本書では日本の企業を対象にして，そこで働くマネジャーやリーダーによって発揮されるエンパワリング・リーダーシップの効果を明らかにした。また，効果と言っても，人間の態度への効果，さらにはイノベーションへの効果など，多様な効果が考えられるが，本書では従業員の革新的行動と能力発揮への効果に注目してみた。

### （2）新たなリサーチ・クエスチョン

　しかし，この当初のリサーチ・クエスチョンを解くプロセスの中で，そもそもマネジャーやリーダーは，なぜ，エンパワリング・リーダーシップというリーダーシップ・スタイルを取るのか，エンパワリング・リーダーシップに影響を与える要因が，これまでの研究では明らかになっていないことがわかった。そこで，当初のリサーチ・クエスチョンに加え，「日本企業を対象にして，そこで働くマネジャーやリーダーは，どのような要因から影響を受けて，エンパワリング・リーダーシップというスタイルを取るのか」という新しいリサーチ・クエスチョンも設け，研究することにした。

　これらの点から，本書では，日本企業で働くマネジャーやリーダーのリーダーシップを対象にして，次の２つのリサーチ・クエスチョンを明らかにした。

① マネジャーやリーダーが，エンパワリング・リーダーシップというリーダーシップ・スタイルを取るのは，どのような要因から影響を受けたのであろうか

② マネジャーやリーダーがエンパワリング・リーダーシップというリー

　ダーシップ・スタイルを取ると，従業員の革新的行動や能力発揮は高まるのであろうか

　本書では，この2つのリーダーシップに関するリサーチ・クエスチョンを解くために，必要な文献のサーベイを行ない，現場の状況を把握し，独自の研究モデルを構築し，いくつかの仮説を導出し，この仮説を，日本企業，特に製造企業のデータを用い検証した。

# Ⅱ　エンパワリング・リーダーシップを研究する理由

　さて，本書では上述したような2つのリサーチ・クエスチョンを解くために，理論的・実証的な研究を行なうことにするが，そもそも，エンパワリング・リーダーシップというものを研究対象にする理由を，あらためて述べていくことにしよう。

　リーダーシップと言っても，実に様々な種類，様々なスタイルがあるが，なぜ，今，エンパワリング・リーダーシップを研究しなければならないのか，その背景を考えることにしたい。以下では，エンパワーメントの視点，リーダーシップの視点，人的資源管理の視点，戦略の視点，4つの視点からエンパワリング・リーダーシップにフォーカスを当てる理由を考えることにしたい。

## 1．エンパワーメントの視点から

　まずは，エンパワーメントの視点から，エンパワリング・リーダーシップを研究する理由を考えていくことにしよう。エンパワリング・リーダーシップを研究対象にしなければならない第一の理由は，エンパワーメント研究をより充実させるためである。

　他の分野で注目されたエンパワーメントというコンセプトが，経営の分野でも注目されるようになったのは1980年代後半からであった。当初，エンパワーメント研究の中心は，そのコンセプトを検討することであった。エンパワーメントは客観的な力（パワー）であるとか，権限をマネジャーやリーダーが従業員に与えることを意味していた。しかし，客観的な力（パワー）や権限を従業員に与えても，その力（パワー）や権限を自分が持っていると従業員が認知し

4

ないと，従業員は行動できないこともわかってきた。

　そこで，客観的な力（パワー）や権限を従業員に与えることもエンパワーメントであるが，この力（パワー）や権限を従業員が主観的に認知し，自らが力（パワー）ある存在だとか，意味ある存在だと認知することも，エンパワーメントだと考えられるようになってきた(Conger&Kanungo, 1988：Thomas&Velthouse, 1990：Spreitzer, 1995)。この従業員が，自らを力（パワー）ある存在であるとか，意味ある存在だと認知する特定の心理的状態が，心理的エンパワーメントと呼ばれるものであり，経営におけるエンパワーメントの研究や実践において，重要なコンセプトになっていった。

　このようにエンパワーメントが経営の分野に導入されるようになった頃は，そのコンセプトをめぐる議論が多く，エンパワーメントをどのように実践するかという議論は不十分であった。従業員に客観的な力（パワー）や権限を委譲するという意味でのエンパワーメントの議論においても，どのように権限を委譲すべきか，という実践的課題については十分な検討がされていなかった。また，従業員が力（パワー）や権限を主観的に認知し，自らは自己効力感を持っている存在だとか，自らのやっていることには意味があるという有意味感を持つ存在だという議論においても，この心理的エンパワーメントをどのように高めるのかという実践的課題に対して，エンパワーメントの当初の議論では，十分な解答は示されてこなかった[1]。

　エンパワリング・リーダーシップの研究は，こうしたエンパワーメントでの議論の延長線上にあり，客観的な力（パワー）や権限を具体的にマネジャーやリーダーが，どのように従業員に与えるべきか，また，従業員が力（パワー）や権限を主観的に認知し，心理的エンパワーメントという特定の心理的状態を，マネジャーやリーダーは，どのように作るべきかを，具体的に検討したものとなっている。

---

1　Thomas&Velthouse(1990)は，従業員の心理的エンパワーメントを高めるためには，リーダーシップや権限委譲，職務設計，報酬システムといった環境要因が重要であることは指摘していたが，各要因の詳細までは十分検討していなかった。

## 2．リーダーシップの視点から

　エンパワリング・リーダーシップを研究しなければならない第二の理由は，支援型リーダーシップの分析が十分でないというリーダーシップ論からの要請である。エンパワリング・リーダーシップは，従業員が自律的に考え，行動できるようにする一種の支援型リーダーシップであるが，これまで支援型リーダーシップの内容が十分に分析されてこなかったために，本書ではエンパワリング・リーダーシップを研究対象にすることにした。

　エンパワリング・リーダーシップというリーダーシップ・スタイルの下では，従業員が自律的に考え，行動できると考えられるため，従業員の活動はきわめて積極的（アクティブ）である。これに対して，マネジャーやリーダーは，この従業員が自律的に活動できるように，従業員を背後から支え，従業員の活動を支援するために，その活動は，受身的（パッシブ）になる（Daft, 2002）。しかし，マネジャーやリーダーの活動が受身的（パッシブ）とは言え，そのリーダーシップ活動が減るわけではないし，ましてや何もしないということでもない。受身的（パッシブ）とは言え，従業員を支援する活動がメインとなり，権威主義的なリーダーシップと比べ，活動内容が変化するだけである。こうした支援型のリーダーシップを研究することはこれまでにあまりなく，ここにエンパワリング・リーダーシップを研究する意義がある。

　経営の分野に限らず，支援型リーダーシップは，現在，注目され実践されるようになっている。例えば，スポーツの分野において，ボトムアップ型のチーム運営が注目され，「自分で考え，行動する力の構築」がチーム運営の目的とされている[2]。従来，社会人，大学のスポーツチームでは，ボトムアップ型のチーム運営は散見されてきたが，近年は，高校のスポーツチームでも，選手自身が自分で考え，自分で行動できるチーム運営が注目されている。しかも，ボトムアップ型のチーム運営をしているチームの方が，勝率が高い傾向にあるのが，最近の特徴である。このボトムアップ型のチーム運営をしている監督の

---

2　例えば，安芸南高校のサッカー部監督であった畑喜美夫氏が提唱したボトムアップ指導があげられる。この指導方法では，監督を中心とした指導者側から指示するトップダウンではなく，選手側から提案，意見して行動することが重視される。

6

リーダーシップ・スタイルは，明らかに選手が自律的に考え，行動できるように する支援型のリーダーシップであり，エンパワリング・リーダーシップと呼んでもよいリーダーシップ・スタイルが実行されている。このようなボトムアップ型のチーム運営やそれを推進するリーダーによる支援型リーダーシップとしてのエンパワリング・リーダーシップが，最終的な勝率と結びつくのはなぜなのか，その説明が十分なされてきたわけではない。

エンパワリング・リーダーシップを研究対象とするのは，こうしたリーダーシップ論の中に古くからあり，新しい問題としても位置づけられる指示的でトップダウン型のリーダーシップとボトムアップ型のリーダーシップの違いを，これまで明確に説明できなかったためである[3]。

## 3．人的資源管理の視点から

エンパワリング・リーダーシップを研究対象とする第三の理由は，人的資源管理の視点からである。特に，人的資源管理のうち，若手社員の持つ問題点を解決するために，エンパワリング・リーダーシップのような支援型リーダーシップが期待されることから，エンパワリング・リーダーシップを研究対象とする理由があった。

松尾(2013)は，民間企業だけでなく，官公庁や医療組織に勤務するマネジャー合計461名を対象に調査を行なった。その結果，最近の若手社員の問題行動として，「自己中心性」と「主体性不足」の大きく2つがあることを明らかにした(松尾, 2013)。このうち，若手社員の「自己中心性」とは，自己中心的な行動を取る傾向のことであり，「自分の考えに固執し，上司や周りの意見を聞かない」「報告・連絡・相談をせず，独断で仕事を進め問題を起こす」といったことであった。また，「主体性不足」とは，若手社員が目標を持って主体的に行動し，挑戦する姿勢が見られないということであり，「言われたことはこなすが，それ以上のことをしない」「明確な目標や夢を持っていない」「成長意欲が感じられない」ということであった。この2つの若手社員の問題行動

---

3　この点については，第5章のエンパワリング・リーダーシップの個別研究のうち，Lorinkova, Pearsall&Sims(2013)とMartin, Liao&Campbell(2013)で詳細に検討する。

のうち，エンパワリング・リーダーシップは，「主体性不足」を解決する方法として期待されるものであり，このためエンパワリング・リーダーシップを研究対象とする理由がある。

　筆者が行なった課長へのヒアリングでも，課長自身から，若手社員の「主体性不足」に関する発言が数多く聞かれ，次のような悩みが語られていた[4]。

　「若手がもっと能動的に考えて，働いてくれるための指導方法とは何だろうか」

　「部下が自発的に仕事をすべき内容でも，私にその仕事をふってくる，自分で行なわせるにはどうしたらよいか」

　「主体的に行動できるような方向づけが，うまくできていない」

　「部下がなかなか自分で考えてくれない」

　このように，人的資源管理の視点，特に若手社員の問題行動の1つである「主体性不足」の視点から，エンパワリング・リーダーシップを研究する理由があげられる。

## 4．戦略の視点から

　エンパワリング・リーダーシップを研究対象とする第四の理由は，戦略の視点からである。企業が持続的な競争優位を維持・獲得するためには，継続的な新製品・新事業の創出が不可欠であり，継続的な新製品・新事業の創出のためには，組織能力が不可欠である（十川，1997）。この組織能力構築のために，エンパワリング・リーダーシップが鍵を握るため，より詳細にエンパワリング・リーダーシップを研究対象に，その内容を分析する必要がある。

　企業が短期的な競争優位を獲得するにはニッチな市場を狙うとか，製品の差別化をするとか，コストダウンをはかるといったオーソドックスな競争戦略を取れば十分であろう。しかし，長期的・持続的に企業が競争優位を獲得・維持するには，単なるポジショニングの変更ではすまず，継続的な新製品・新事業の創出が不可欠となる。そして，継続的な新製品・新事業の創出のためには，組織能力の構築が必要であり，この組織能力の構築のためにはマネジャーや

---

4　ある大手製造企業の製造部門における研修時に，課長から出された意見である。

リーダーのエンパワリング・リーダーシップの発揮が鍵を握るのである。

　組織能力とは「人間の創造性の発揮を促し，横断的な組織の協力などが絶え ず行ないうるような組織の状態」のことである（十川，1997）。組織で働く個人 個人が，新しいルールやプログラム，新しいアイディアを作り上げる。そして， 個人個人から生まれた発想やアイディアをリンケージし，これまでにないよう な新製品・新事業の創出を可能にするのが組織能力と言えよう。この組織能力 の構築に，マネジャーやリーダーによるエンパワリング・リーダーシップは大 きく関わっていく。

　組織能力の中核は，言葉をかえて言えば，個人学習と組織学習の2つである。 そして，この個人学習の中でも，個人の創造的学習に深く関わるのが，エンパ ワリング・リーダーシップである。既存のルールやプログラムを学ぶという個 人の適応的学習は，もちろん重要であるが，持続的競争優位の獲得・維持に必 要な継続的な新製品・新事業の創出には，個人の創造的学習が必要となる。新 しいルールやプログラムを生み出す創造的学習により，新製品・新事業の基礎 となるアイディアや発想が生まれる。この創造的学習の促進に，エンパワリン グ・リーダーシップは大きく関わっていく。また，個人の創造的学習によって 生み出されたアイディアや発想は，組織学習によってリンケージされ，組み合 わされ，競争優位をもたらす新製品や新事業へと結実していく。この個人の創 造的学習によって生み出されたアイディアや発想をリンケージするためにも， エンパワリング・リーダーシップは必要となる。

# Ⅲ　本書の構成

　さて，以下では，本書の構成について説明していくことにしよう。本書は序 章を含め，全部で11章から成り立っている。序章では，まず本書の問題意識を 述べ，第1章では，本書の本格的な議論の前に，あらためてエンパワリング・ リーダーシップというものがどのようなものか，そのコンセプトを確認した。

　第2章から第9章までが，本書の中心部分である。序章で示したリサーチ・ クエスチョンを明らかにするために，オーソドックスにエンパワリング・リー ダーシップの諸文献をサーベイし，また，日本企業の現場の状況も把握し，研

究モデルを構築，そこからいくつかの仮説を導出し，この仮説を日本企業の
データから検証したのが，本書の中心部分である第2章から第9章である。

　この中で，第2章から第5章までの4つの章では，エンパワリング・リー
ダーシップの諸文献のサーベイ結果が示されている。まずは第2章で，エンパ
ワリング・リーダーシップの研究の全体像を示し，第3章では，エンパワリン
グ・リーダーシップがもたらす成果を各研究ではどのように示しているかを
サーベイした。さらに第4章では，エンパワリング・リーダーシップが，ある
成果をもたらすまでのプロセスを，各研究がどのように描いているのかを示し
た。そして，第5章では，主にアメリカのマネジメント雑誌に掲載されている
主要なエンパワリング・リーダーシップ研究を，個別にサーベイし，その結果
をまとめて示した。

　サーベイした論文の多くは，アメリカで発表されたものであるが，その研究
では世界各国のエンパワリング・リーダーシップのデータが収集され，分析さ
れていた。しかし，日本におけるエンパワリング・リーダーシップを対象にし
た研究は皆無であったため，日本の状況を把握する必要があった。そこで，第
6章では，日本企業のエンパワリング・リーダーシップに関連する諸事項を，
企業の現場をサーベイした上で述べてみた。

　こうしたエンパワリング・リーダーシップの諸文献のサーベイ，また日本企
業のエンパワリング・リーダーシップの実態を踏まえ，本書で行なう研究の分
析枠組み，さらには仮説を提示したのが第7章である。そして，第7章で提示
した仮説を，どのように検証したのかその調査方法を述べたのが第8章であり，
調査の結果（検証の結果）を述べたのが第9章である。

　以上のように，本書の中心部分は，第2章から第9章であり，第2章から第
5章までが文献のサーベイ結果を示し，第6章が日本企業のエンパワリング・
リーダーシップの実態を示し，第7章から第9章まで，仮説の提示とその検証
結果を示している。そして，最後に第10章で本書のまとめを述べた。

# 第1章

# エンパワリング・リーダーシップというコンセプト

　本章では，エンパワリング・リーダーシップというコンセプトがどのようなものかを，把握していくことにしよう。まずは，本書におけるエンパワリング・リーダーシップの捉え方を述べるとともに，エンパワリング・リーダーシップが他のリーダーシップ・スタイルとどのように異なるのかも述べていくことにしたい。

## I　エンパワリング・リーダーシップの捉え方

　エンパワリング・リーダーシップというコンセプトが注目されるようになったのは，2000年代になってからである。2000年代になると，エンパワリング・リーダーシップというコンセプトが検討されるようになっただけでなく，エンパワリング・リーダーシップが本当に効果があるのか，あるとしたら何に効果があるのかといったテーマを扱った研究が数多く発表されるようになってきた。

## 1．本書におけるエンパワリング・リーダーシップの定義

　本書におけるエンパワリング・リーダーシップの捉え方は，「従業員を支援し，彼らが心理的にエンパワーし，自律的に行動できるようにするリーダーシップのこと」である。何人かの研究者がエンパワリング・リーダーシップの定義を行なってきたが，本書では，Thomas (2000, 2009) の考え方を主に参考

にし，エンパワリング・リーダーシップの定義を行なった[1]。

　Thomasは，かつてVelthouseとともに，エンパワーメントの研究を行なった研究者であり[2]，エンパワーメントが客観的な権限を従業員に与えるという意味で用いられるコンセプトだけでなく，主観的に自らが自らを力（パワー）ある者と捉える意味で用いられるコンセプトであることを指摘した研究者であった（Thomas & Velthouse, 1990）。そして，このThomasとVelthouseの研究により，心理的エンパワーメントというコンセプトも普及していくことになった。

　そして，Thomas（2000, 2009）は，その後，従業員をどのようにすれば心理的にエンパワーできるか，もしくは，どのようにすれば従業員を内発的に動機づけられるのかという実践的課題を，リーダーシップのあり方と関連づけて明らかにしようとした。このThomasによる従業員を心理的にエンパワーさせるリーダーシップのスタイルを，本書ではエンパワリング・リーダーシップと捉え，「従業員を支援し，彼らが心理的にエンパワーし，自律的に行動できるようにするリーダーシップのこと」と考えた。

## 2．エンパワリング・リーダーシップの諸定義

　**表1−1**には，これまでに発表されているエンパワリング・リーダーシップの定義をいくつか示した。この中には，本書が参考にしたThomas（2000, 2009）の定義も示されている。これらの定義を見ると，従来からのエンパワーメントの定義に影響された，マネジャー・リーダーと従業員とのパワー共有を強調したエンパワリング・リーダーシップの定義が多いことに気づくであろう。

　例えば，2013年に発表されたYukl（2013）の定義のように，エンパワリング・

---

1　本書でのエンパワリング・リーダーシップの定義は，次の文献をベースにして作成した。
　Thomas,K.W.(2000)*Intrinsic Motivation at Work:Building Energy&Commitment*,Berrett-Koehler Publishers.
　Thomas,K.W.(2009)*Intrinsic Motivation at Work:What Really Drives Employee Engagement*, Second Edition,Berrett-Koehler Publishers.
2　Thomasは，Velthouseとともに，次の文献を発表し，経営におけるエンパワーメント研究を発展させた。特に，心理的エンパワーメントというコンセプトの内容を明らかにした点で，大きな貢献をした。
　Thomas,K.W.&Velthouse,B.A.(1990) Cognitive Elements of Empowerment:An Interpretive Model of Intrinsic Task Motivation, *Academy of Management Review*,15(4),pp.666-681.

| 表1-1 | エンパワリング・リーダーシップの諸定義 |

| 研究者 | 定　義 |
|---|---|
| Daft（2002） | 組織を支配することなく組織を導き，また部下をコントロールすることなく，部下を導くことである。 |
| Thomas（2000，2009） | 従業員を支援し，彼らが心理的にエンパワーし，自律的に行動できるようにするリーダーシップのことである。また，従業員だけでなく，リーダー自らが自らを心理的にエンパワーするリーダーシップのことである。 |
| Zhang&Bartol（2010） | 従業員に対して仕事の重要性を示し，大きな意思決定ができる自律性を与え，従業員の能力に対して自信を表明し，成果への障害物を取り除くことにより，リーダーと従業員がパワーを共有できる状況を実行するプロセスである。 |
| Martin, Liao&Campbell（2013） | リーダーが従業員とパワーを共有するプロセスである。つまり，エンパワリング・リーダーシップとは，仕事の責任や権限を従業員に与え，この責任や権限が有効に実行できるように必要な資源や支援を与えることである。 |
| Yukl（2013） | 従業員のような他者が，自らに影響する決定に対して影響を及ぼすことのできる決定手続きのことである。 |
| Sharma&Kirkman（2015） | 個人間もしくはチームレベルでのリーダー行動であり，従業員に権限を委譲し，自律的な意思決定を促進し，コーチングや情報共有も進め，従業員からの考え・アイディアを求めるリーダー行動のことである。 |

リーダーシップというのは，従業員がマネジャーやリーダーの意思決定に影響を与えられる，つまりマネジャー・リーダーと従業員とが，共同で意思決定するリーダーシップ・スタイルのことであった。さらに，同じ2013年に発表されたMartin, Liao&Campbell（2013）の定義に示されるように，エンパワリング・リーダーシップというのは，マネジャーやリーダーが，従業員と力（パワー）を共有するプロセスのことであった。これらの一連の定義を見ると，エンパワリング・リーダーシップというのが，エンパワーメントの伝統的な定義をベー

スにした，マネジャーやリーダーと従業員との力（パワー）の共有を強調した
内容であることが理解できる。

　しかし，2000年と2009年に発表されたThomas（2000, 2009）の定義や2010年
に発表されたZhang&Bartol（2010）の定義を見ると，エンパワリング・リーダー
シップというのが，単に従業員に力（パワー）や権限を与えるリーダーシッ
プ・スタイルではないことも理解できる。そもそも，2000年と2009年に発表さ
れたThomas（2000, 2009）の定義には，エンパワリング・リーダーシップが，
マネジャー，リーダーと従業員との力（パワー）の共有プロセスであることさ
え示されていない。また，2010年に発表されたZhang&Bartol（2010）の定義に
は，マネジャー，リーダーと従業員との力（パワー）の共有プロセスという伝
統的なエンパワーメントの捉え方の影響が見られるものの，心理的なエンパ
ワーメントの捉え方の影響も見られる。

　Zhang&Bartol（2010）の定義の前半には「従業員に対して，仕事の重要性を
示し，大きな意思決定ができる自律性を与え，従業員の能力に対して自信を表
明する」という文言が示され，エンパワリング・リーダーシップが単なる力
（パワー）や権限の委譲ではないことが示されていた。これらは，従業員の心
理的エンパワーメントを念頭に置いたものであり，従業員の有意味感や自己決
定感，さらには自己効力感を高めることも，エンパワリング・リーダーシップ
であることを示唆するものであった。

　このように，いくつかあるエンパワリング・リーダーシップの定義のうち，
本書ではThomas（2000, 2009）やZhang&Bartol（2010）の定義のように，単なる
マネジャー，リーダーと従業員との力（パワー）の共有プロセスだけでなく，
従業員の心理的エンパワーメントの側面も考慮に入れた定義を採用することに
した[3]。そして，Thomas（2000, 2009）とZhang&Bartol（2010）の2つの定義のう
ち，本書ではThomas（2000, 2009）の考え方をベースにして，エンパワリング・

---

3　これらの定義は，従来のエンパワーメントの捉え方，つまり，マネジャーやリーダーが
　従業員に客観的な力（パワー）を与えるという意味合いに加え，従業員が与えられた客観
　的な力（パワー）をどう主観的に認知するかという新しいエンパワーメントの捉え方も考
　慮に入れており，エンパワリング・リーダーシップというものがどのようなものかを，正
　確に示しているように思われる。

リーダーシップを定義した[4]。その定義が「従業員を支援し，彼らが心理的にエンパワーし，自律的に行動できるようにするリーダーシップのこと」である。

## Ⅱ　エンパワリング・リーダーシップの定義のポイント

　以下では，本書におけるエンパワリング・リーダーシップの定義を，いくつかのポイントに分けて，説明していくことにしよう。

### 1．従業員の自律的行動を促進するリーダーシップ

　第一のポイントは，エンパワリング・リーダーシップが，従業員の自律的行動を促進させるためのリーダーシップだということである。マネジャーやリーダーから命令され行動する従業員ではなく，従業員自らが考え，自らが決定し，行動することを目指すのが，エンパワリング・リーダーシップである。特に，若い従業員の多くが，自ら考え，決定し，行動することが少なくなった最近，こうした若い社員の主体性を高めるための方法として，エンパワリング・リーダーシップは注目されるようになっている。

　Thomasは，古くはJansen さらにはTymonと共同研究を行ない，従業員が自律的に行動するプロセスというのはどういうものかを明らかにした（Thomas, Jansen&Tymon, 1997）。この従業員の自律的行動モデル，もしくは従業員のセルフ・マネジメントモデルをベースにして，具体的なリーダーシップのあり方を提示したのがThomas（2000, 2009）であった。

　Thomas（2000, 2009）によれば，従業員が自律的に行動するとは，次のような4つのプロセスがその行動に含まれる状態であった。

　　①　従業員が意味ある目標にコミットしていること
　　②　従業員がコミットした目標を達成する手段を自分で選択可能であること
　　③　従業員が選択した手段を能力や自信を持って遂行できること
　　④　従業員は手段を実行した結果，どこまで目標に近づいたかをモニターで

---

4　Thomasは，その著書で明確にエンパワリング・リーダーシップという言葉を使っているわけではない。また，心理的エンパワーメントという言葉も使っているわけではない。本書の定義は，あくまでもThomasの基本的な考え方に則って，筆者が示した定義である。

きること

Thomas（2000, 2009）は，こうした4つのプロセスが行動に含まれている時，従業員が自律的に行動することが可能であるとした。このThomas（2000, 2009）の描いた従業員の自律的行動プロセスを描いたのが，**図1-1**である。

従業員がマネジャーやリーダーから命令されることなく，自律的に考え行動するには，そもそも，従業員自身が仕事に関連した何らかの目標に強くコミットしている必要があろう。そして，強くコミットしている目標を達成するために，どのような手段を取るべきかを，自分で選択が可能となることが必要である。さらに，いくら自分である手段を選択したとしても，その手段を実行できる能力なりコンピタンスを従業員自身が持っていなければならない。こうして，従業員がコミットした目標を実現する手段を，ふさわしい能力，コンピタンスを持って実行し，最終的には自分で実行した結果が，どの程度の成果を生み出しているのかを従業員自身がモニターできることが不可欠となる。

▶ **図1-1**　**従業員の自律的行動プロセス**

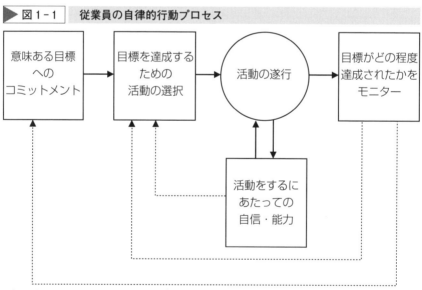

注）四角で囲まれた「意味ある目標へのコミットメント」などは精神活動を示している。また，○で囲まれた「活動の遂行」は肉体活動を示している。
（出所）Thomas, K. W.(2000), p. 28より

エンパワリング・リーダーシップというのは，このような4つのプロセスが従業員の行動に含まれるように，従業員に影響を与えていくリーダーシップ・スタイルのことである。

## 2．従業員を心理的にエンパワーするリーダーシップ

エンパワリング・リーダーシップの第二のポイントは，このリーダーシップ・スタイルが，従業員を心理的にエンパワーするリーダーシップだということである。従業員が自律的に行動すると言っても，何らかのエネルギーがなければ，従業員は自律的に前へ進んでいかないであろう。自律的行動に含まれる4つのプロセスを，従業員自身がたどっていくには，それ相応の心理的エネルギーが不可欠と考えられる。この心理的エネルギーに相当するのが，まさに心理的エンパワーメントと呼ばれるものであり，マネジャーやリーダーは，従業員の自律的行動の推進力とも言うべき心理的エンパワーメントと呼ばれる特定の心理的状態を作っていかなければならない。

心理的エンパワーメントという特定の心理的状態と従業員の自律的行動とは，相互に影響を及ぼしあっている。従業員が自律的に行動し，うまく行動できたと判断すれば，従業員は心理的にエンパワーし，心理的エネルギーを高める。また，従業員が心理的にエンパワーし，心理的にエネルギーを高めれば，自律的行動はますます促進されていくというように，従業員の心理的エンパワーメントと従業員の自律的行動とは，相互に影響を及ぼしあっている。そして，エンパワリング・リーダーシップというのは，このうち，従業員の自律的行動を促進させていくものであり，この行動を引き起こす心理的エンパワーメントという心理的エネルギーを高めるリーダーシップ・スタイルである。この従業員の心理的エンパワーメントと従業員の自律的行動との関係を詳細に示すと，**図1-2**のようになるであろう。

自律的行動には，すでに述べたように，4つの主要なプロセスが含まれるが，以下の①～④の通りこの4つのプロセス各々で，従業員が判断し，うまく各プロセスが遂行されたと判断されると，心理的エンパワーメントという特定の心理的状態を獲得することになる。

①　従業員が意味ある目標にコミットしていると判断すれば，従業員は有意

▶ 図1-2　　従業員の自律的行動と心理的エンパワーメントの相互関係

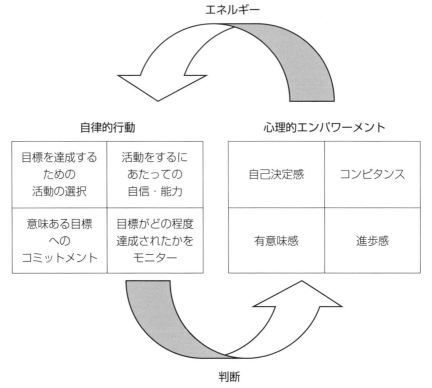

（出所）Thomas, K.W.(2000), p.45を修正

味感という特定の心理的状態を獲得する。

② 従業員がコミットした目標を達成する手段を，自分で選択できたと判断
すれば，従業員は自己決定感という特定の心理的状態を獲得する。

③ 従業員が選択した手段をうまく遂行できたと判断すれば，従業員はコン
ピタンスという特定の心理的状態を獲得する。

④ 従業員が手段を実行した結果，どこまで目標に近づいたかをモニターで
きたと判断すれば，進歩感という特定の心理的状態を獲得する。

このように，自律的行動における4つのプロセス各々で，従業員が自らの行

動を判断することによって，有意味感，自己決定感，コンピタンス，進歩感といった心理的エンパワーメントを構成する各次元に関する心理的状態を獲得することになるのである。このため，マネジャーやリーダーは，こうした従業員の心理的エンパワーメントを構成する有意味感や自己決定感，コンピタンス，そして進歩感を様々な方法で高めていく必要がある。

## 3．支援型のリーダーシップ

　エンパワリング・リーダーシップを把握する上での第三のポイントは，このリーダーシップが，支援型のリーダーシップ・スタイルだという点である。エンパワリング・リーダーシップは，伝統的な権威主義的リーダーシップのように，強いマネジャー，リーダーが，従業員に対して一方的に命令を与え，命令した結果，従業員がどの程度実行しているかをチェックするリーダーシップではない。エンパワリング・リーダーシップというのは，あくまでも活動の主体は従業員であり，この従業員が自律的に活動できるように，背後から支える，支援型のリーダーシップのことである。

　支援型リーダーシップと言うと，伝統的なリーダーシップに比べ，マネジャーやリーダーの役割は，あまりないように思える。これは，支援型リーダーシップにおけるマネジャーやリーダーの役割が，従業員に比べて受身的だからであろう。しかし，伝統的なリーダーシップにおいて積極的な役割を担うマネジャーやリーダーと同様に，その活動はやはり多様である。支援型リーダーシップの具体的活動内容は，これまでに示した従業員の心理的エンパワーメントを高めることであり，ひいては従業員の自律的行動を促進させていくことである。つまり，心理的エンパワーメントを構成する諸次元として位置づけられる従業員の有意味感を高めること，また自己決定感を高めること，そして従業員のコンピタンスを高めること，さらには従業員の進歩感を高めることが，マネジャーやリーダーの具体的役割となる。これらの従業員の有意味感や自己決定感，コンピタンス，進歩感の各々を従業員の背後から支援して高めていくのが，支援型リーダーシップである[5]。

## Ⅲ　エンパワリング・リーダーシップと
　　 他のリーダーシップとの相違

　これまで，本書におけるエンパワリング・リーダーシップの捉え方を述べて
きたが，さらに，エンパワリング・リーダーシップと他のリーダーシップ・ス
タイルとが，どのように異なるのかを示していくことにしたい。もちろん，す
べてのリーダーシップ・スタイルとエンパワリング・リーダーシップとの違い
を詳細に述べることはできないが，主要なリーダーシップ・スタイルとエンパ
ワリング・リーダーシップとが，どのように異なるのかを述べ，エンパワリン
グ・リーダーシップの特徴を把握することにする。以下では，エンパワリン
グ・リーダーシップと他のリーダーシップ・スタイルとの違いを示すために，
Daft(2002)の考え方を採用することにした。

　Daft(2002)は，その著書であるリーダーシップに関する教科書の中で，エン
パワリング・リーダーシップと他のリーダーシップ・スタイルがどのように異
なるのかを述べていた。その内容となる図が，**図1-3**に示されている[6]。この
図に示されているように，エンパワリング・リーダーシップと異なるリーダー
シップ・スタイルとして取り上げられたのが，伝統的（権威主義的）リーダー
シップと参加的リーダーシップ，そしてサーバント・リーダーシップの3つの
リーダーシップ・スタイルであった。また，各リーダーシップ・スタイルの下
でのフォロワーの位置づけも示されており，興味深い図となっている[7]。

　**図1-3**には，縦軸と横軸の2軸が示されているが，このうち横軸の方には，

---

5　Thomas(2000,2009)は，こうした有意味感，自己決定感，コンピタンス，進歩感をそれぞ
　れ高める具体的な行動を取り上げ，マネジャーやリーダーの支援的リーダーシップの内容
　がどういうものかを明らかにした。

6　Daftは，2002年に発表したリーダーシップの教科書の中の第6章，勇気あるまた道徳的
　なリーダーシップ(Courage and Moral Leadership)で，この図を示した。

7　残念ながら，変革型リーダーシップやシェアド・リーダーシップといったようなリーダー
　シップ・スタイルは，この図1-3では取り上げられていないが，こうした3つのリーダー
　シップ・スタイルは取り上げられており，エンパワリング・リーダーシップとどのように
　異なるのかが，ある程度，理解できるような図となっている。

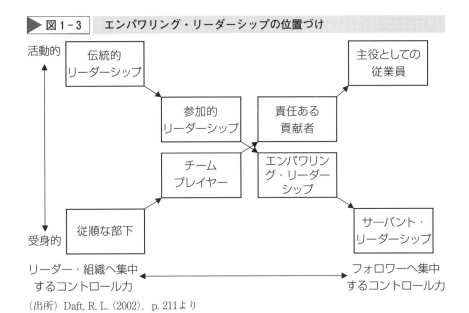

▶図1-3　エンパワリング・リーダーシップの位置づけ

（出所）Daft, R. L.（2002），p. 211より

各リーダーシップ・スタイルにおけるマネジャーやリーダーのコントロール力
や各リーダーシップにおけるフォロワーのコントロール力が示されている。**図
1-3**の一番左側に示されている，時代的にさかのぼってもっとも早く登場し
た伝統的（権威主義的）リーダーシップでは，リーダーにもっぱらコントロー
ル力が集中していたが，時がたつにつれ登場してくる参加的リーダーシップ，
エンパワリング・リーダーシップ，そしてサーバント・リーダーシップへとい
くに従って，フォロワーへコントロール力が集中するようになっている。また，
伝統的（権威主義的）リーダーシップでは，フォロワーは従順な部下という位
置づけであったものが，しだいにチームプレイヤー，責任ある貢献者，そして
主役としての従業員へと役割が変わっていくことが示されている。

　一方，縦軸には，各リーダーシップ・スタイルにおけるマネジャーやリー
ダーの活動度さらには部下の活動度が示されている。マネジャーやリーダーの
活動を見ると，時代的にさかのぼって登場した伝統的（権威主義的）リーダー
シップでは，マネジャーやリーダーの活動は，アクティブ，つまりきわめて積
極的であった。これが，時がたつにつれ登場してくる参加的リーダーシップ，

エンパワリング・リーダーシップ，さらにはサーバント・リーダーシップスタイルへ移行するにつれ，マネジャーやリーダーの活動度は，積極的なものから受身的に変化していくことが，この**図1-3**では示されている。

　これに対して，部下の活動度から見ると，マネジャーやリーダーの活動度とはまるで逆で，時がたつにつれ，部下の活動度は，受身的だったものが，しだいに積極的なものへと変化していく。伝統的（権威主義的）リーダーシップでは，部下の活動度は受身的であったものが，参加的リーダーシップ，エンパワリング・リーダーシップ，そしてサーバント・リーダーシップへと移行するにつれ，積極的なものへと変化していくことが，この**図1-3**を見るとわかるであろう。このようにDaft（2002）の描いた**図1-3**を見ると，エンパワリング・リーダーシップというスタイルが，他のリーダーシップ・スタイルに比べて，部下の役割が積極的になっており，マネジャーやリーダーの役割は，受身的になっているスタイルであることが理解できよう。

## Ⅳ　まとめ

　本章では，本書におけるエンパワリング・リーダーシップの捉え方を述べた。本書では，エンパワリング・リーダーシップを「従業員を支援し，彼らが心理的にエンパワーし，自律的に行動できるようにするリーダーシップのこと」と捉えた。すでに，いくつかのエンパワリング・リーダーシップの定義が，これまでの諸研究の中で発表されているが，本書ではThomas（2000, 2009）の考え方をベースにしたエンパワリング・リーダーシップの捉え方を採用することにした。

　また，エンパワリング・リーダーシップが，他のリーダーシップ・スタイルとどのように異なるのかも述べてみた。Daft（2002）の考え方を用い，エンパワリング・リーダーシップというスタイルが，活動度の視点から見た場合，従業員が積極的に活動し，マネジャーやリーダーが受身的に活動するものであることがわかった。マネジャーやリーダーが，活動度の視点から受身的と言っても，活動がなくなるということではなく，活動内容が支援的になるということであった。

# 第2章

# エンパワリング・リーダーシップ研究の概観

　本章では，エンパワリング・リーダーシップの研究がどのように進められてきたのかをサーベイしていくことにしよう。本章では，数多く実施されてきたエンパワリング・リーダーシップの研究を概観し，その特徴を捉えていくことにする。

　エンパワリング・リーダーシップは，単なる意思決定への参加や権限委譲ではない。従業員自らが自らをリードできるように，マネジャーやリーダーが従業員を支援するリーダーシップのことであり，意思決定への参加や権限委譲以上の多岐にわたる内容が含まれるリーダーシップのことである。本章では，こうしたエンパワリング・リーダーシップの研究がどのように進展してきたのか，その概要を把握したい。

## I　エンパワリング・リーダーシップ研究の現状と特徴

### 1．エンパワリング・リーダーシップ研究の現状

　エンパワリング・リーダーシップ研究にどのようなものがあるのかを**表2−1**に示してみた。**表2−1**には，エンパワリング・リーダーシップの代表的な研究が示されており，いずれの研究も2000年以降に発表されていることがわかるであろう。2010年以降になると，さらにその研究数は増加しており，現在で

もエンパワリング・リーダーシップ研究が実施され，その成果が発表されている。

この**表2-1**には，研究の全体像がわかるように，各研究が発表されている書籍名や雑誌名，研究対象，さらには研究の概要も示しておいた。個々の研究がどのような内容なのかを把握するためには，**表2-1**に示されている研究の概要をひとまず見てもらい，以下では，これらのエンパワリング・リーダーシップ研究全体をサーベイした結果，気づいた点を述べておくことにしよう。

▶ 表2-1　**エンパワリング・リーダーシップ研究一覧**

| 研究名 | 発表著書・雑誌 | 研究対象 | 研究概要 |
|---|---|---|---|
| ①Arnold, Arad, Rhoades&Drasgow (2000) | Journal of Organizational Behavior | アメリカ | エンパワリング・リーダーシップ概念の操作化を行ない，それが例を示し導く，参加的意思決定，コーチング，伝達，チームへの関心の5次元からなることを明らかにした。 |
| ②Thomas (2000, 2009) | Intrinsic Motivation at Work | | 規範的な研究。部下が内発的に動機づけられる，もしくは心理的エンパワーされるためのリーダー行動を4つに分け論じた。 |
| ③Spreitzer&Quinn (2001) | A Company of Leaders | | 規範的な研究。上記の本と同様に，部下が心理的にエンパワーされるためのリーダー行動の原則を述べた。 |
| ④Srivastava, Bartol&Locke (2006) | Academy of Management Journal | アメリカ企業 | アメリカのホテルチェーンのマネジメントチームを対象にして，エンパワリング・リーダーシップとチーム成果との関係を調査した研究。 |
| ⑤Dewettinck&Ameijde (2007) | Working Paper | オランダ企業 | 心理的エンパワーメントが，エンパワリング・リーダーシップと職務満足・情緒的コミットメントとの関係をどの程度，媒介するのかを検証した。 |
| ⑥Sims, Faraj&Yun (2009) | Business Horizon | アメリカ病院 | 患者の重症度に応じて救急チームのリーダーが，どのようなリーダーシップを使うべきかを明らかにした。 |
| ⑦Zhang&Bartol (2010) | Academy of Management Journal | 中国企業 | エンパワリング・リーダーシップと従業員の創造性との関係を調査した研究。 |
| ⑧Chen, Sharma, Edinger, Shapiro&Farh (2011) | Journal of Applied Psychology | アメリカ・中国企業・学校 | エンパワリング・リーダーシップと関係コンフリクトが，個人のモチベーションや態度（心理的エンパワーメント，情緒的コミットメント）にどのような影響を与えたかを調査した。 |
| ⑨Carmeli, Schaubroeck &Tishler (2011) | The Leadership Quarterly | アメリカ・イスラエル企業 | CEOのエンパワリング・リーダーシップが，どのようにトップマネジメント・チームの行動統合や効力感を生み出し，ひいては企業業績を高めるかを検証した。 |
| ⑩Bobbio, Bellan&Manganelli (2012) | Health Care Management Review | イタリア病院 | 看護師のマネジャーによるエンパワリング・リーダーシップが，最終的には看護師のバーンアウトにどう影響するかを調査した研究。 |
| ⑪Raub&Robert (2012) | Cornell Hospitality Quarterly | 中東・アジア太平洋企業 | 多国籍ホテルチェーンの従業員を対象に，エンパワリング・リーダーシップ，心理的エンパワーメント，組織コミットメント，ボイス行動との関係を調査した。 |
| ⑫Sagnak (2012) | African Journal of Business Management | トルコ小学校 | 小学校の校長のエンパワリング・リーダーシップが，教員の革新的行動にどのような影響を与えるのかを分析した。 |
| ⑬Martínez-Córcoles, Schöbel, Gracia, Tomás&Peiró (2012) | Journal of Safety Research | スペイン原発 | エンパワリング・リーダーシップが，従業員の安全参加（自主的にルール同士の矛盾や問題点を検討する行動）にどのような影響を与えるかを分析した。 |
| ⑭Tuckey, Bakker&Dollard (2012) | Journal of Occupational Health Psychology | オーストラリア消防隊 | 消防隊の隊長がエンパワリング・リーダーシップを取ると，ボランティアの消防士のワーク・エンゲイジメントがどの程度高まるのかを分析した研究。 |
| ⑮Hassan, Mahsud, Yukl&Prussia (2013) | Journal of Managerial Psychology | アメリカ公的・私的組織 | 倫理的リーダーシップとエンパワリング・リーダーシップが，LMXや情報的コミットメント，リーダーの有効性にどのように関係しているかを調査した。 |
| ⑯Martin, Liao&Campbell (2013) | Academy of Management Journal | アラブ首長国連邦企業 | エンパワリング・リーダーシップが，従業員のタスクプロフィエンシーとプロアクティブ行動にどう影響を与えるかを検討した研究。 |
| ⑰Lorinkova, Pearsall&Sims (2013) | Academy of Management Journal | アメリカ学生 | 学生にコンピュータシミュレーションをやってもらい，チームにおけるエンパワリング・リーダーシップが，どのようにチーム成果へ影響を与えるのかを，時間経過とともに調査した。 |
| ⑱Harris, Li,Boswell, Zhang&Xie (2014) | Personnel Psychology | アメリカ・中国企業 | 創造性を発揮してもらうことを目的にして入社させた社員が，エンパワリング・リーダーシップによって本当に創造性を発揮するのかを検証した研究。 |
| ⑲Sharma&Kirkman (2015) | Group& Organization Management | | これまでに発表されたエンパワリング・リーダーシップ研究をサーベイし，その問題点を述べ，今後の方向性を示した。 |

## 2．エンパワリング・リーダーシップ研究の特徴

### （1）2000年代に入り急速に発展したエンパワリング・リーダーシップ研究

　まず，第一の特徴としてあげられるのは，エンパワリング・リーダーシップ研究が，2000年代に入り，数多く発表されるようになったことである。エンパワリング・リーダーシップ研究は，エンパワーメント研究の進展，そしてマネジメントの現場でのイノベーションへの注目により，2000年代に入り，急速に実施され，その成果が発表されるようになってきた。それは，現在でも続いており，2015年のSharma&Kirkman（2015）の研究に至ると，これまでに発表されたエンパワリング・リーダーシップ研究のサーベイや総括も行なわれ，エンパワリング・リーダーシップ研究で，まだ手のつけられていない問題点や課題も述べられるようになってきた。

### （2）規範的研究から理論的・実証的なエンパワリング・リーダーシップ研究へ

　第二の特徴としてあげられるのは，エンパワリング・リーダーシップ研究が，大きく規範的研究と理論的・実証的研究の2つに分けられるということである。エンパワリング・リーダーシップ研究は，2000年代に入り，急速に進展してきた分野であるため，研究の初期・中期・後期といった時代区分ができるほど長い研究期間はないが，2000年，2001年に発表された初期の研究は，規範的な内容であった。それが，Thomas（2000，2009）の研究であり，Spreitzer&Quinn（2001）の研究であった。

　彼らの研究は，著書としてまとめられ，そのタイトルにはエンパワリング・リーダーシップという言葉は用いられていなかったが，明らかに，その内容はエンパワリング・リーダーシップに該当するものであった。彼らの研究が規範的だというのは，マネジャーやリーダーが，その部下を心理的にエンパワーさせるために，何をすべきかが行動や原則として示されていたからである。研究のモデルを構築し，仮説を提示し，その仮説を検証した結果を提示し，実践的に役立つアドバイスを示すといった理論的・実証的な研究スタイルを，Thomas（2000，2009）やSpreitzer&Quinn（2001）は取らなかった。

　これに対して，その後発表された数多くのエンパワリング・リーダーシップ

研究では，従業員をエンパワーするためにマネジャーやリーダーが，何をすべきなのかを規範的に論じるのではなく，文献サーベイ，研究モデルの構築，仮説の提示，仮説の検証というようなオーソドックスな科学的手法を取り入れて研究が進められ，その研究成果に基づいた現場へのアドバイスが示されていた。

### （3）多分野で行なわれるエンパワリング・リーダーシップ研究

　第三の特徴としてあげられるのは，エンパワリング・リーダーシップ研究が，マネジメントの分野に限らず，多くの分野で行なわれていることである。もちろん，エンパワリング・リーダーシップに注目が集まり，その研究が数多く行なわれてきたのは，企業のマネジメント分野であった。しかし，エンパワリング・リーダーシップは，企業のマネジメント分野にとどまらず，様々な分野で注目され，その研究が行なわれていた。例えば，看護や医療の分野ではSims, Faraj&Yun (2009) やBobbio, Bellan&Manganelli (2012) の研究などが行なわれ，また，学校マネジメントの分野でも，Sagnak (2012) の研究などが行なわれた[1]。

　エンパワリング・リーダーシップの研究が，原子力発電所の安全管理の分野，そして消防隊のマネジメント分野でも実施されているのは，興味深い点であろう。Martínez-Córcoles et al. (2012) は，原子力発電所におけるエンパワリング・リーダーシップを研究したが，それは，原子力発電所の安全を維持するためには，従業員の自主的な発電所内のルールの点検が，不可欠だったからである。原子力発電所には既存のルールが存在し，運営されているが，時としてルール同士が矛盾する内容を持つこともあり，安全管理のためには発電所内の従業員は，単にルールを守ればよいのではなく，ルール同士の矛盾を探し出すような自主的行動が必要となる。このためには，マネジャーはエンパワリング・リーダーシップを発揮する方が良いのではないかということを検証したのが，彼らの研究であった。

　さらに，消防隊のマネジメント分野での研究には，Tuckey, Bakker&Dollard (2012) の研究があるが，彼らは，オーストラリアの消防隊長によるエンパワリ

---

1　小学校の校長によるエンパワリング・リーダーシップの発揮が，教員の革新的行動と関連するのかどうかを，このSagnakの研究は分析していた。

ング・リーダーシップが，どのようなプロセスを経て，ボランティアの消防士のワーク・エンゲイジメントに影響を与えるかを分析した。

　もちろん，エンパワリング・リーダーシップ研究のかなりの数は，企業のマネジメント分野を対象にして行なわれてきた。しかも，アメリカの企業にとどまらず，中国の企業やアラブ首長国連邦の企業，オランダの企業といったように，世界各国の企業でのエンパワリング・リーダーシップが取り上げられ，そのメカニズムが分析されてきた。

### （4）複数の分析レベルで行なわれるエンパワリング・リーダーシップ研究

　さらに，第四の特徴としてあげられるのは，様々な分析レベルでのエンパワリング・リーダーシップが取り上げられ，研究が行なわれていることである。エンパワリング・リーダーシップと言っても，どのレベルのリーダー，マネジャーのエンパワリング・リーダーシップなのか，また，どのような状況におけるエンパワリング・リーダーシップなのかを区別する必要があろう。これまでに発表されてきたエンパワリング・リーダーシップ研究を見ると，異なったレベル，異なった状況でのエンパワリング・リーダーシップが取り上げられており，その効果を検討する上では，このレベルや状況に注意する必要がある。

　例えば，Carmeli, Schaubroeck&Tishler(2011)の研究では，CEOレベルのエンパワリング・リーダーシップが取り上げられており，その成果も企業業績という組織レベルの成果が取り上げられていた。これに対して，Srivastava, Bartol&Locke(2006)の研究になると，チームレベルのエンパワリング・リーダーシップが取り上げられており，チームにおけるリーダーやマネジャーのエンパワリング・リーダーシップが，最終的にチーム成果とどのように関係するかが分析されていた。さらに，Zhang&Bartol(2010)の研究のように，ダイアディックレベルでのエンパワリング・リーダーシップが取り上げられ，マネジャー（上司）−従業員（部下）関係という2人の関係におけるマネジャー（上司）によるエンパワリング・リーダーシップが，最終的に従業員（部下）の創造性発揮とどのように結びつくかを分析する研究もあった。

## （5）イノベーションとの関連性を分析するエンパワリング・リーダーシップ研究

　第五の特徴としてあげられるのは，エンパワリング・リーダーシップ研究の多くで，最終的な成果としてイノベーションに関わる変数が取り上げられ，この変数との関連性が分析されているということである。エンパワリング・リーダーシップは，あるプロセスを経て，最終的な成果を生み出すが，各研究で取り上げる具体的な最終成果は，研究ごとに異なっている。また，最終成果に至るプロセスの中で取り上げられる具体的な変数も各研究でまちまちである。しかし，最終的な成果として取り上げられた具体的な成果，変数として，比較的各研究で取り上げられていたのが，イノベーションに関わる変数であった。

　例えば，Zhang&Bartol（2010）は，エンパワリング・リーダーシップがもたらす最終的な成果として，従業員の創造性を取り上げていた。また，Chen et al.（2011）は，従業員の革新的行動を取り上げていたし，Raub&Robert（2012）は，従業員のボイス行動を取り上げていた。さらに，学校のマネジメント分野でのSagnak（2012）の研究では，教師の革新的行動を取り上げていたし，原子力発電所の安全管理分野でのMartínez-Córcoles et al.（2012）の研究では，従来の安全参加を取り上げていた。そして，企業のマネジャー分野に再び目を転じてみると，Harris et al.（2013）の研究では，従業員の創造性を取り上げていたし，Martin, Liao&Campbell（2013）の研究では，従業員のプロアクティブ行動[2]を取り上げていた。

　最終的な成果としては，こうしたイノベーションに関わる諸変数がもっとも取り上げられているが，リテンションやバーンアウト，生産性といった他の変数が最終的な効果として取り上げられることもあった。

## （6）ポジティブな効果に注目するエンパワリング・リーダーシップ研究

　第六の特徴としてあげられるのは，これまでのエンパワリング・リーダーシップ研究では，ポジティブな効果だけを取り上げ，ネガティブな効果を取り

---

2　太田たち（2016）は，プロアクティブ行動が，「組織に関係する何らかの出来事や問題に対して，生起後に対応するのではなく，事前に予見して，自身や状況を変えるよう統制をはかる主体的な個人の行動」と指摘した。

上げてこなかったことである[3]。例えば，リーダーなりマネジャーが，エンパワリング・リーダーシップを発揮すると，イノベーションに関わる効果として，従業員の創造性が高まるとか，従業員の革新的行動が促進されるとか，また，従業員のボイス行動が促進され，プロアクティブ行動も高まるといったように，リーダーやマネジャーのエンパワリング・リーダーシップの発揮により，ポジティブな効果が生み出されることを強調する研究が多かった。

しかし，リーダーシップの条件適合理論が示してきたように，あるリーダーシップのスタイルやリーダーシップの行動が，どのような状況の時にもポジティブな効果を生み出すことはまれであり，エンパワリング・リーダーシップでも同様のことが言えるであろう。研究蓄積か浅いこともあり，まだポジティブな効果のみを強調する研究も多いが，ネガティブな効果の側面を分析する研究も今後登場するであろう。

現に，2013年に発表されたMartin, Liao&Campbell(2013)の研究では，エンパワリング・リーダーシップが，すべての状況で効果を生み出すわけではないことを検証し，その結果を示していた。彼らは，ある作業ユニット全体が，そのユニットのリーダーに対して満足な時には，ユニット全体のタスクプロフィエンシーとプロアクティブ行動は低下するというネガティブな効果を検証していた[4]。

## II　規範的なエンパワリング・リーダーシップ研究の概要

これまで，エンパワリング・リーダーシップ研究にどのようなものがあるのか，その概要を述べてきた。**表2-1**に示したように，エンパワリング・リーダーシップ研究は，2000年以降，急速に進展し，今日に至っている。以下では，

3　エンパワリング・リーダーシップ研究の多くが，このリーダーシップによるポジティブな効果を強調し，ネガティブな効果を分析する研究が少ないことを指摘したのは，Sharma&Kirkman(2015)の論文であった。
4　タスクプロフィエンシーとは，リーダーから命令されたことを，きちんと実行した結果生み出される成果のことであり，プロアクティブ行動とは，リーダーから命令されなくても，率先して行動することであり，いずれも作業ユニット全体がリーダーに対して満足している時は，低下するというネガティブな効果が強調されていた。

これらのエンパワリング・リーダーシップ研究を規範的な研究と理論的・実証的な研究の大きく2つに分け，それぞれの概要を述べ，エンパワリング・リーダーシップ研究の全体像を把握することにしたい。

このうち規範的な研究は，エンパワリング・リーダーシップ研究の初期に発表されたものであり，エンパワリング・リーダーシップの具体的な行動を規範的に述べたものであった。一方，エンパワリング・リーダーシップ研究の理論的・実証的研究は，その後発表されたものであり，エンパワリング・リーダーシップの理論モデルの構築，仮説の導出，仮説の検証といった一連の科学的な手続きを踏む研究であった。

## 1．Thomas（2000, 2009）の研究

はじめに，エンパワリング・リーダーシップの規範的な研究の概要を見ていくことにしよう。この規範的な研究の数は，けっして多くない。**表2−1**の中では，②のThomas（2000, 2009）の研究と③のSpreitzer&Quinn（2001）の研究が，この規範的な研究に該当するものであった。彼らの研究では，エンパワリング・リーダーシップの実証分析までは行なわなかったことから，規範的な研究と位置づけられるものの，エンパワリング・リーダーシップの具体的行動はどうあるべきか，また，この具体的行動が導出される根拠は何かが述べられており，けっして無視できる研究ではない。しかも，Thomas（2000, 2009）にしろ，Spreitzer&Quinn（2001）にしろ，長年マネジメントにおけるエンパワーメントを研究してきた人たちであり，示唆に富む指摘も多い。

この規範的な研究のうち，まず取り上げなければならないのは，Thomas（2000, 2009）の研究であろう。彼は，Intrinsic Motivation at Workという名前で，2000年に著書を発表し，2009年にはその改訂版を出版した。その著書名には，エンパワーメントやエンパワリング・リーダーシップという言葉は用いられていなかったが，その内容は従業員を自律的に行動させるリーダーシップを論じたものであった。

特に，従業員を心理的にエンパワーし，彼らが自律的に行動できるようにするには，リーダーは，どのような行動をすべきかを規範的に論じていた。また，従業員を心理的にエンパワーするだけでなく，リーダー自らが，自らを心理的

にエンパワーするためには，リーダーが具体的にどのような行動をするべきか
も論じていた[5]。

## 2．Spreitzer&Quinn(2001)の研究

　もう1つのエンパワリング・リーダーシップの規範的研究としてあげられる
のが，Spreitzer&Quinn(2001)の研究である。この研究は，Thomas(2000,
2009)と同様に，従業員が自律的に行動できるようにするためには，リーダー
はどうすべきかが規範的に論じられていた。

　Spreitzerは，Thomasと同様に，マネジメント分野のエンパワーメントを長
年にわたって研究し続けてきた研究者である。すでに，Spreitzerによるエン
パワーメント研究が発表され20年以上が経過しているが(Spreitzer, 1995：
1996)，当時，従業員の心理的エンパワーメントを高めるリーダーシップのあ
り方は，詳細には分析されていなかった。従業員の心理的エンパワーメントを
高めるリーダーシップ行動のあり方が規範的とは言え，詳細に分析されたのは，
Spreitzer&Quinn(2001)が出版した2001年のA Company of Leadersという著
書の中であった。

　この著書では，Spreitzerは，Quinnとともに，従業員の企業へのオーナー意
識を高め，リーダーのように振る舞うために，リーダーはどのように行動すべき
きかを論じた。そして，Thomasと同様に，そのためには従業員が心理的にエ
ンパワーされていること，さらには，リーダーは，この従業員が心理的にエン
パワーされるように行動すべきだということを論じた。

　Spreitzer&Quinn(2001)の書名，A Company of Leadersが示すように，従
業員もリーダーのように振る舞うこと，そのためには，リーダーはエンパワリ
ング・リーダーシップを発揮し，従業員の心理的エンパワーメントを高める必
要があることを主張した点は，先のThomasの主張と類似している[6]。異なるの
は，エンパワリング・リーダーシップを発揮する上での原則を，次のような5
つにまとめて示した点である。

---

5　リーダーやマネジャー自身が，エンパワーしていなければ，従業員をエンパワーするこ
　とはできない。そこで，リーダーやマネジャー自身が，自らをどうすればエンパワーでき
　るかという重要な側面についても，Thomasは論じていた。

① 第一の原則

　あなた（リーダー）自身をエンパワーしなさい。

② 第二の原則

　絶え間なく部下にビジョンを提示し，挑戦をさせなさい。

③ 第三の原則

　絶え間なく部下に安心感とサポートを与えなさい。

④ 第四の原則

　絶え間なく部下に開放的になり彼らを信頼しなさい。

⑤ 第五の原則

　絶え間なく部下をガイダンスし，コントロールもしなさい。

# Ⅲ　理論的・実証的なエンパワリング・リーダーシップ研究の概要

## 1．主流となる理論的・実証的研究

　すでに**表2-1**に示したように，2000年代に入り，様々なエンパワリング・リーダーシップ研究が発表されているが，その多くが，文献サーベイや現場観察を行ない，何らかの理論モデルを構築し，仮説を導出し，この仮説を検証するオーソドックスな科学的プロセスを踏んだ研究となっている。

　**表2-1**に示した19のエンパワリング・リーダーシップ研究のうち，①のArnold et al.（2000）の研究，②のThomas（2000, 2009）の研究，③Spreitzer&Quinn（2001）の研究，そして⑲のSharma&Kirkman（2015）の研究を除く，15の研究は，すべてこうしたモデル構築，仮説の導出，仮説の検証といった一連の

---

6　Spreitzer&Quinnの述べたエンパワリング・リーダーシップの必要性は次の通りである。製品やサービスがコモディティ化し，各企業の差別化が困難になっていること，また，企業間の競争がグローバルレベルで厳しくなっていることから，ますます企業の存続が難しくなっており，現場にいる従業員にもイノベーションや柔軟性が要求され，従業員でさえリーダーのように振る舞うことが求められる状況が，エンパワリング・リーダーシップの求められる背景であった。

科学的プロセスを踏んだ典型的な理論的・実証的研究であった[7]。

　このように表2-1に示した19の研究のうち，規範的な研究や概念の操作化に関わる研究，サーベイ研究といった例外的な研究はあるものの，その大部分は科学的なプロセスを踏んだ理論的・実証的な研究であった。

## 2. 理論的・実証的研究のポイント(1)：
## 　　何にどの程度効果があるか

　ここでは，理論的・実証的な研究をサーベイする上で，主に何を明らかにすべきなのかを述べていくことにする。エンパワリング・リーダーシップの理論的・実証的研究をサーベイすることにより，第一に明らかにすべきは，エンパワリング・リーダーシップが，何に効果があり，その効果はどの程度なのかという点である。すでに述べてきたように，エンパワリング・リーダーシップによって最終的にもたらされる成果として頻繁に取り上げられてきたのは，イノベーションに関する成果であった。しかし，イノベーションに関する成果と言っても，従業員の創造性や革新的行動といった比較的理解しやすい諸成果もあれば，従業員のボイス行動やプロアクティブ行動のような，ややわかりにくい成果が取り上げられることもあった。また，エンパワリング・リーダーシップによってもたらされる成果は，イノベーションに関わるものに限定されるわけではなく，例えば，病院の看護師を対象に行なったBobbio, Bellan&Manganelli (2012)の研究のように，看護師のバーンアウトを最終的な成果として取り上げた研究もあった。

　このように，エンパワリング・リーダーシップの理論的・実証的研究をサーベイする上で，まず注意しなければならないのは，こうしたエンパワリング・リーダーシップが何に効果があるのかを整理することである。しかも，何に効

---

7　①のArnold et al. (2000)の研究は，エンパワリング・リーダーシップ概念の検討を行ない，その操作化を試みた重要な研究であった。また，②のThomas(2000, 2009)の研究，③Spreitzer&Quinn(2001)の研究は，すでに述べてきたように，検証作業のない規範的な研究であった。さらに，⑲のSharma&Kirkman(2015)の研究は，2015年までに公表された理論的・実証的なエンパワリング・リーダーシップ研究の問題点をあらためて洗い出し，今後のエンパワリング・リーダーシップ研究が，何をなすべきかを明らかにしようとした貴重なサーベイ論文であった。

果があるだけでなく，何にどの程度効果があるのかも，各研究をサーベイする
上で，確認しなければならない点である。

## 3．理論的・実証的研究のポイント（2）：
## 　　どういうプロセスを経て効果があるか

　エンパワリング・リーダーシップの諸研究をサーベイするにあたって明らか
にすべき第二の点は，エンパワリング・リーダーシップの発揮から最終の成果
に至るプロセスを整理し示すことである。エンパワリング・リーダーシップが，
最終的な成果に対して，直接的に大きな影響を及ぼすことはもちろん考えられ
るだろう。しかし，最終的な成果に対して，エンパワリング・リーダーシップ
が間接的に影響を与えることも考えられるだろう。エンパワリング・リーダー
シップは，最終的な成果に対して，直接的な影響を与えないものの，何らかの
媒介変数を通じて，最終的な成果に対して間接的な影響を与える可能性もあ
る[8]。各研究で取り上げられる最終的な成果が何かによって，このプロセスの示
し方も様々であるが，比較的，このプロセスの中で取り上げられるのが，心理
的エンパワーメントという変数である。

　エンパワリング・リーダーシップは，直接的に，例えばイノベーションに関
わる諸成果（革新的行動，ボイス行動，プロアクティブ行動等）に影響を与え
るのではなく，心理的エンパワーメントという変数を通じて，これらの諸成果
へ影響を与えるというのが，多くの研究で示されていたプロセスの示し方で
あった。もちろん，心理的エンパワーメントをプロセスの1つとして取り上げ
ず，エンパワリング・リーダーシップが諸成果へ与える影響プロセスに，別の
変数を取り上げる研究もいくつかあり，これらの諸研究におけるプロセスも含
めて，その研究内容をサーベイしていく必要がある。

---

8　エンパワリング・リーダーシップが，必ず何らかの媒介変数を通じてのみ，最終的な成
　果に影響を与える場合，この媒介変数に完全媒介の効果があると言う。一方，エンパワリ
　ング・リーダーシップが，直接的に最終的な成果に影響を与えることもあるし，何らかの
　媒介変数を通じて影響を与えることもある場合，この媒介変数には部分媒介の効果がある
　と言う。

## 4．理論的・実証的研究のポイント（3）：いつ効果があるか

　エンパワリング・リーダーシップの諸研究をサーベイするにあたって第三に明らかにすべき点は，エンパワリング・リーダーシップが，どういう時に効果をもたらすかという点である。支援型のエンパワリング・リーダーシップというスタイルが，どのような状況の時にも，何らかの効果をもたらすとは考えにくい。例えば，従業員の成熟度や発達の度合いが異なれば，エンパワリング・リーダーシップのもたらす効果が異なることは十分考えられる。従業員が入社間もない未成熟な状態であれば，エンパワリング・リーダーシップを従業員に対して発揮しても，十分な効果が生み出されるとは考えにくい。むしろ，成熟した従業員に対して，エンパワリング・リーダーシップを行使した方が，革新的行動やプロアクティブ行動のような諸成果が生み出される可能性が高い[9]。

　どのような時にエンパワリング・リーダーシップが効果をもたらすのかを分析する上では，各研究で導入されているモデレータ変数のモデレート効果を整理分析すればよいであろう。このモデレータ変数には，例えば，リーダーによる創造性へのエンカレッジとか権力格差に示される文化的価値，リーダーへの満足などの諸変数が取り上げられてきたが[10]，これらの諸変数のモデレート効果を整理，分析することがサーベイでは不可欠である。

## Ⅳ　まとめ

　本書では，最近注目されているエンパワリング・リーダーシップ研究の概要

---

9　Hersey&Blanchard(1977)が，かつてリーダーシップのSL理論で示していたように，部下の成熟度，発達度が高まってくると，委任型や支援型リーダーシップといったエンパワリング・リーダーシップにほぼ近いリーダーシップ・スタイルをリーダーが取った方が，部下の生産性や士気が高まってくる。これは，革新的行動やプロアクティブ行動の高まりにも，同様のことが言える可能性が高い。

10　リーダーによる創造性へのエンカレッジをモデレータ変数として取り上げていたのは，Zhang&Bartol(2010)であった。権力格差に示される文化的価値をモデレータ変数として取り上げたのはRaub&Robert(2012)であり，リーダーによる満足をモデレータ変数として取り上げたのは，Martin，Liao&Campbell(2013)であった。

を述べた。指示的なリーダーシップ・スタイルと異なり，部下を支援するリーダーシップ・スタイルであるエンパワリング・リーダーシップは，環境の変化とともに，最近ますます必要とされるようになり，その研究も盛んに行なわれるようになってきた。

　最近のエンパワリング・リーダーシップ研究のいくつかをサーベイしてみると，次のようなことが明らかになった。

① 2000年代に入り，エンパワリング・リーダーシップ研究が盛んに行なわれるようになった。

② 当初は規範的な研究が多かったが，現在では理論的・実証的な研究がメインとなっている。

③ 企業マネジメントの分野だけでなく，病院や学校のマネジメント分野でも，その研究が行なわれるようになっている。

④ イノベーションをどう高めるかという文脈の中で，エンパワリング・リーダーシップが取り扱われ，その研究が行なわれていることが多い。

⑤ エンパワリング・リーダーシップのポジティブな効果を取り上げる研究が多い。

⑥ ダイアディック，集団・チーム，組織の各レベルでのエンパワリング・リーダーシップ研究が行なわれている。

　そして，エンパワリング・リーダーシップ研究のうち，初期の規範的研究の概要と現在進められている理論的・実証的研究の概要をメインにして述べてみた。規範的研究では，Thomas（2000, 2009）とSpreitzer&Quinn（2001）の研究を取り上げ，その概要を述べた。また，理論的・実証的研究では，どのような点が全体的に問題になっているのか，研究全体の主な論点を示し，その概要を示してみた。

# 第3章

## エンパワリング・
## リーダーシップの成果の検討

　本章では，エンパワリング・リーダーシップ研究をサーベイする上で，第一に明らかにすべき問題点，つまり，エンパワリング・リーダーシップは何に効果があり，どの程度効果があるのかという問題点について検討していくことにしよう。

## I　エンパワリング・リーダーシップの成果

### 1．サーベイすべき研究

　前章で示した**表2−1**では，2000年以降，急速に研究の進んできたエンパワリング・リーダーシップ研究の代表的な研究をいくつか示してきたが，**表3−1**では，エンパワリング・リーダーシップは何に効果があり，どの程度効果があるのかという問題を扱った諸研究の結果を整理して示してみた。

　すでに述べてきたが，**表2−1**に示されていた①のArnold et al.（2000）の研究は，エンパワリング・リーダーシップの概念検討やその操作化を行なう研究であるため，エンパワリング・リーダーシップの効果は分析されておらず，サーベイの対象からはずした。また，②のThomas（2000, 2009）の研究と③のSpreitzer&Quinn（2001）の研究は，従業員の自律的行動を促すエンパワリング・リーダーシップのいくつかの行動や規律が，規範的に述べられていたので，

やはりサーベイの対象からはずした。

　さらに，⑥のSims, Faraj&Yun(2009)の研究は，救急チームのリーダーによるリーダーシップが，患者の重症度に応じて変化するという興味深い指摘はしたものの，定量的なデータがなかったため，これもサーベイからはずした。そして，⑰のLorinkova, Pearsall&Sims(2013)の研究も，チームの成長段階に応じて，エンパワリング・リーダーシップや指示的リーダーシップが，どのように用いられるべきかをコンピュータ・シミュレーションを用い検証したものであったため，この研究もサーベイの対象からはずした。

　そして，表2-1の一番最後に示してある⑲のSharma&Kirkman(2015)の研究は，2015年時点でエンパワリング・リーダーシップ研究をサーベイし，その問題点を指摘し，今後のエンパワリング・リーダーシップの方向性を示した点では有意義な研究ではあるが，エンパワリング・リーダーシップそのものの効果を扱った研究ではなかったので，サーベイの対象からはずした。

　こうして，これらの諸研究を除くエンパワリング・リーダーシップの効果を定量的に分析した13の研究結果を表3-1では示してみた。表の一番左の列には，研究名を示し，その次の列には各研究が対象にした国と具体的な組織を示した。また，表の中央の列には，各研究で取り上げた成果を示し，次の列では各成果の分析レベル，そして最後の列では，どの程度の成果が生じるのかを表す相関係数を示した。

▶ 表3-1 エンパワリング・リーダーシップの諸成果

| 研究名 | 研究対象 | 成　果 | 分析レベル | 相関係数 |
|---|---|---|---|---|
| ④Srivastava, Bartol&Locke(2006) | アメリカ企業 | ◎チームの成果<br>チーム効力感<br>知識共有 | チーム<br>チーム<br>チーム | 0.09<br>0.47**<br>0.39** |
| ⑤Dewettinck&Ameijde(2007) | オランダ企業 | ◎リテンション<br>職務満足<br>情緒的コミットメント<br>心理的エンパワーメント | 個人<br>個人<br>個人<br>個人 | 計算不能<br>計算不能<br>計算不能<br>計算不能 |
| ⑦Zhang&Bartol(2010) | 中国企業 | ◎従業員の創造性<br>創造プロセスへのエンゲイジメント<br>内発的モチベーション<br>心理的エンパワーメント | 個人<br>個人<br>個人<br>個人 | 0.24**<br>0.24**<br>0.20**<br>0.59** |
| ⑧Chen, Sharma, Edinger, Shapiro&Farh(2011) | アメリカ・中国 企業・学校 | ◎革新的行動<br>◎チームワーク行動<br>◎転職意図<br>心理的エンパワーメント<br>情緒的コミットメント | 個人<br>個人<br>個人<br>個人<br>個人 | 0.28*(S1)　0.16*(S2)<br>0.21*(S1)　0.15*(S2)<br>-0.29*(S1)　-0.25*(S2)<br>0.45*(S1)　0.27*(S2)<br>0.20*(S1)　0.30*(S2) |
| ⑨Carmeli, Schaubroeck &Tishler(2011) | アメリカ・イスラエル 企業 | ◎企業業績<br>チームの行動統合<br>チームのポテンシー | 組織<br>チーム<br>チーム | 0.08<br>0.30*<br>0.15 |
| ⑩Bobbio, Bellan&Manganelli(2012) | イタリア病院 | ◎バーンアウト<br>リーダーへの信頼<br>組織への信頼 | 個人<br>個人<br>個人 | 計算不能<br>計算不能<br>計算不能 |
| ⑪Raub&Robert(2012) | 中東・アジア太平洋企業 | ◎組織コミットメント<br>◎ボイス行動<br>心理的エンパワーメント | 個人<br>個人<br>個人 | 0.47<br>0.26<br>0.46 |
| ⑫Sagnak(2012) | トルコ小学校 | ◎革新的行動<br>革新的風土 | 個人<br>組織 | 0.32*<br>0.43* |
| ⑬Martínez-Córcoles, Schöbel, Gracia, Tomás&Peiró(2012) | スペイン原発 | ◎安全参加<br>対話促進とオープンコミュニケーション<br>協働学習 | 個人<br>個人<br>個人 | 0.37**<br>0.64**<br>0.64** |
| ⑭Tuckey, Bakker&Dollard(2012) | オーストラリア消防隊 | ◎ワーク・エンゲイジメント<br>認知的資源<br>認知的要求 | 個人<br>個人<br>個人 | 0.38**<br>0.19<br>0.10 |
| ⑮Hassan, Mahsud, Yukl&Prussia(2013) | アメリカ 公的・私的組織 | ◎リーダーの有効性<br>情緒的コミットメント<br>LMX | 個人<br>個人<br>個人 | 0.67*<br>0.41*<br>0.68* |
| ⑯Martin, Liao&Campbell(2013) | アラブ首長国連邦 企業 | ◎タスクプロフィエンシー<br>◎プロアクティブ行動 | チーム<br>チーム | 0.38*(t1)　0.27*(t2)<br>0.36**(t1)　0.53**(t2) |
| ⑱Harris, Li, Boswell, Zhang&Xie(2014) | アメリカ・中国企業 | ◎創造性（仲間からの評価）<br>◎創造性（上司による評価）<br>タスク成果<br>組織コミットメント<br>創造的プロセスへのエンゲイジメント<br>役割の明確さ | 個人<br>個人<br>個人<br>個人<br>個人<br>個人 | 0.38**<br>0.49**<br>0.30**<br>0.34**<br>0.56**<br>0.46** |

注）
① *p＜.05　**p＜.01
② 計算不能と書かれているのは，エンパワリング・リーダーシップのいくつかの次元と他の変数のいくつかの次元との相関係数だけが，研究結果で示されていたためである。
③ Chen, Sharma, Edinger, Shapiro&Farh(2011)の相関係数は，Study1のものとStudy2のもの，2種類が示されている。
④ Raub&Robert(2012)の研究では，相関係数の有意水準が示されていなかった。
⑤ Harris, Li, Boswell, Zhang&Xie(2013)の相関係数は，メインとなるStudy2のものだけ示した。
⑥ Martin,Liao&Campbell(2013)の相関係数は，時間順にt1のものとt2のもの，2種類が示されている。

## ２．表３－１の見方

　最終的な成果には，各研究ともに複数の成果が示されているが，◎（二重丸）のついた成果が，その研究における最終的な成果であった。例えば，④のSrivastava, Bartol&Locke（2006）の研究では，エンパワリング・リーダーシップの発揮によって，どういう成果がもたらされるのか，最終的な成果として取り上げたのが◎（二重丸）のついた「チームの成果」であった。

　また，◎（二重丸）のつかない成果も，各研究においていくつか示されているが，これらの成果は，エンパワリング・リーダーシップの発揮によって，最終的な成果に至るまでのプロセス内に存在する諸成果のことである。④のSrivastava, Bartol&Locke（2006）の研究を再び例にあげると，この研究では，エンパワリング・リーダーシップによってもたらされる最終的な成果として「チームの成果」が取り上げられたが，この「チームの成果」に至るまでのプロセスに，「チームの効力感」という成果と「知識共有」という成果が存在する。つまり，エンパワリング・リーダーシップの発揮によって，「チーム効力感」が高まり，なおかつ「知識共有」が進み，最終的に「チームの成果」が向上すると，この研究では考えたのである。この「チームの成果」に至るプロセスにある「チーム効力感」と「知識共有」も，この成果を示す列に示した。

　さらに，表３−1の右側から二番目の列には分析レベルが示されているが，これは，表中央の列にあるいくつかの成果が，どの分析レベルにあたるかを示したものである。分析レベルには，個人，チーム，組織の３つのレベルがあり，各研究で取り上げた成果が，この３つの分析レベルのどれにあたるのかが，この列では示されている。例えば，先にあげた④のSrivastava, Bartol&Locke（2006）の研究を例にとると，「チームの成果」は，その名が示す通り，チームレベルの成果が問題にされていることを示している。これは，「チーム効力感」という効果も「知識共有」という効果も，同様の分析レベルであり，個人の効力感ではなくチームの効力感が取り上げられていること，そして，チームにおける知識共有が問題にされていることが，分析レベルでは示されている。

　そして，表３−1の一番右側に，各研究におけるエンパワリング・リーダーシップと各成果との相関係数を示した。各研究では，対象とする最終的な成果

とこの最終的な成果に至るまでのプロセスにある効果が取り上げられているが，**表3-1**の一番右側では，こうしたすべての成果各々とエンパワリング・リーダーシップとの相関係数が示されている。例えば，先に例としてあげた④のSrivastava, Bartol&Locke（2006）の研究では，最終的な成果として取り上げられていたチームの成果とエンパワリング・リーダーシップとの相関係数は，0.09であることが，**表3-1**の一番右側を見るとわかるであろう。さらに，チームの成果に至るまでのプロセスに存在する成果であるチーム効力感とエンパワリング・リーダーシップとの相関係数が0.47であることも，この**表3-1**を見ると理解できるであろう。また，知識共有とエンパワリング・リーダーシップとの相関係数が0.39であることも把握することができる。

　**表3-1**の相関係数を示す列には，一部，計算不能と示されているところがある。これは，その研究において，エンパワリング・リーダーシップ概念が，いくつかの次元のまま扱われ，なおかつ諸効果も，いくつかの次元のまま扱われているために，エンパワリング・リーダーシップと諸成果との相関係数を1つにして示すことができなかったためである。例えば，⑩のBobbio, Bellan&Manganelli（2012）の研究では，最終的な成果として取り上げたバーンアウトとエンパワリング・リーダーシップとの間の相関係数は，計算不能として示した。これは，バーンアウトという諸効果を測定するために，バーンアウトという概念をいくつかの次元に分けて測定したためであり，なおかつエンパワリング・リーダーシップを測定するためにも，エンパワリング・リーダーシップという概念をいくつかの次元に分けて操作化し，測定したためである。このため，バーンアウトとエンパワリング・リーダーシップとの間の相関係数は，1つにまとめられず，複数存在することになり，「計算不能」と**表3-1**では示した。

## 3．エンパワリング・リーダーシップの測定

　**表3-1**では，残念ながら各研究で用いられる変数が，どのような測定尺度を用いて測定されたかまでは，示すことができなかった。そこで，各研究で共通して分析しているエンパワリング・リーダーシップが，どのような測定尺度を用いて測定されているのか概要を述べてみよう。

エンパワリング・リーダーシップの測定尺度として頻繁に用いられてきたの
は，Arnold et al. (2000) とAhearne, Mathieu&Rapp (2005) の開発した尺度で
あった。また，Kirkman&Rosen (1999) の開発した測定尺度などが用いられる
こともあった。Arnold et al. (2000) の開発した測定尺度は，①例を示しリード
する（5項目），②参加的意思決定（6項目），③コーチング（11項目），④イ
ンフォーミング（6項目），⑤関心を示す（10項目）の5つの変数を用いて，
エンパワリング・リーダーシップを測定する尺度であった。またAhearne,
Mathieu&Rapp (2005) の開発した測定尺度は，①仕事の意味を高める（3項目），
②意思決定への参加を促進する（2項目），③高い成果への自信を示す（2項
目），④官僚的制約から自律性を与える（2項目）という4つの変数を用いて，
エンパワリング・リーダーシップを測定する尺度であった。この**表3-1**に示
されている各研究でも，これら3つの測定尺度を用いることが多く，Arnold
et al. (2000) の測定尺度を用いた研究は6つ，Ahearne, Mathieu&Rapp (2005)
の測定尺度を用いた研究は2つ，さらにKirkman&Rosen (1999) の測定尺度を
用いた研究は2つであった。どの研究が，どの測定尺度を用いているのかは，
次節以降で説明を加えている。しかし，これらの測定尺度が今後も用いられどう
かは不明であり，2変数（①フォロワーの自律性支援，②フォロワーの成長
支援）でも測定が可能だとする説明もある（Minyoung et al., 2019）。

# Ⅱ　エンパワリング・リーダーシップがもたらす
具体的効果

さて，前置きが長くなったが，エンパワリング・リーダーシップは何に効果
があり，どの程度効果があるのかという点を，この**表3-1**を見ながらまとめ
てみよう。

まず，エンパワリング・リーダーシップが何に効果があるのかについてであ
るが，**表3-1**に示されている最終的な成果を見ると，創造性・革新性に関わ
る諸成果が，各研究で取り上げられていることが理解できる。⑦のZhang&
Bartol (2010) の研究における従業員の創造性，⑧のChen et al. (2011) の研究に
おける革新的行動，⑪のRaub&Robert (2012) の研究におけるボイス行動，⑫

のSagnak（2012）の研究における革新的行動，さらには，⑬のMartínez-Córcoles et al.（2012）の研究における安全参加，⑯のMartin, Liao&Campbell（2013）の研究におけるプロアクティブ行動，⑱のHarris et al.（2014）の研究における創造性などは，みな創造性・革新性に関わる諸成果と位置づけられるものであろう。

　創造性・革新性に関連した諸成果に続き，各研究の最終的な成果として取り上げられることが多かったものは，従業員の態度や心理に関連する諸効果であった。例えば，⑩のBobbio, Bellan&Manganelli（2012）の研究では，バーンアウトという最終的な成果が取り上げられていたし，バーンアウトの対概念としてしばしば把握されているワーク・エンゲイジメントも，⑭のTuckey, Bakker&Dollard（2012）の研究では，最終的な成果として取り上げられていた。また，従業員の態度を示す代表的概念として取り上げられることの多い組織コミットメントは，⑪のRaub&Robert（2012）の研究で，最終的な成果として取り上げられていた。さらに，最終的な成果として，従業員の態度であるリテンションや転職意図が，取り上げられていたのも興味深いことであった。⑤のDewettinck&Ameijde（2007）の研究では，リテンションが最終的な成果として取り上げられていたし，⑧のChen et al.（2011）の研究では，転職意図が最終的な成果として取り上げられていた。

　このように，エンパワリング・リーダーシップが，最終的にいかなる成果をもたらすかを分析する上で，各研究で取り上げられていた成果を見ると，イノベーションに関わるものや従業員の態度に関わるものが多いことがわかるが，その他に，チームそのものの業績や企業の業績そのものを取り上げる研究もあった。それが，チームの業績を取り上げた④のSrivastava, Bartol&Locke（2006）の研究であり，企業の業績を取り上げた⑨のCarmeli, Schaubroeck&Tishler（2011）の研究である。

　ここで，より重要となるのは，エンパワリング・リーダーシップが，どの成果に効果があるのかを確認する以上に，どの成果にどの程度効果があるのかを把握することであろう。これまでのエンパワリング・リーダーシップ研究を見ると，エンパワリング・リーダーシップが，創造性・革新性に関わる諸成果や従業員の態度に関わる諸成果と，何らかの形で関連することはわかった。しか

し，エンパワリング・リーダーシップが，こうした様々な諸成果，諸変数にど
の程度関連するかを確認していかないと，エンパワリング・リーダーシップの
効果を分析したことにはならないであろう。そこで，**表3-1**の一番右側に示
してある相関係数の値まで把握して，エンパワリング・リーダーシップの効果
を定量的に分析する必要があろう。

# Ⅲ　エンパワリング・リーダーシップと<br>　　従業員の創造性・革新性との関連

## 1．創造性・革新性の具体的内容

　エンパワリング・リーダーシップは，これまで見てきたように，様々な局面
に効果をもたらすことがサーベイでわかったが，この中で，特に注意しなけれ
ばならないのは，創造性・革新性に関する諸成果との関係であろう。**表3-1**
で示されていたように，創造性・革新性に関する諸成果として，具体的に取り
上げられていたのは，従業員の創造性，革新的行動，ボイス行動，プロアク
ティブ行動，安全参加であった。しかし，厳密には，これらの諸成果は概念的
には意味する所は異なっている。このため，これらの諸概念をある程度区別し
ながら，エンパワリング・リーダーシップによる，これらの創造性・革新性に
関する諸成果への影響を分析する必要がある。

　Sagnak(2012)が指摘していたように，研究者の間でも，創造性と革新性と
いう概念は，あまり区別されることなく使用されることが多い。しかし，厳密
には，創造性というのは，新しいアイディアや有益なアイディアを創出するこ
とであるのに対して，革新性は，組織内でこうしたアイディアをうまく実現す
る・実行することであり，創造性と革新性は区別されなければならない。また，
革新的行動であると，アイディアを創出することも，このアイディアを普及さ
せることも，さらにはアイディアを実現・実行することも含まれると解釈され，
創造性と革新性という概念を包含した概念として解釈される。

　また，このような創造性や革新性，革新的行動だけでなく，**表3-1**に示さ
れるように，ボイス行動やプロアクティブ行動，安全参加という概念が用いら

れ，最終的な成果として位置づける研究も多くなった[1]。例えば，**表3-1**に示された⑪のRaub&Robert(2012)の研究での最終的な成果はボイス行動であり，これは彼らによって「問題を認識し，改善を提案する行動」と定義された。また，⑰のMartin, Liao&Campbell(2013)は，最終的な成果としてプロアクティブ行動を取り上げたが，これは「責任を取り，問題を提起し，変化を生み出す行動」と定義されていた。そして，⑯のMartínez-Córcoles et al.（2012)は，安全参加を最終的な成果として取り上げ，それを「組織の中の安全を強化することに貢献する自発的行動」と定義した。ボイス行動，プロアクティブ行動，安全参加の定義を見ると，自発性という意味合いが，いずれの定義にも含まれる一方で，革新性の意味合いには濃淡があることが理解できよう。

## 2．創造性・革新性との関連性

ここでは，創造性・革新性とエンパワリング・リーダーシップとは，どの程度関係があるのか，**表3-1**を見ながらサーベイしてみよう。

創造性と革新性は，概念的に異なるため，最終的な成果として，まず創造性を取り上げた研究に注目してみた。創造性は，「新しいアイディアや有益なアイディアを創造すること」であり，この創造性への効果を研究したのが，⑦のZhang&Bartol(2010)の研究であり，⑱のHarris et al.（2013)の研究であった。彼らの研究は，従業員の創造性を測定するにあたっては，いずれもZhou&George(2001)が開発した創造性スケールを用いており，13の項目によって，従業員の創造性は測定されていた。一方，エンパワリング・リーダーシップの測定にあたっては，Zhang&Bartol(2010)は，Ahearne, Mathieu&Rapp(2005)の開発した測定方法（12項目を利用）を用い，Harris et al.（2013)は，Kirkman&Rosen(1999)の開発した測定方法を用いた。しかし，その測定方法は異なっていたものの，研究結果は類似したものになった。**表3-1**に示されるように，⑦のZhang&Bartol(2010)の研究では，エンパワリング・リーダーシップと従業員の創造性との相関係数は0.24，また，⑱のHarris et al.（2013)

---

1 最近では，さらに組織市民行動や向社会的組織行動，率先というような類似した概念を用いた研究も多く，創造性や革新性に関わる概念は実に多様になっている。

の研究では，相関係数は0.20を示しており[2]，両者の相関係数はけっして高いと言えるものではなかった。

また，革新性に関する成果には，革新的行動もあったが，これは創造性より広い概念であり，新しいアイディアの創造だけでなく，新しいアイディアの普及，新しいアイディアの実行までも含む概念であった。この革新的行動へのエンパワリング・リーダーシップの効果を分析したのが，⑫のSagnak（2012）の研究であり，⑧のChen et al.（2011）の研究であった。Sagnak（2012）は，エンパワリング・リーダーシップをAhearne, Mathieu&Rapp（2005）によって開発された測定方法を用い測定しているが，このエンパワリング・リーダーシップと革新的行動との相関係数は，0.32であった。一方，Chen et al.（2011）の研究では，エンパワリング・リーダーシップは，Kirkman&Rosen（1999）の開発した測定尺度で測定され，研究1の方では，エンパワリング・リーダーシップと革新的行動との相関係数は0.28，研究2の方では，その相関係数は0.16であった[3]。

このように，従業員の創造性や革新的行動へのエンパワリング・リーダーシップの効果を分析する研究をサーベイしてみると，いずれの研究においても，相関係数の値は小さく，エンパワリング・リーダーシップと創造性・革新的行動との間には，あまり関連性がないことが読み取れる。

創造性・革新性に関わる成果は，創造性や革新性，革新的行動のほかに，ボイス行動，プロアクティブ行動，安全参加も諸研究では取り上げられているので，これらへのエンパワリング・リーダーシップの効果がどの程度あるのかを，さらにサーベイしていくことにしよう。エンパワリング・リーダーシップともっとも相関が高い値を示していたのは，⑯のMartin, Liao&Campbell（2013）の研究で示されたプロアクティブ行動であった。プロアクティブ行動とは，

---

2　Harris et al.（2013）の研究では，新入社員の創造性がエンパワリング・リーダーシップによって，どの程度，高められるかが調査された。中国上海にある企業に勤務する従業員が研究対象となり，2つの研究が実施された。この相関係数0.20は，研究1（study1）のものであり，表3-1に示されている研究2（study2）の相関係数0.38と0.49とは異なっている。

3　この研究2では，革新的行動は，Welbourne et al.（1998）によって開発された4項目によって測定された。

「責任を取り，問題を提起し，変化を生み出す行動」のことであり，従業員の自発性とともに革新性が強く強調された行動であった。Martin, Liao&Campbell(2013)は，従業員集団の持つ集合的なプロアクティブ行動が，従業員集団のリーダーによるエンパワリング・リーダーシップに，どの程度影響されるかを調査し，エンパワリング・リーダーシップを独自の測定尺度で測定し，集合的な従業員によるプロアクティブ行動とエンパワリング・リーダーシップとの間には，0.53という相関係数が示すような高い相関があることを明らかにした。

　これに対して，ボイス行動や安全参加というのは，プロアクティブ行動ほどには，エンパワリング・リーダーシップとの相関は高いものではないことが，これらの諸研究をサーベイするとわかる。「問題を認識し，改善を提案する行動」とボイス行動を定義した⑪のRaub&Robert(2012)の研究では，エンパワリング・リーダーシップは，Arnold et al.(2000)の開発した測定尺度で測定され，エンパワリング・リーダーシップとボイス行動との相関係数は0.26であり，その値はけっして高いものではなかった。また，「組織の中の安全を強化することに貢献する従業員による自発的活動」と安全参加を定義した⑬のMartínez-Córcoles et al.(2012)の研究でも，エンパワリング・リーダーシップは，Arnold et al.(2000)の開発した測定尺度で測定され，エンパワリング・リーダーシップと安全参加との間の相関係数は0.37であり，やはりその値はさほど高いものではなかった。

　このように創造性・革新性に関連した諸成果（創造性，革新，革新的行動，プロアクティブ行動，ボイス行動，安全参加）とエンパワリング・リーダーシップとの間には，これまでに発表された諸文献を見ていくと，一部を除き，総じてあまり高い相関が見られないということが把握できる。

# Ⅳ　エンパワリング・リーダーシップと従業員の態度・心理との関連

　表3-1を見てもわかるように，エンパワリング・リーダーシップ研究をサーベイしてみると，創造性や革新性への効果を分析する研究が多いことがわ

かるが，従業員の態度にもたらす効果を分析している研究もあるので，その効果についても検討してみたい。

　この従業員の態度を最終的な成果として取り上げていたのが，⑩のBobbio, Bellan&Manganelli（2012）の研究や⑪のRaub&Robert（2012）の研究，⑮のHassan et al.（2013）の研究，⑭のTuckey, Bakker&Dollard（2012）の研究であった。Bobbio, Bellan&Manganelli（2012）は，病院に勤務する看護師のバーンアウトを最終的な効果として取り上げており，看護師の上司によるエンパワリング・リーダーシップが，看護師のバーンアウトにいかなるプロセスで，どの程度の効果をもたらすのかを分析していた。また，Raub&Robert（2012）は，中東とアジア太平洋地域における多国籍ホテルチェーンに勤務する従業員の組織コミットメントをボイス行動とともに取り上げ，上司によるエンパワリング・リーダーシップが，どのようなプロセスを経て，どの程度，組織コミットメントに効果をもたらすのかを分析していた。さらに，Hassan et al.（2013）は，アメリカのMBA夜間コースに通う学生を対象に，彼らが昼間勤務する企業での上司によるエンパワリング・リーダーシップが，LMXを通じて，リーダーの有効性や情緒的コミットメントにどこまで影響を与えるのかを，調査，分析した。そして，Tuckey, Bakker&Dollard（2012）は，オーストラリアの消防士のワーク・エンゲイジメントを最終的な成果として取り上げており，消防士の上司である消防隊隊長のエンパワリング・リーダーシップが，どういうプロセスで，消防士のワーク・エンゲイジメントへどの程度，効果をもたらすのかを分析していた。

　創造性や革新性への効果がメインテーマとなる中で，こうしたバーンアウトや組織コミットメント，ワーク・エンゲイジメントといった従業員の態度が問題になるのは，やはり研究対象となっているその分野特有の状況があるためである。例えば，看護の分野では，対人援助という仕事から，看護師は様々な努力をしても，援助の対象である患者が亡くなることも多く，努力が報われず，バーンアウトになりやすい状況がある。また，オーストラリアの消防隊でも，消防士はボランティアであるものの，その重要性は高く，消防士が消防という仕事に熱心に取り組み，意義を感じてもらわないと，消防隊の存続が厳しいという状況がある。こうしたことから，いくつかの研究では，創造性や革新性と

いう効果はメインに取り上げられず，むしろ，バーンアウトや組織コミットメント，ワーク・エンゲイジメントのような態度が取り上げられてきたのである。

　ここでは，エンパワリング・リーダーシップとこれらの態度に関わる諸変数との関係を，相関係数で確認するだけにとどめるが，表3-1にも示されるように，エンパワリング・リーダーシップと態度に関わる諸変数との間の相関は，エンパワリング・リーダーシップと創造性・革新性との間の相関よりも，総じてやや高い値が示されていた。Bobbio, Bellan&Manganelli（2012）の研究では，エンパワリング・リーダーシップの諸次元とバーンアウトの諸次元間の相関係数が示されていたため，表3-1では「計算不能」となっているが，これらの諸次元間の相関係数を見ると，一部の諸次元間の相関係数の値を除いて，若干高くなっている[4]。

　エンパワリング・リーダーシップとかなり相関が高かった従業員の態度は，組織コミットメントであった。Raub&Robert（2012）は，多国籍ホテルチェーンに勤務する従業員と監督者を対象にして調査を行ない，エンパワリング・リーダーシップと組織コミットメントとの間には，0.47という相関係数が示すような高い相関があることを明らかにしていた。また，Hassan et al.（2013）も，昼間企業に勤務するMBAを対象にして調査を行ない，エンパワリング・リーダーシップをMPS（Managerial Practices Survey）からの6項目を用い測定し，エンパワリング・リーダーシップと情緒的コミットメントとの間に，0.41という相関係数が示す高い相関があることを明らかにした。そして，エンパワリング・リーダーシップと次に相関の高い従業員の態度としてあげられるのが，

---

4　エンパワリング・リーダーシップとバーンアウトとの関係を調査したBobbio,Bellan&Manganelli（2012）の研究では，両者が複数の次元のまま，分析した結果が示されていたので，十分関係性を把握できなかったが，エンパワリング・リーダーシップの諸次元とバーンアウトの諸次元間の相関係数を見ると，ある程度，この両者間に相関があることも理解できる。Arnold et al.（2000）の開発したエンパワリング・リーダーシップの測定尺度の各次元（例を示しリードする，参加的意思決定，コーチング，インフォーミング，関心を示す）とバーンアウトの一次元である精神的消耗（emotional exhaustion）との間には，−0.34から−0.23の相関係数が示すようなマイナスの，わずかな逆相関があることが理解できるし，同様のエンパワリング・リーダーシップの諸次元とバーンアウトの一次元であるシニシズム（job cynicism）との間にも，−0.31から−0.23の相関係数が示すような，わずかな逆相関があることもわかった。

ワーク・エンゲイジメントであった。オーストラリアの消防士と消防隊隊長を対象にして，調査を行なったTuckey, Bakker&Dollard(2012)の研究では，エンパワリング・リーダーシップは，Pearce&Sims(2002)が用いた6項目で測定され，エンパワリング・リーダーシップとワーク・エンゲイジメントとの相関は，0.38という相関係数が示すような，ある程度の関係があるということがわかった。

　また，従業員の態度に関わる変数として，最終的な成果として位置づけているわけではないが，心理的エンパワーメントは，各研究においてエンパワリング・リーダーシップとかなり高い相関を示していることも明らかにされていた。⑦のZhang&Bartol(2010)の研究では，心理的エンパワーメントとエンパワリング・リーダーシップとの相関を示す相関係数は，0.59であった。また，⑧のChen et al. (2011)の研究でも，Study1（研究1）においては，この両者の相関を示す相関係数は0.45，さらに，⑪のRaub&Robert(2012)の研究でも，この両者の相関を示す相関係数は，0.46となっていた。いずれの研究においても，心理的エンパワーメントとエンパワリング・リーダーシップとの間には，高い相関関係があることが示されていた。

## V　エンパワリング・リーダーシップと業績との関連

　このように，エンパワリング・リーダーシップが，最終的にいかなる成果をもたらすかを分析する上で，各研究で取り上げられていた成果を見ると，イノベーションに関わるものや従業員の態度に関わるものが多いことがわかるが，その他に，チームや企業の業績そのものを取り上げる研究もあった。それが，チームの業績を取り上げた④のSrivastava, Bartol&Locke(2006)の研究であり，企業の業績を取り上げた⑨のCarmeli, Schaubroeck&Tishler(2011)の研究である。いずれの研究も，マネジメント・チームにおけるリーダーによるエンパワリング・リーダーシップと業績との関連性が分析された。

　このうち，Srivastava, Bartol&Locke(2006)の研究では，アメリカのホテルチェーンにある550のマネジメント・チームのリーダーによるエンパワリング・リーダーシップが，Arnold et al. (2000) の開発したエンパワリング・

リーダーシップの測定尺度で測定され，チームの業績とどの程度関連するかが分析された。このリーダーによるエンパワリング・リーダーシップがもたらす業績は，ホテルの利用率を用いて測定され，同じ地域にある競争相手と考えられる2つのホテルとどの程度利用率に差があるのかが，公にされた資料に基づき算出された。

　一方，Carmeli, Schaubroeck&Tishler(2011)の研究では，食品や飲料，薬品，パソコン，ファイナンスといった産業に属する企業に勤務するCEOによるエンパワリング・リーダーシップと企業業績との関連性が分析された。この研究では，エンパワリング・リーダーシップは，Arnold et al. (2000)の開発した測定尺度で測定され，また，企業業績は，公的な資料に基づいて測定されたものではなく，各企業のCEOに，競争相手と比べ自社の業績がどの程度かを，4項目を用いて評価してもらった。

　最終的な成果として業績そのものを取り上げる研究の数は多くないので，一般化した結論を導き出すことはできないが，この2つの研究を見る限りは，チームリーダーによるエンパワリング・リーダーシップと業績との関連性，また，CEOによるエンパワリング・リーダーシップと業績との関連性は，ほとんどない。表3-1に示されているように，④のSrivastava, Bartol&Locke (2006)の研究では，エンパワリング・リーダーシップとチームの業績との相関係数は0.09であり，その相関は極めて低い。また，⑨のCarmeli, Schaubroeck&Tishler(2011)の研究を見ても，エンパワリング・リーダーシップと企業業績との相関係数は0.08であり，やはりその値は低い。

# Ⅵ　まとめ

　本章では，科学的手法を取る諸研究をサーベイし，特に，エンパワリング・リーダーシップは何に効果があり，どの程度効果があるのかを，各研究で示される相関係数を手がかりに把握した。エンパワリング・リーダーシップの最近の研究は，創造性や革新性への効果を明らかにしようとする研究が多いが，従業員の態度への効果を明らかにしようとする研究も多かった。そして，エンパワリング・リーダーシップと創造性・革新性との間には，直接的な高い相関を

示す研究は少ない一方で，従業員の態度との間には，ある程度の相関があることを示す研究は，少なからずあった。

エンパワリング・リーダーシップの諸研究をサーベイすると，結局，主に次のような諸点を指摘することができよう。

① 様々なエンパワリング・リーダーシップの効果が取り上げられ検証されているが，創造性・革新性への効果を分析している研究が多い。

② 従業員の態度（バーンアウト，情緒的コミットメント等）や心理的状態への効果を分析している研究もある。

③ チームの業績や企業の業績への効果を分析している研究もある。

④ 創造性・革新性に関わる具体的な変数としては，個人レベル，チームレベルにおける創造性，革新的行動，プロアクティブ行動，ボイス行動等が取り上げられている。

⑤ これら創造性・革新性に関わる諸変数とエンパワリング・リーダーシップとのダイレクトな相関は，必ずしも高いとは言えない。

⑥ むしろ，従業員の態度・心理に関わる諸変数とエンパワリング・リーダーシップとの相関の方がやや高い。

⑦ チームの業績や企業業績とエンパワリング・リーダーシップとの相関はほとんどない。

第 **4** 章

# エンパワリング・
# リーダーシップの
# 成果に至るプロセスの検討

　本章では，前章に引き続き，これまでに発表されたエンパワリング・リーダーシップ研究のうち，理論的・実証的なアプローチによって行なわれた諸研究をサーベイしていくことにする。本章では，前章と同様に，エンパワリング・リーダーシップのもたらす成果について焦点をあてて，諸研究をサーベイしていくことにするが，前章と異なり，諸成果に至るまでのプロセスを明らかにし，各研究ではエンパワリング・リーダーシップが，どういうプロセスを経て諸成果をもたらすと考えているのかをサーベイしていくことにする。

## I　モデルのプロセスに関係する変数について

　以下では，理論的・実証的なアプローチによるエンパワリング・リーダーシップ研究の諸モデルを個々に検討し，諸成果に至るまでのプロセスを見ていくことにするが，その前に，このプロセスに登場する媒介変数とその媒介効果，さらにはモデレータ変数とそのモデレート効果について，若干のコメントをしておくことにしよう。

### 1．媒介変数と媒介効果

　まずは，モデルで扱われる媒介変数と媒介効果についてである。媒介変数とは，独立変数と従属変数との連結を説明する変数であり，一般的には有機体

（例えば人間）に関わる観察できないプロセスや状態のことである（Stone, 1978）。最近のエンパワリング・リーダーシップ研究の諸モデルを見ると，媒介変数として様々なものが取り上げられ，しかもその媒介効果がかなり精緻に分析されるようになってきた。

　前章で検討したように，独立変数としてのエンパワリング・リーダーシップと従属変数としての諸成果（創造性や革新性，人間の態度等）との直接的な関係を検討することも重要であるが，エンパワリング・リーダーシップという独立変数と諸成果という従属変数との間のプロセスを対象にした間接的な関係を検討することも重要となっている。

　例えば，独立変数としてのエンパワリング・リーダーシップは，直接的には，従業員のバーンアウトに影響を与えることは十分考えられよう。しかし，このエンパワリング・リーダーシップによって，従業員はマネジャーを信頼することになり，結果的に従業員のバーンアウトは減るということも考えられる。このマネジャーへの信頼という媒介変数を導入することにより，マネジャーによるエンパワリング・リーダーシップが，従業員のバーンアウトにどのように影響するか，そのプロセスがより明確になり，エンパワリング・リーダーシップの効果がより丁寧に説明可能になってくる。

　こうした媒介変数の媒介効果がどの程度あるか，最近のエンパワリング・リーダーシップ研究では，盛んに分析されるようになってきた。特に，媒介変数の媒介効果が，部分媒介にすぎないのか，それ以上に完全媒介と呼ばれるような効果を持つのかが，各研究では精緻に分析されるようになってきた。**図4－1**に示すように，Aという独立変数が，Cという従属変数に直接的に影響を及ぼす効果があることに加え，Bという媒介変数を介して，Cという従属変数に間接的に影響を及ぼす効果がある時に，Bには部分媒介効果があるとされる。これに対して，**図4－2**に示すように，Aという独立変数が，必ずBという媒介変数を介して，Cという従属変数に間接的に影響を及ぼす時に，Bには完全媒介効果があるとされる。最近のエンパワリング・リーダーシップ研究を見ると，こうした媒介変数が，部分媒介の効果しか持たないのか，それとも完全媒介の効果まであるのかが，階層的重回帰分析や共分散構造分析によって，緻密に分析されるようになっている[1]。

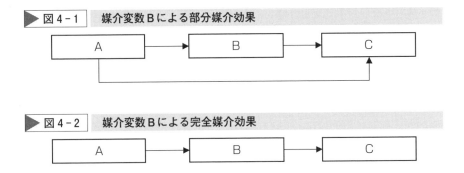

2．モデレータ変数とモデレート効果

　各研究のモデルを検討する上でのもう1つの重要な視点であるモデレータ変数とモデレート効果についても，若干のコメントを述べておくことにしよう。モデレータ変数とは，他の2つの変数間の関係に変化を生じさせる変数のことであり，このモデレータ変数を変化させると，例えば独立変数と従属変数という2つの変数間の関係が変化するという変数のことである（Stone, 1978）。例えば，仕事で努力をすれば，総じてその仕事での業績は上がっていくことになろう。しかし，同じ努力をしていても，スキルのある人，知識のある人，経験のある人は，そうでない人に比べ，業績はより高まっていくはずである。こうしたスキルや知識，経験が，モデレータ変数であり，努力と業績という2つの変数間の関係に変化を生じさせるものであり，この変化の大きさがモデレート効果と呼ばれるものである。

　これまでに発表されてきたエンパワリング・リーダーシップ研究をサーベイすると，何らかのモデレータ変数を取り上げ，モデルを構築する研究もあり，そこではモデレータ変数に，どの程度のモデレート効果があるのかも精緻に分析されていた。以下では，媒介変数と媒介効果，さらには，こうしたモデレー

1　媒介効果については，次の論文に詳細に述べられている。Baron,R.M.&Kenny,D.A.(1986) The Moderator-Mediator Variable Distinction in Social Psychological Research:Conceptual, Strategic,and Statistical Considerations, *Journal of Personality and Social Psychology*,51 (6),pp.1173-1182.

タ変数とモデレート効果に注意し、各研究でのモデルがどのようなもので、導出された仮説はどのようなものか、そして、この仮説がどの程度検証されているのかを見ていくことにする。

## Ⅱ　エンパワリング・リーダーシップ研究のグループ化

　第2章で述べたように、2000年代に入りエンパワリング・リーダーシップ研究は、急速に増えてきた。しかも、大部分は、科学的な手法を取り入れた理論的・実証的な研究であり、今日に至っている。その研究の一例を示したのが、第2章の**表2-1**であり、数多くの研究が世界中の様々な分野で実施されていることが、ここからわかるであろう。

　**表2-1**に示したエンパワリング・リーダーシップ研究のうち、理論的・実証的研究とは言えない研究、また理論的・実証的研究のうち、④のSrivastava, Bartol&Locke（2006）の研究、⑦のZhang&Bartol（2010）の研究、⑯のMartin, Liao&Campbell（2013）の研究、そして⑰のLorinkova, Pearsall&Sims（2013）の研究は、次章でより詳細にその内容を検討するので、本章では残りの11の研究を対象にして、その内容をサーベイしていくことにする[2]。

　これらの研究各々で、どのようなモデルや仮説が構築され、どのような検証結果が出されたのかを、例えば研究発表の年代順に検討することでも、本章の目的は達成されるが、やはり類似した研究をグループ化しながらその内容を検討していく方が、生産的なサーベイができるであろう。そこで、本章では、各研究が、最終的な成果としてどのようなものを取り上げているのかに着目して、最終的な成果として類似したものを取り上げている諸研究をグループ化し、そこでのモデルや仮説、検証結果を見ていくことにする。

---

2　11の研究をサーベイの対象としたが、このうち次の3つの研究をさらに対象からはずし、8つの研究をサーベイの対象とした。サーベイの対象からはずした3つの研究のうち、Sims, Faraj&Yun（2009）の研究は、定性的な研究であったためサーベイの対象としなかった。また、Carmeli, Schaubroeck&Tishler（2011）の研究は、最終的な効果として企業業績を取り上げていたため、サーベイの対象としなかった。さらに、Hassan et al.（2013）の研究は、独立変数にエンパワリング・リーダーシップに加え、倫理的リーダーシップも取り上げていたため、サーベイの対象からはずした。

　エンパワリング・リーダーシップの諸研究で，最近，最終的な成果として取り上げられることの多いのが，第3章で見てきたように，創造性やイノベーション，革新的行動といった諸成果である。そして，これらの創造性やイノベーション，革新的行動と比較的概念的に近い成果として，ボイス行動やプロアクティブ行動などを取り上げている研究もある。まずは，こうした創造性やイノベーション，革新的行動，ボイス行動，プロアクティブ行動といった諸成果を最終的な成果として取り上げている研究をピックアップし，そこで提示されているモデルや仮説，検証結果をサーベイしていくことにしよう。

　また，これらの創造性や革新性に関わる諸成果とは別に，従業員の態度に関わる諸成果を最終的な成果として取り上げている研究もいくつかある。例えば，最終的な成果として，バーンアウトや組織コミットメント，ワーク・エンゲイジメントといったものを取り上げている研究があり，これらの研究は，先ほどの研究グループとは別個にグループ化して，そこで構築されているモデルや仮説，検証結果をサーベイしていくことにしよう。さらに，これらのいずれのグループにも属さない，例えば，企業業績を最終的な効果として位置づけている研究[3]もあるが，内容が煩雑になるのでサーベイしないことにした。言うまでもなく，研究によっては最終的な成果に，創造性や革新性に関わる諸成果を取り上げるとともに，従業員の態度に関わる諸効果も取り上げていることもある。この場合は，さらに別個のグループを作り，諸研究をサーベイしていくことにする。

## Ⅲ　創造性・革新性を最終的な成果として位置づける研究のサーベイ

　はじめに最終的にもたらされる成果として，創造性や革新性に関連した諸変

---

3　最終的な効果として，企業業績を取り上げ，これがCEOのエンパワリング・リーダーシップとどのように関係するのかを調査，分析したのがCarmeri et al. (2011)の研究である。彼らは，CEOのエンパワリング・リーダーシップが直接的に企業業績に影響を与えるわけではなく，トップ・マネジメントチームの行動統合や効力感を経て，企業業績に影響を与えることを明らかにした。

数のみを取り上げている研究を，サーベイしていくことにしよう。エンパワリング・リーダーシップによって，最終的にもたらされる成果として，創造性や革新性に関連した諸変数のみを取り上げた研究としては，Sagnak(2012)の研究があり，また，Martínez-Córcoles et al.（2012）の研究がある。いずれの研究も，企業内のエンパワリング・リーダーシップは対象とされておらず，Sagnak(2012)の研究では，学校の校長のエンパワリング・リーダーシップが研究対象とされ，Martínez-Córcoles et al.（2012）の研究では，原子力発電所の管理者によるエンパワリング・リーダーシップが研究対象とされていた。

## 1．Sagnak(2012)の研究

Sagnak(2012)が，小学校の校長によるエンパワリング・リーダーシップを研究対象にしようとしたのは，激しい環境の中で，小学校が環境に対応するためには，教師の革新的行動（教師がリスクを取り，イニシャチブを取り，プロフェッショナリズムを改善する行動）が不可欠であり，革新的行動を促進するためには，校長によるエンパワリング・リーダーシップが必要だと考えたからである。

Sagnak(2012)はトルコのニーデやその周辺地域の小学校から選ばれた教師（710人）と校長（55人）を対象にして調査し，その内容を分析した結果，校長によるエンパワリング・リーダーシップが，教師の革新的行動を促すこと，また組織の革新的風土にも影響を与えることを明らかにした。また，組織の革新的風土が，校長によるエンパワリング・リーダーシップと教師の革新的行動を部分的に媒介するということも明らかにした。

当初，Sagnak(2012)は，**図4-3**が示すように，媒介変数である革新的風土

▶ **図4-3**　**Sagnak(2012)のエンパワリング・リーダーシップモデル**

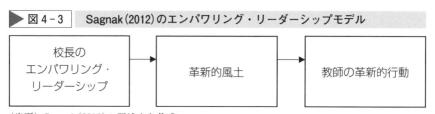

（出所）Sagnak(2012)の記述より作成

の媒介効果は，完全媒介と考えていた。しかし，実証分析をすると，校長のエンパワリング・リーダーシップは，直接的に教師の革新的行動へ影響を及ぼす効果もあり，革新的風土の媒介効果は，部分媒介と呼ばれる効果であることをSagnak（2012）は明らかにしたのである。つまり，校長のエンパワリング・リーダーシップは，直接的に教師の革新的行動に影響を与える一方，革新的風土という媒介変数を通じて，間接的に教師の革新的行動に影響を与えるということをSagnak（2012）は，明らかにした[4]。

## 2．Martínez-Córcoles et al.（2012）の研究

　エンパワリング・リーダーシップが最終的にもたらす成果として，創造性や革新に関連した変数のみを取り上げているもう1つの研究としては，Martínez-Córcoles et al.（2012）の研究がある。彼らは，他のエンパワリング・リーダーシップ研究と異なり，原子力発電所内のマネジャーのエンパワリング・リーダーシップを取り上げ，このリーダーシップが従業員の安全参加と呼ばれる一種の革新的行動をどこまで促進するかを実証的に明らかにした。

　原子力発電所の運営は，言うまでもなく，その安全管理がきわめて重視され，数多くのルールが設けられ，ルール同士の関係も複雑になっている。しかし，個々のルールそのものが完璧なものとは言い難く，時にはルール同士が矛盾していることもある。こうした状況においては，従業員は単にルールに従って行動すれば良いのではなく，もう一歩進めて，自律的に自主的に，ルールそのものの内容を検討し，ルール同士の矛盾を見出す姿勢も必要となっている。そこで，Martínez-Córcoles et al.（2012）は，従業員による安全参加[5]という活動に注目し，従業員による安全参加は，マネジャーのエンパワリング・リーダーシップによって，どこまで促進されるかを実証的に明らかにした。

---

4　媒介変数による部分媒介効果と完全媒介効果の分析が，最近のエンパワリング・リーダーシップ研究では，精緻に行なわれていることはすでに述べたが，Sagnak（2012）の研究でも，まさに革新的風土という媒介変数の媒介効果が分析され，その効果は部分媒介と呼ばれるような効果を持つことが明らかにされた。

5　安全参加は，彼らの研究によれば，「組織の中の安全を強化することに貢献する従業員による自発的活動」のことであり，この安全参加とエンパワリング・リーダーシップとの関係がモデル化され，スペインの原子力発電所から得られたデータによって検証された。

　Martínez-Córcoles et al.（2012）によって行なわれた分析で用いられた構造
方程式モデリング，もしくは共分散構造分析において，もっとも適合度の高い
モデルとして提示されたものが，**図4-4**に示されているモデルであった。こ
のモデルを見ると，エンパワリング・リーダーシップは，安全参加と呼ばれる
従業員による自律的活動や革新的活動へ直接的に影響を与えるわけではなく，
それは，協働学習[6]という媒介変数を通じて，間接的に安全参加へ影響を与え
ることがわかる。しかも，この協働学習は，マネジャーによるエンパワリン
グ・リーダーシップの発揮によって，対話が促進され，オープンなコミュニ
ケーションが進むことによって，行なわれることも明らかにされた。つまり，
この研究によれば，マネジャーのエンパワリング・リーダーシップは，直接的
に従業員の安全参加を生み出すのではなく，協働学習を通じて，間接的に従業
員の安全参加を生み出すことが指摘されており，協働学習という媒介変数が，
エンパワリング・リーダーシップと安全参加という両変数を完全媒介する効果
があることを示していた。

▶ **図4-4**　**Martinez-Corcoles et al.（2012）のエンパワリング・リーダーシップモデル**

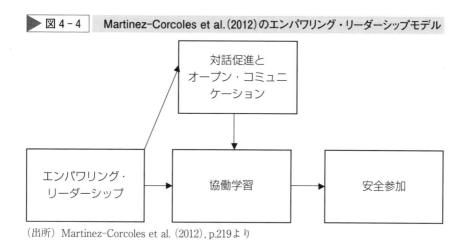

（出所）Martinez-Corcoles et al.（2012），p.219より

---

6　協働学習とは，チームメンバー間での知識の伝達や知識の構築のことである。メンバー
　間で互いに学習しあう，知識が共有される，各メンバーの意見が反映されるといったことが，
　協働学習の具体的な内容である。

# Ⅳ　従業員の態度を最終的な成果として位置づける 研究のサーベイ

　次に，エンパワリング・リーダーシップが最終的にもたらす効果として，従業員の態度に関わる変数のみを取り上げた諸研究をサーベイしていくことにしよう。従業員の態度に関わる諸変数のみを取り上げた研究には，Dewettinck&Ameijde（2007）の研究，Bobbio, Bellan&Manganelli（2012）の研究，Tuckey, Bakker&Dollard（2012）の研究の3つがある。以下では，これらの3つの研究の内容を検討しよう。

　この3つの研究は，オランダ，イタリア，オーストラリアといった世界各国で行なわれた研究である。しかも，企業のエンパワリング・リーダーシップにとどまらず，病院でのエンパワリング・リーダーシップや消防隊でのエンパワリング・リーダーシップが，その研究対象となっていた。そして，このエンパワリング・リーダーシップと残留意思，バーンアウト，ワーク・エンゲイジメントといった従業員の態度とどう関係するかが，調査分析されていた。

## 1．Dewettinck&Ameijde（2007）の研究

　この3つの研究のうち，オランダのサービス産業に属する4つの企業に勤務する従業員381人を対象にして，Arnold et al.（2000）の測定尺度を用い，エンパワリング・リーダーシップを測定し，その効果を分析したのが，Dewettinck&Ameijde（2007）の研究である。彼らは，マネジャーのエンパワリング・リーダーシップ行動が，どういうプロセスを経て，最終的にその組織への残留意思にいかなる影響を及ぼすかを分析した。

　Dewettinck&Ameijde（2007）が当初構築した研究のフレームワークは**図4-5**に示す通りであり，入手したデータをもとにして，構造方程式モデリングもしくは共分散構造分析を用いて分析し，このモデルがどの程度適合度が高いかを検討した。そして，もっとも当てはまりの良い，適合度の高いモデルが，この当初構築したモデルであることを明らかにした。

　**図4-5**を見てもわかるように，マネジャーによるエンパワリング・リー

▶ **図4-5**　**Dewettinck&Ameijde（2007）のエンパワリング・リーダーシップモデル**

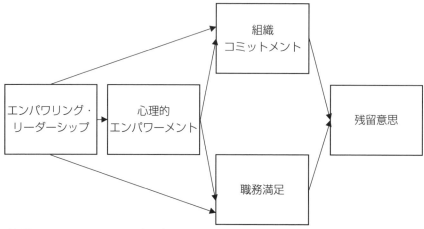

（出所）Dewettinck&Ameijde（2007）, p.24より

ダーシップは，従業員の心理的エンパワーメントに影響を及ぼし，心理的エンパワーメントは，さらに組織コミットメントと職務満足へ影響を与え，最終的に従業員の残留意思に影響を与えることが示されていた。

　**図4-5**には詳細に記されていないが，このDewettinck&Ameijde（2007）の研究でも，媒介変数である心理的エンパワーメントや組織コミットメント，そして職務満足の媒介効果が，精緻に分析され，興味深い事実が指摘されている。特に，興味深いのは，心理的エンパワーメントという媒介変数が，マネジャーによるエンパワリング・リーダーシップと組織コミットメント・職務満足との関係を部分媒介するという発見である。つまり，マネジャーによるエンパワリング・リーダーシップは，直接的に組織コミットメントと職務満足に影響を及ぼすことがある一方，心理的エンパワーメントという媒介変数を通じて，間接的に組織コミットメントと職務満足に影響を及ぼすこともあることを，Dewettinck&Ameijde（2007）は明らかにしたのである。また，組織コミットメントと職務満足は，直接的に残留意思へ影響を与えることも，この研究では明らかにした。

## 2．Bobbio,Bellan&Manganelli(2012)の研究

　Dewettinck&Ameijde(2007)の研究は，オランダのサービス産業に属する企業を対象にしたエンパワリング・リーダーシップの研究であったが，イタリアの病院を対象にしたエンパワリング・リーダーシップの研究もあった。この研究が，Bobbio, Bellan&Manganelli(2012)の研究である。彼らは，イタリアの公立病院に勤務する273人の看護師を主な研究対象として，この看護師に発揮されるエンパワリング・リーダーシップが，看護師のバーンアウトにどのような影響があるのかを調査した。

　看護師のような対人援助を目的とする職業は，仕事の性質上，報われないことも多く，相手の満足が仕事の成果であることも多いため，バーンアウトに陥りやすい。こうした特有の仕事であるため，創造性やイノベーションとの関連性以上に，バーンアウトとの関連性の中でエンパワリング・リーダーシップが取り扱われるのである。

　Bobbio, Bellan&Manganelli(2012)の記述に基づいて，彼らの研究モデルを示すと図4-6のようになるだろう。そして，彼らは，この研究モデルに基づいて9つの仮説[7]を導出し，イタリアの公立病院に勤務する看護師にアンケー

---

7　9つの仮説とは次の通りである。
　仮説1：エンパワリング・リーダーシップと知覚された組織のサポートは，正の関係がある
　仮説2：エンパワリング・リーダーシップは，職務バーンアウトと負の関係がある
　仮説3：知覚された組織のサポートは，職務バーンアウトと負の関係がある
　仮説4：エンパワリング・リーダーシップと知覚された組織のサポートは，リーダーへの信頼・組織への信頼と正の関係がある
　仮説5：エンパワリング・リーダーシップとリーダーへの信頼との関係は，知覚された組織のサポートとリーダーへの信頼との関係よりも強い。一方，知覚された組織のサポートと組織への信頼との関係は，エンパワリング・リーダーシップと組織への信頼との関係よりも強い
　仮説6：リーダーへの信頼と組織への信頼は正の関係がある
　仮説7：リーダーへの信頼と組織への信頼は，職務バーンアウトと負の関係がある
　仮説8：リーダーへの信頼と職務バーンアウトとの関係は，組織への信頼と職務バーンアウトとの関係よりも強い
　仮説9：リーダーへの信頼と組織への信頼は，エンパワリング・リーダーシップ，知覚された組織のサポート，職務バーンアウトとの関係を媒介する

▶ 図4-6　　Bobbio, Bellan&Manganelli(2012)のエンパワリング・リーダーシップモデル

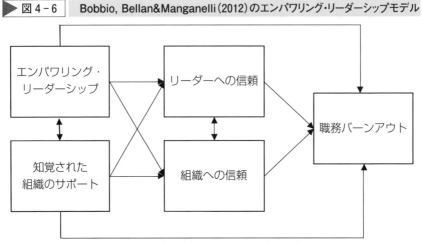

（出所）Bobbio, Bellan&Manganelli(2012)，p.8のモデルを参考に作成

ト調査を行ない，これらの仮説をデータに基づいて検証した。彼らの研究モデルからは，エンパワリング・リーダーシップは，看護師のリーダーへの信頼を高めると同時に，組織への信頼を高める。また，看護師によるリーダーへの信頼の高まり，組織への信頼の高まりは，看護師のバーンアウトを減少させることが予測された。

　看護師へのアンケート調査結果に基づくと，9つの仮説の大筋はデータによって検証された。しかし，詳細な点では，データによって検証されていない点もあり，注意を要するであろう。大筋では，看護師へのアンケート調査結果から，看護師へのエンパワリング・リーダーシップの発揮は，仮説が示すように，リーダーへの信頼も高めるし，組織への信頼も高めることが検証された。しかし，リーダーへの信頼を高めることが検証されたのは，エンパワリング・リーダーシップの諸次元のうち，「例を示す」という次元と「チームへの関心を示し，チームと相互作用する」という次元に限定されていた。また，エンパワリング・リーダーシップの諸次元のうち，「情報を伝える」という次元が，組織への信頼を高めていた。そして，リーダーへの信頼と組織への信頼が，職務バーンアウトを減少させるという点は，看護師へのアンケート調査結果から検証されている。さらに，これらのリーダーへの信頼と組織への信頼は，エン

パワリング・リーダーシップとバーンアウトとの関係を完全に媒介する効果を
持っていることも，看護師へのアンケート調査結果から検証された。

　このBobbio, Bellan&Manganelli（2012）の研究からは，総じてエンパワリン
グ・リーダーシップというリーダーシップ・スタイルが，ヘルスケア組織には
適切なスタイルであることが理解できるであろう。

## 3．Tuckey, Bakker&Dollard（2012）の研究

　さて，エンパワリング・リーダーシップが最終的にもたらす効果の中で，組
織メンバーの態度のみを取り上げている研究としては，Tuckey, Bakker&
Dollard（2012）の研究がある。彼らは，オーストラリアのボランティア消防士
540人と消防隊隊長68人を研究対象にして，消防隊隊長によるエンパワリン
グ・リーダーシップが，最終的にボランティア消防士のワーク・エンゲイジメ
ントに，どのようなプロセスで，どの程度の効果を与えるのかを調査分析した。

　Tuckey, Bakker&Dollard（2012）が，こうしたオーストラリアのボランティ
ア消防士のワーク・エンゲイジメントを研究対象にして取り上げたのは，オー
ストラリアにおけるボランティア消防士の重要性とその重要性にもかかわらず
ボランティア消防士のなり手が少ないという事情があった。広大なオーストラ
リアの地では，火災の消防活動を数多くのボランティア消防士に頼らざるをえ
ない。しかし，ボランティア消防士の役割の重要性にもかかわらず，せっかく
ボランティア消防士として活躍していた人たちが，消防士を辞めてしまう。ま
た，そもそもボランティア消防士になりたがらないという事情があった。そこ
で，Tuckey, Bakker&Dollard（2012）は，いかにボランティア消防士に，消防
活動への関心を高めてもらい，そのまま消防活動に従事してもらうかを，消防
隊隊長のエンパワリング・リーダーシップに注目して，その効果を分析した。

　このTuckey, Bakker&Dollard（2012）が調査分析するにあたって構築したの
が，図4−7に示すようなモデルであった。このモデルは，ワーク・エンゲイ
ジメントの分野で，しばしば用いられてきた仕事の要求度−資源モデル（JD-R
モデル：Job Demands-Resources Model）をベースにして構築されたもので
あり，ワーク・エンゲイジメントや仕事の資源，仕事の要求度といったキー概
念が盛りこまれていた[8]。

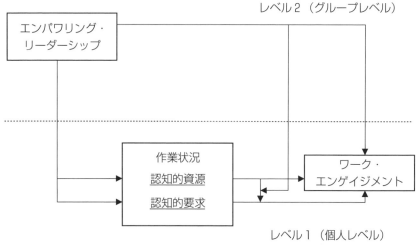

▶ 図4-7　　Tuckey, Bakker&Dollard (2012) のエンパワリング・リーダーシップモデル

レベル2 （グループレベル）

エンパワリング・
リーダーシップ

作業状況
認知的資源
認知的要求

ワーク・
エンゲイジメント

レベル1 （個人レベル）

（出所）Tuckey, Bakker&Dollard(2012), p.19より

　Tuckey,Bakker&Dollard(2012)は，**図4-7**に示すモデルに基づいて，8つの仮説[9]を導出し，540人のボランティア消防士と68人の消防隊隊長から得られたデータによって，これらの仮説を検証した。その結果，1つの仮説は棄却されたものの，残り7つの仮説はデータによって検証された。検証結果でやはり興味深いのは，消防隊隊長のエンパワリング・リーダーシップは，直接的に消

---

8　このモデルで，ワーク・エンゲイジメントとは，人間の持続的な心理状態のこと，感情の状態のことを言う。簡単に言えば，人間が情熱を持って働く状態のことである。詳細には「ポジティブで，達成感に満ちた仕事に関連のある心の状態である活力，熱意，没頭をその特徴とする」ことである。このようなワーク・エンゲイジメントと呼ばれる持続的な心理状態になると，ボランティア消防士は，その活動を止めることなく，情熱を持って活動に専念し続けることになる。また，認知的要求とは，認知された仕事の要求度のことであり，消防士をはじめとする人間に対して「身体的・心理的代償を伴う可能性のある仕事上の物理的，社会的，組織的特徴」のことである。そして，認知的資源とは，認知された仕事の資源のことであり，具体的には「仕事の物理的，心理的，社会的，組織的側面」のことである。なお，仮説に示される仕事の要求度とは，「従業員の適応能力を超えた場合，彼らの精神的なストレスを引き起こす可能性がある仕事の特性」のことであり，認知された仕事の要求度（認知的要求）とは区別される。また，仕事の資源とは，「個々の従業員に資源を提供する仕事の側面のこと」であり，認知された仕事の資源（認知的資源）とは区別される。

防士のワーク・エンゲイジメントに効果を与えるということであった。一方，消防隊隊長のエンパワリング・リーダーシップは，認知的資源と認知的要求に示される仕事の状況を通じて，間接的にもワーク・エンゲイジメントに効果を与えるということであった。つまり，Tuckey,Bakker&Dollard(2012)の研究結果を見ると，エンパワリング・リーダーシップとワーク・エンゲイジメントとの間では，認知的資源と認知的要求に示される仕事状況が，部分媒介の効果を持つということもわかったのである。

　消防隊隊長によるエンパワリング・リーダーシップの発揮が，ボランティア消防士のワーク・エンゲイジメントに直接的にも，間接的にも影響を及ぼすものであれば，言うまでもなく，消防隊隊長によるエンパワリング・リーダーシップの発揮は，ボランティア消防士のワーク・エンゲイジメントを高める上で重要な役割をはたすことになろう。消防隊隊長がエンパワリング・リーダーシップを発揮すれば，ボランティア消防士は，活力や熱意を持って働き，仕事に没頭し，消防という仕事に従事していくことになる。また，消防隊隊長がエンパワリング・リーダーシップを発揮すれば，仕事の要求度が高くなり，仕事の資源も多くなり，作業状況が改善され，ボランティア消防士は，やはり活力や熱意を持って働き，仕事に没頭し，消防という仕事に従事していくことにな

---

9　8つの仮説は次の通りである。
　仮説1：個人レベルで，仕事の資源はワーク・エンゲイジメントと正の関係がある
　仮説2：個人レベルで，仕事の要求度はワーク・エンゲイジメントと正の関係がある
　仮説3：個人レベルでの認知的要求と認知的資源との相互作用がワーク・エンゲイジメントへ影響を与えるのと同様に，仕事の要求度が増大するにつれ，仕事の資源も増大してくると，ワーク・エンゲイジメントも増大する
　仮説4：グループレベルでのエンパワリング・リーダーシップは，部下のワーク・エンゲイジメントと正の関係がある
　仮説5：グループレベルでのエンパワリング・リーダーシップは，部下の認知的要求と正の関係がある
　仮説6：グループレベルでのエンパワリング・リーダーシップは，部下の認知的資源と正の関係がある
　仮説7：エンパワリング・リーダーシップと部下のワーク・エンゲイジメントとの関係は，個人レベルの認知的要求と認知的資源によって，部分的に媒介される
　仮説8：個人レベルにおける高い仕事の要求度と仕事の資源との組み合わせは，グループレベルでのリーダーによるエンパワリング・リーダーシップ行動が増えるにつれ，特に部下のワーク・エンゲイジメントと正の関係になる

るだろう。

## Ⅴ　従業員の創造性・革新性と態度の両方を
## 　最終的な成果として位置づける研究のサーベイ

　最後に最終的な成果として創造性・革新性に関する変数も，従業員の態度も，いずれも取り上げる研究をピックアップして，その内容をサーベイしていくことにしよう。創造性・革新性に関する変数も，従業員の態度に関する変数も，いずれの変数も取り上げる研究としては，Chen et al. (2011)，Raub &Robert (2012)，Harris et al. (2014)の3つの研究が見出されたが，ここでは，Chen et al. (2011)の研究とRaub &Robert(2012)の研究を見ていくことにしよう。

　ここでChen et al. (2011)の研究とRaub &Robert(2012)の研究を取り上げたのは，エンパワリング・リーダーシップが，どういうプロセスで創造性や革新性，従業員の態度に対して，どの程度の効果を与えるかを分析するだけでなく，国によって，文化によって，エンパワリング・リーダーシップの効果に違いがあるのかという問題意識を持ち，研究が進められていたからである[10]。

### 1．Chen et al. (2011)の研究

　Chen et al. (2011)の研究は，エンパワリング・リーダーシップや関係コンフリクトが，従業員のモチベーショナルな状態（心理的エンパワーメントと情緒的コミットメント）にどのような影響を与え，最終的に従業員の創造性や革新，態度にどの程度の影響を与えるかを実証的に分析する研究であった[11]。

　このChen et al. (2011)の提示したモデルを示したのが**図4-8**である。この**図4-8**では，モデルの左側にチームレベルの刺激であるエンパワリング・

10　Harris et al.(2013)の研究では，すでに在籍している従業員の創造性や革新性，また態度を研究対象とするのではなく，新しく入ってきた中途入社の従業員の創造性や革新性，態度を研究対象としていた点で，他の研究とは異なった特色を持っていた。
11　この研究では実験室研究を行なうとともに，フィールド研究も行ない，独自に構築した研究モデルやそこから導出された仮説が，本当にアメリカだけでなく中国でも検証されるのかが分析された。

▶ **図 4 - 8**　**Chen et al.(2011)のエンパワリング・リーダーシップモデル**

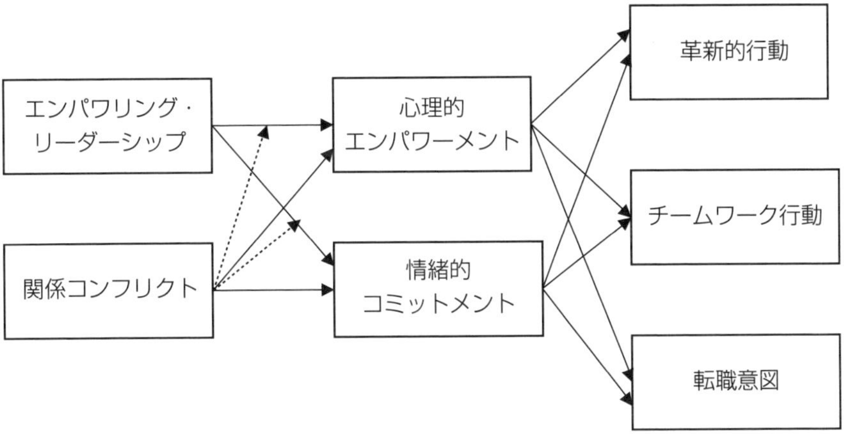

（出所）Chen et al.（2011），p.542より

リーダーシップと関係コンフリクトが示され，この 2 つのチームレベルの刺激が，個人レベルのモチベーショナルな状態である心理的エンパワーメントと情緒的コミットメントを通じ，最終的に個人レベルの成果として位置づけられる革新的行動，チームワーク行動，さらには転職意図に，どう影響するかが示されていた。そして，Chen et al.（2011）は，**図 4 - 8** に示されるモデルに基づいて導出された 5 つの仮説[12]を，実験室研究とフィールド研究によって検証し

---

12　5 つの仮説は次の通りである。

仮説 1 ：チームリーダーのエンパワリング・リーダーシップは，チームメンバーの(a)心理的エンパワーメントと(b)情緒的コミットメントを高める

仮説 2 ：チーム内の関係コンフリクトは，チームメンバーの(a)心理的エンパワーメントと(b)情緒的コミットメントを低める

仮説 3 ：エンパワリング・リーダーシップは，チーム内の関係コンフリクトの度合いが低い時，チームメンバーの(a)心理的エンパワーメントと(b)情緒的コミットメントを高める

仮説 4 ：チームメンバーの心理的エンパワーメントは，エンパワリング・リーダーシップ・関係コンフクリクトの合わさった効果とチームメンバーの(a)革新的行動，(b)チームワーク行動，(c)転職意図との関係を媒介する

仮説 5 ：チームメンバーの情緒的コミットメントは，エンパワリング・リーダーシップ・関係コンフクリクトの合わさった効果とチームメンバーの(a)革新的行動，(b)チームワーク行動，(c)転職意図との関係を媒介する

た[13]。

　その結果，エンパワリング・リーダーシップという独立変数は，媒介変数である心理的エンパワーメントと情緒的コミットメントに影響を及ぼすこと。また，心理的エンパワーメントという媒介変数は，エンパワリング・リーダーシップと革新的行動との関係を媒介する効果を持つこと。さらにエンパワリング・リーダーシップと転職意図との関係も媒介する効果を持つことが検証された。一方，情緒的コミットメントという媒介変数も，エンパワリング・リーダーシップとチームワーク行動との関係を媒介し，エンパワリング・リーダーシップと転職意図との関係を媒介する効果を持っていることも明らかにした。そして，関係コンフリクト[14]という変数は，エンパワリング・リーダーシップと情緒的コミットメントとの関係をモデレートする効果があり，関係コンフリクトがある場合，エンパワリング・リーダーシップの発揮は，従業員の情緒的コミットメントを促進しなくなるということも示された。そして，アメリカで構築されたモデルは，中国においても妥当性を持つことが明らかにされており，文化の相違があるとは結論づけられなかった。

## 2．Raub &Robert(2012)の研究

　次に，Raub &Robert(2012)の研究を見ていくことにしよう。この研究も，先のChen et al.(2011)の研究と同様に，最終的な効果として創造性，革新性に関わる変数と従業員の態度に関わる変数，両者を取り上げ，エンパワリング・リーダーシップの効果を実証的に明らかにしようとした研究であった。しかもChen et al.(2011)の研究と同様に，文化の相違によるエンパワリング・リーダーシップの効果についても検討が加えられ，興味深い研究となっている。
　Raub &Robert(2012)は，ホテル業界における運営効率や顧客サービスの改善手段として，従業員のエンパワーメントが有効なアプローチだと捉えていた。

---

13　検証にあたっては，アメリカと中国の大学で学ぶ学生，そしてビジネスマンの協力を得て，研究が進められた。いずれの研究でも，図4-8に示されるモデルやそこから導き出された仮説は，総じて検証されたが，一部検証できないものもあった。
14　関係コンフリクトとは，メンバー間の不一致の度合いや緊張の度合い，また怒りや不信感，恐れ，フラストレーションで示される協力体制の欠如の度合いのことを言う。

　そこで，Raub &Robert（2012）は，中東と太平洋地域にある多国籍ホテルチェーンに勤務する640人の従業員とその監督者を研究対象にして，監督者のエンパワリング・リーダーシップが，どこまで従業員をエンパワーし，その結果，どのような成果が生み出されるのかを実証的に明らかにしようとした。

　このRaub &Robert（2012）の示した研究モデルが**図4-9**である。この**図4-9**では，監督者のエンパワリング・リーダーシップを独立変数として位置づけ，従業員の心理的エンパワーメントは，このエンパワリング・リーダーシップという独立変数と組織コミットメント・ボイス行動という従属変数を媒介する媒介変数として位置づけていた。さらに，文化的価値という変数をモデレータ変数として位置づけ，エンパワリング・リーダーシップと心理的エンパワーメントとの関係をモデレートする効果があること，そして，心理的エンパワーメントと組織コミットメント・ボイス行動[15]との関係をモデレートする効果があると考えていた。

　Raub &Robert（2012）は，こうした組織コミットメントやボイス行動というホテル業界に勤務する従業員に不可欠な態度や行動は，彼らを心理的にエンパ

▶ **図4-9**　**Raub &Robert（2012）のエンパワリング・リーダーシップモデル**

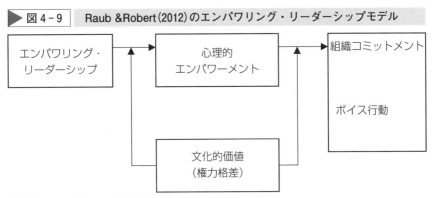

（出所）Raub &Robert（2012）の記述より作成

---

15　Raub &Robert（2012）の考えている組織コミットメントとは，情緒的コミットメントのことであり，従業員の持っている組織への一体感や組織の一員であるという従業員の誇りのことを意味していた。また，ボイス行動とは，問題を認識し改善を提案する従業員の行動のことを意味していた。

ワーさせることから生じるものであり，さらにさかのぼれば，この従業員の心理的エンパワーメントという心理的状態は，従業員のマネジャーによるエンパワリング・リーダーシップによって生み出されるものと予測した。そして，**図4-9**に示されるようなモデル，またこのモデルから導き出される仮説を検証するために，Raub &Robert(2012)は，多国籍ホテルチェーンに勤務する従業員とマネジャーを対象にして，調査分析を行なった。

　その結果，心理的エンパワーメントは，エンパワリング・リーダーシップと組織コミットメントとの間を部分媒介する効果があり，またエンパワリング・リーダーシップとボイス行動との間も部分媒介する効果があることを明らかにした[16]。

　また，Raub &Robert(2012)は，文化的価値がモデレート効果を持つのかどうかも検証した[17]。その結果，Raub &Robert(2012)は，高い権力格差のある文化では，エンパワリング・リーダーシップの効果は弱いという興味深い事実を明らかにした。これは，権力格差のある文化的価値を持つ人は，エンパワリング・リーダーシップが発揮されても，心理的エンパワーメントが高まらないことを意味していた。また，心理的エンパワーメントが高まっても，組織コミットメントも高まらないし，ボイス行動も高まらないことを意味していた。つまり，文化的価値というのは，エンパワリング・リーダーシップの発揮と心理的エンパワーメントとの関係をモデレートする効果があり，さらに心理的エンパワーメントと組織コミットメント，心理的エンパワーメントとボイス行動との

---

16　具体的には，エンパワリング・リーダーシップが，直接的に組織コミットメントやボイス行動へ及ぼす効果は，さほど大きくなく，心理的エンパワーメントを媒介にして，これらの組織コミットメントやボイス行動へ影響を及ぼす効果の方が大きいということを明らかにした。

17　Raub &Robert(2012)は，かつてHofstede(1980)が指摘した文化的価値の1つである権力格差に注目して，この権力格差がある地域と権力格差のない地域では，エンパワリング・リーダーシップの効果に差は出るのかを実証的に明らかにしようとした。Mulder(1977)によれば，権力の格差とは，「同じ社会システムに属している2人の人間のうち，相対的に権力の弱い人間と権力の強い人間が，それぞれ持つ権力の間の不平等の程度」のことである。Raub &Robertは，こうした権力格差を1つの指標として用い，各地域の権力格差を測定し，各地域でエンパワリング・リーダーシップの効果に，本当に差が出るのかを検証した。

関係をモデレートする効果があるということもRaub &Robert(2012)の研究は明らかにした。

　Chen et al. (2011)の研究では，エンパワリング・リーダーシップの効果は，文化によって異なるものではないことが示されていたが，このRaub &Robert (2012)の研究では，エンパワリング・リーダーシップの効果は，文化的価値によって異なるという結論が出され，Chen et al. (2011)とは異なった結論が導き出されていた。

# Ⅵ　まとめ

　本章では前章に引き続き，エンパワリング・リーダーシップの諸研究をサーベイした。前章では，エンパワリング・リーダーシップが最終的にどのような成果をもたらすのかという視点で，諸文献をサーベイした。これに対して，本章では，エンパワリング・リーダーシップはどのようなプロセスを経て，最終的な成果をもたらすのか，プロセスを解明する視点から諸文献をサーベイした。

　本章では，最終的な成果として，①創造性や革新性に関連した変数のみを取り扱っている研究，②従業員の態度に関連した変数のみを取り扱っている研究，③創造性・革新性に関連した変数と従業員の態度に関連した変数，いずれも取り扱っている研究という合計3つの研究グループに分け，諸研究をサーベイした。

　本章では，単純に相関係数の値だけを見て，エンパワリング・リーダーシップと諸成果との関係を考える前章とは異なり，媒介変数やモデレータ変数も考慮しながら，エンパワリング・リーダーシップと諸成果との関係をサーベイすることにした。このため，本章における諸研究のサーベイのポイントは，まずは，各研究でいかなる媒介変数が取り上げられているのかを把握することであった。しかも，この媒介変数の媒介効果は，どの程度あるのかも，各研究をサーベイする上で把握することにした。また，媒介変数だけでなく，本章では，各研究におけるモデレータ変数のモデレータ効果もサーベイすることにした。

　こうした媒介変数やモデレータ変数をポイントにした文献サーベイの結果，本章では次のような諸点が明らかにされた。その第一は，媒介変数に心理的エ

ンパワーメントを導入する研究が多かったことである。そして，第二は，媒介変数の媒介効果は，部分媒介と結論づける研究と完全媒介と結論づける研究が混在していたことである。媒介変数には，先に述べたように，心理的エンパワーメントを取り上げる研究が目立ったものの，むしろ，各研究で取り上げる媒介変数は実に多様であり，これらの媒介変数の媒介効果は，部分媒介だったり，完全媒介だったりした。

　第三は，いくつかの研究では，様々なモデレータ変数が導入され，そのモデレート効果が確認されたことである。例えば，Chen et al.（2011）の研究では，関係コンフリクトという変数がモデレータ変数として導入され，そのモデレート効果が確認された。そして，Raub &Robert(2012)の研究では，文化的価値というモデレータ変数が導入され，その効果が検証された。

# 第**5**章

# 個別の研究に見るエンパワリング・リーダーシップの成果と成果に至るプロセス

　本章では，引き続き，エンパワリング・リーダーシップに関する諸研究をサーベイしていくことにする。これまでの章と本章が異なるのは，本章では，Academy of Management Journalという特定の雑誌に掲載されているエンパワリング・リーダーシップに関するいくつかの論文をピックアップし，その内容を詳細にサーベイしていることである。また，本章では，数多く発表されるようになったエンパワリング・リーダーシップ研究をサーベイする論文も，個別にその内容を詳細に検討することにした。

## I　本章の文献サーベイの視点

### 1．サーベイする論文

　第3章や第4章のサーベイは，どちらかと言えば，様々な雑誌に載せられているエンパワリング・リーダーシップに関連する論文を数多く取り上げ，その全体像を探るのが目的であった。エンパワリング・リーダーシップが，何にどの程度効果があり，その成果に至るまでのプロセスというのはどういうものかを，数多くの論文をサーベイし，明らかにしようとしたのが，これまでの章で行なってきたサーベイであった。

　しかし，本章ではAcademy of Management Journalという特定の雑誌に，

2000年代になってから掲載された4つのエンパワリング・リーダーシップに関する論文を取り上げ，その内容を詳細に検討するというサーベイを行なうことにした。Academy of Management Journalという特定の雑誌に注目したのは，雑誌自体に信頼性があること，仮説検証型の論文が掲載され，論文の方法論に統一性があること，そして，2000年以降，エンパワリング・リーダーシップに関する論文が，連続的に掲載されるようになった等の理由からである。

そして，このAcademy of Management Journal誌に掲載されている，2000年以降に発表されたエンパワリング・リーダーシップに関する4本の論文に注目して，その内容を検討することにした。具体的な論文は，次の4本である。

① Srivastava, Bartol&Locke(2006)の論文

② Zhang&Bartol(2010)の論文

③ Lorinkova, Pearsall&Sims(2013)の論文

④ Martin, Liao&Campbell(2013)の論文

また，2000年以降急速に発表されるようになってきたエンパワリング・リーダーシップの研究をサーベイする論文としては，Sharma&Kirkman(2015)の論文を取り上げ，本章ではその内容を検討することにした。

## 2．サーベイの視点

### (1) Academy of Management Journal誌の掲載論文のサーベイ視点

まずはAcademy of Management Journal誌に掲載されている4本の論文をサーベイするにあたって，本章では，どのような点に着目して，その内容を検討するのかを述べていくことにしよう。その第一は，第3章，第4章でも検討したように，各研究では，エンパワリング・リーダーシップによって，いかなる効果が生じると結論づけたか，またその効果はどれくらいで，成果に至るプロセスはどのようなものと結論づけたのかを，サーベイしていくことである。

その際，エンパワリング・リーダーシップとそれがもたらす諸成果との直接的な関係性を検討することも重要であるが，エンパワリング・リーダーシップが，どういう媒介変数を経て，また，どのようなモデレータ変数がそこに関わり，間接的に諸成果がもたらされるのかも検討していくことにする。エンパワリング・リーダーシップは，どのような変数を媒介にして，諸成果をもたらす

のか，媒介変数の内容を検討するとともに，その変数の媒介効果がどのような
ものとして把握されているのかを検討することにしたい。そして，この媒介変
数とともに，各研究では，いかなるモデレータ変数を導入して，エンパワリン
グ・リーダーシップの効果を分析しようとしたのかも，あわせて検討すること
にする。

　第二は，エンパワリング・リーダーシップの効果を，指示的リーダーシップ
の効果と比較し，再考してみることである。かつてのリーダーシップの条件適
合理論が示してきたように，リーダーシップの効果は，状況によって左右され
る。現在，支援型とされるエンパワリング・リーダーシップが，万能薬的な効
果を発揮すると考えられがちであるが，各研究では，本当にエンパワリング・
リーダーシップが万能薬的な効果を発揮すると結論づけているか，指示的リー
ダーシップの効果との対比で，サーベイしていくことにしたい[1]。

　さらに，第三の視点としてあげられるのが，分析レベルである。つまり，ど
の分析レベルのエンパワリング・リーダーシップを各研究では対象としている
のかを，明確に意識して諸研究をサーベイしていくことである。上司と部下と
の関係というダイアディックな関係での上司によるエンパワリング・リーダー
シップの発揮ということも考えられるだろう。また，チームという状況が示す
ようなリーダーと少人数の部下集団でのリーダーによるエンパワリング・リー
ダーシップの発揮もあるだろう。そして，もう少し大きな人の集まりとしての
組織という状況でのエンパワリング・リーダーシップの発揮もあるだろう。

　このように，各研究でのエンパワリング・リーダーシップの分析レベル，要
するにダイアディックなレベルでのエンパワリング・リーダーシップなのか，
チームレベルのエンパワリング・リーダーシップなのか，それとも組織レベル
のエンパワリング・リーダーシップなのか，各研究が対象としているエンパワ

---

1　Academy of Management Journal誌に掲載されている4つのエンパワリング・リーダー
　シップ研究のうち，Lorinkova, Pearsall&Sims（2013）の研究とMartin, Liao&Campbell（2013）
　の研究は，こうしたエンパワリング・リーダーシップの効果を指示的リーダーシップの効
　果と対比させ，検証した研究であり，どのような時にエンパワリング・リーダーシップが
　効果を生み出すのかを検証してきた研究であった。ここでは，このLorinkova, Pearsall&
　Sims（2013）の研究とMartin, Liao&Campbell（2013）の研究，2つの研究を中心にして，エン
　パワリング・リーダーシップの効果がどのようなものかをサーベイしていくことにしたい。

リング・リーダーシップの分析レベルをサーベイでは明らかにしていくことにしたい。

### （2）Sharma&Kirkman論文のサーベイ視点

　一方，2015年に発表されたエンパワリング・リーダーシップ研究をサーベイしたSharma&Kirkman（2015）の論文を検討するにあたっては，次のような視点でその内容を分析することにした。Sharma&Kirkman（2015）の論文が発表された2015年以前に，すでに50本以上のエンパワリング・リーダーシップ研究が発表されているが，これらの論文をサーベイすると，一体，エンパワリング・リーダーシップ研究のどこに問題があり，今後，どういう方向に向かうべきなのかを，Sharma&Kirkman（2015）は，どう指摘しているのかを詳細に把握してみた。

## II　エンパワリング・リーダーシップと　諸成果との関係性の検討：　Srivastava, Bartol&Locke研究と　Zhang&Bartol研究のサーベイ

　さて，Academy of Management Journal誌に掲載されている4つの論文のうち，2006年に発表されたSrivastava, Bartol&Locke（2006）の論文と2010年に発表されたZhang&Bartol（2010）の論文は，主に媒介変数の媒介効果が，どういうものであるのかという視点を中心にその内容をサーベイしてみた。また，2013年に発表されたLorinkova, Pearsall&Sims（2013）の論文とMartin, Liao&Campbell（2013）の論文は，エンパワリング・リーダーシップの効果が指示的リーダーシップの効果と比べて，いつ，どの程度あるのかを明らかにするという視点で，その内容をサーベイしてみた。そして，4つの論文いずれにおいても，どの分析レベルでのエンパワリング・リーダーシップを対象としているのかという視点を忘れずに，サーベイした。

# 1．Srivastava, Bartol&Locke（2006）の研究

## （1）Srivastava, Bartol&Locke（2006）の研究概要

　まずは，Srivastava, Bartol&Locke（2006）の研究について見ていくことにしよう。この研究は，分析レベルがチームであり，チームにおけるエンパワリング・リーダーシップの効果が検討されている。しかも，チームと言っても，現場レベルの作業チームではなく，マネジメント・チームが研究対象となっており，マネジメント・チームでのエンパワリング・リーダーシップの効果を検証する研究であった。

　チームの研究で多く取り上げられるのは，現場の作業チームであった。しかし，この研究は，ホテルのマネジメント・チームが取り上げられ，チームでのエンパワリング・リーダーシップが問題にされた。そして，検証の結果，マネジメント・チームでリーダーがエンパワリング・リーダーシップを発揮すると，最終的にはチームの成果[2]へ良い影響を及ぼすことが明らかにされた。

　この研究の結果で注目すべきは，エンパワリング・リーダーシップは，直接的にチームの成果に影響を与えるものではないこと，エンパワリング・リーダーシップ（2000年にArnold et al. によって開発された測定尺度のうち，15項目を用いて測定）は，知識共有[3]とチーム効力感[4]という 2 つの変数を媒介として，間接的にチームの成果に影響を及ぼすことが明らかにされた点である。

---

2　この研究では，チームと言っても，マネジメント・チームが問題になっているので，このマネジメント・チームの成果は，ホテルそのものの成果と考えられていた。そして，ホテルそのものの成果は，客室の利用率の高さで測定され，同じ地域にある競争相手（2つのホテル）の客室利用率との比較で数値化された。客室の利用率は，公的な資料を用い計算されている。

3　知識共有とは，チーム内での「誰が何を知っているか」という知識であり，これにより，チームの決定が改善され，チーム内の調整が進み，チームの成果が高まると考えられている。

4　マネジメント・チームが，自分たちはやればできるという高いチーム効力感を持つと，競争相手への素早い対抗的な動きをし，より闘争的な戦略を生み出し，高い目標を達成しようとする忍耐力も生み出す。こうして，高いチームの成果が生み出されるとされる。なお，この研究ではマネジメント・チームの個々人が持つチーム効力感の認知が集計され，チーム効力感が測定される。

（2）Srivastava, Bartol&Locke（2006）の研究モデル

　このSrivastava, Bartol&Locke（2006）が当初構築したモデルを示すと**図5-1**のようになるであろう。マネジメント・チームにおいて，リーダーがエンパワリング・リーダーシップを発揮すると，知識共有が進み，そのことがチームの成果を向上させることが，この当初構築したモデルには示されていた。また，リーダーがエンパワリング・リーダーシップを発揮すると，知識共有を経ることなく，直接的にチームの成果の向上をもたらすだろうということも，この当初構築したモデルには示されていた。

　さらに，リーダーがエンパワリング・リーダーシップを発揮すると，チームの情緒的状態であるチーム効力感も高まり，チームの成果を向上させることも，当初構築したモデルには示されていた。そして，マネジメント・チームでのリーダーがエンパワリング・リーダーシップを発揮すると，チーム効力感を経ずに，チームの成果を向上させるということも，当初構築したモデルには示されていた。

　つまり，マネジメント・チームでのリーダーによるエンパワリング・リーダーシップの発揮は，知識共有とチーム効力感という2つの媒介変数を通じて，チームの成果へ影響を与えるが，知識共有とチーム効力感の媒介効果は部分的なものであり，エンパワリング・リーダーシップは直接的にチームの成果へ影

▶ **図5-1**　Srivastava, Bartol&Locke（2006）のモデル

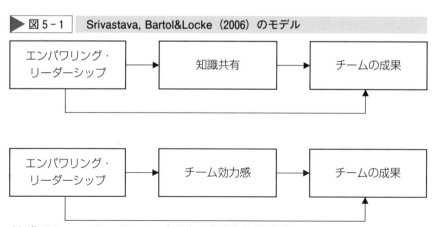

（出所）Srivastava, Bartol&Locke（2006）の記述を参考に作成

響を及ぼすこともあるということを示していたのが，Srivastava, Bartol&
Locke（2006）の当初構築したモデルの内容であった。

## （3）検証の結果

　Srivastava, Bartol&Locke（2006）は，こうした当初構築したモデルに基づ
いて5つの仮説を導出し，この5つの仮説[5]が正しいかどうかを，アメリカの
ホテルチェーンにある550のマネジメント・チームから得られたアンケート調
査票のデータによって検証した。

　アンケート調査によって得られたデータは，構造方程式モデリングによって
分析され，5つの仮説のうち，仮説1から仮説4までの4つの仮説はほぼ検証
されている。しかし，仮説5に関しては，検証することができなかった。当初
構築したモデルや仮説では，知識共有とチーム効力感という2つの媒介変数は，
エンパワリング・リーダーシップとチームの成果との関係を部分的に媒介する
というものであった。これは，エンパワリング・リーダーシップとチームの成
果とが，直接的に関係することを認めるということでもあった。

　しかし，データを分析すると，知識共有とチーム効力感という2つの媒介変
数は，エンパワリング・リーダーシップとチームの成果との関係を完全に媒介
するものであるということが明らかにされた[6]。これは，エンパワリング・リー
ダーシップとチームの成果との間には，直接的な関係はなく，必ず知識共有と

---

5　マネジメント・チームでのリーダーによるエンパワリング・リーダーシップの発揮は，
　チーム・メンバー間の知識共有と関係する（仮説1）。また，チームの効力感とも関係する
　（仮説2）。さらには，チーム・メンバー間の知識共有は，チームの成果と関係する（仮説
　3）。チームの効力感もチームの成果と関係する（仮説4）。そして，エンパワリング・リー
　ダーシップとチームの成果との関係を，知識共有とチーム効力感は部分的に媒介する（仮
　説5）という5つの仮説は，アメリカのホテルチェーンにあるマネジメント・チームから
　得られたデータによって検証された。
6　媒介効果（完全媒介，部分媒介）の基本的考え方，検定手法については次の文献を参考
　にした。
　　Baron,R.M.& D.A.Kenny（1986）The Moderator-Mediator Variable Distinction in Social
　Psychological Research:Conceptual,Strategic,and Statistical Considerations, *Journal of
　Personality and Social Psychology*,51(6),pp.1173-1182., Holmbeck,G.N.(2002)Post-hoc
　Probing of Significant Moderational and Mediational Effects in Studies of Pediatric
　Populations, *Journal of Pediatric Psychology*,27(1),pp.87-96.

チーム効力感という2つの媒介変数を通じての間接的なつながりしかないことを明らかにするものであった。

## 2．Zhang&Bartol(2010)の研究

### (1) Zhang&Bartol(2010)の研究概要

　次にZhang&Bartol(2010)の研究を見ていくことにしよう。この研究は，これまで見てきたSrivastava, Bartol&Locke(2006)の研究とは異なり，分析レベルがダイアディックな関係，つまりリーダーと従業員間の関係であり，この関係でのエンパワリング・リーダーシップの効果が分析されていた。特に，リーダーと従業員との関係において，リーダーがエンパワリング・リーダーシップを発揮すると，従業員の創造性はどの程度発揮されるのかを理論的・実証的に明らかにしたのが本研究と言えるであろう。そして，リーダーによるエンパワリング・リーダーシップの発揮は，直接的には従業員の創造性発揮には影響を与えないものの，いくつかの段階を経て，間接的に従業員の創造性発揮に影響を与えるとしたのが，本研究の結論である。

### (2) Zhang&Bartol(2010)の研究モデル

　Zhang&Bartol(2010)の研究モデルを示すと**図5-2**のようになるであろう。彼らは，Srivastava, Bartol&Locke(2006)の研究とは異なり，リーダーと従業員間のダイアディックな関係でのエンパワリング・リーダーシップを問題にしていた。そして，今日イノベーションが企業に求められることから，その源泉と考えられる従業員の創造性がエンパワリング・リーダーシップとどのように関係するかが，彼らの研究では示されていた。

　研究モデルには，エンパワリング・リーダーシップ（2005年にAhearne, Mathieu&Rappによって開発された測定尺度のうち，12項目を用いて測定）が，最終的に従業員の創造性と結びつくことが示されているが，その間に，心理的エンパワーメント，内発的モチベーション，そして従業員による創造的プロセスへのエンゲイジメント[7]という3つの媒介変数が存在することが示されてい

---

7　従業員の創造性が発揮されるプロセスのこと。

▶ 図5-2 ｜ Zhang&Bartol（2010）のモデル

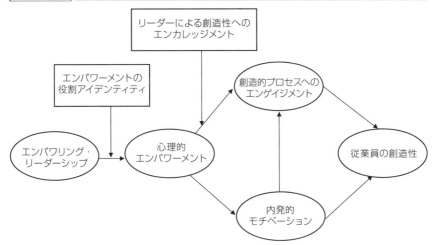

（出所）Zhang&Bartol（2010），p.109より

た。また，エンパワーメントの役割アイデンティティ[8]とリーダーによる創造性へのエンカレッジメント[9]という2つのモデレータ変数が存在することも示されていた。

　リーダーによるエンパワリング・リーダーシップの発揮は，その下で働く従業員の心理的エンパワーメントを高めていくだろう。そして，この心理的エンパワーメントは，さらに従業員の内発的モチベーションを高めるとともに，従業員による創造的プロセスへのエンゲイジメントを促進させていく。こうして，リーダーによるエンパワリング・リーダーシップの発揮は，いくつかのプロセスを経て，その下で働く従業員の創造性を高めていくというのが，この研究モデルの骨子である。

　詳細には，リーダーによるエンパワリング・リーダーシップの発揮が，従業員の心理的エンパワーメントへどの程度影響を与えるかその度合いは，エンパ

---

8　従業員が特定の仕事の中で，自分のことをエンパワーされたい人間としてどの程度認知しているか，その度合いのこと。

9　リーダーがどの程度創造的な仕事の重要性を述べたり強調したりするか，その度合いのこと。

ワーメントの役割アイデンティティというモデレータ変数によって左右される。また，従業員の心理的エンパワーメントが創造的プロセスへのエンゲイジメントにどの程度影響を与えるかは，リーダーによる創造性へのエンカレッジメントというモデレータ変数によって左右されるが，基本的には**図 5 - 2** に示すように，上司によるエンパワリング・リーダーシップの発揮が，いくつかのプロセスを経て，従業員の創造性を高めるという内容が示されていた。

　Zhang&Bartol(2010)の研究モデルで興味深い点の 1 つは，従業員による創造性発揮のプロセスと従業員による創造性発揮の結果を，明確に分けて描いている点である。従業員による創造性発揮のプロセスは，研究モデルでは従業員による創造的プロセスへのエンゲイジメントという変数で示され，従業員による創造性発揮の結果は，従業員の創造性という変数で示されていた。

　リーダーによるエンパワリング・リーダーシップの発揮により，従業員は心理的にエンパワーされる。また，従業員は心理的にエンパワーされ，さらに内発的にモチベートされると，様々な観点から問題を認識し，様々な関連した情報を収集し，さらには様々な代替案を生み出すといったような創造的プロセスにエンゲイジメントするのである。そして，従業員は，このような創造的プロセスにエンゲイジした結果，最終的に創造性を発揮することになるのである。

## （3）検証の結果

　Zhang&Bartol(2010)は，こうした**図 5 - 2** に示される研究モデルに基づいて導出された 8 つの仮説[10]が正しいかどうかを，中国本土にある情報技術系企業の社員からのアンケート調査で得られたデータによって検証した。そして，アンケート調査によって得られたデータは，構造方程式モデリングによって分析され，仮説の多くが検証された。また，仮説の一部は，階層的重回帰分析によって分析され，検証された[11]。

　Zhang&Bartol(2010)の検証において注目すべきは，第一に，Srivastava, Bartol&Locke(2006)の研究と同様に，エンパワリング・リーダーシップというリーダーシップ・スタイルが，直接的に成果である従業員の創造性へ影響を与えるものではないことを明らかにしたことである。心理的エンパワーメントや内発的モチベーション，創造的プロセスへのエンゲイジメントといったいく

つかの段階を経て，間接的に最終的な成果である従業員の創造性へ影響を与えることを明らかにしたのが，Zhang&Bartol(2010)の研究であった。Zhang&Bartol(2010)は，様々なモデルを作り，エンパワリング・リーダーシップが直接的に従業員の創造性へ影響を与えるモデルを作り，データによる当てはまり具合を検証しているが，当てはまり具合を示す適合度は低く，エンパワリング・リーダーシップが直接的に，最終の成果である従業員の創造性へ影響を与えるものではないことを明らかにした。

　第二に注目すべきは，エンパワーメントの役割アイデンティティ，そしてリーダーによる創造性へのエンカレッジメントというモデレータ変数，いずれもモデレート効果があることを明らかにしたことである。自らのことをエンパワーさせたいという従業員，つまりエンパワーメントの役割アイデンティティが高い従業員は，マネジャーやリーダーによってエンパワリング・リーダーシップが発揮されると，心理的にエンパワーしやすいということ。また，マネジャーやリーダーが創造的な仕事の重要性を強調するほど，つまりマネジャーやリーダーによる創造性へのエンカレッジメントが高いほど，従業員は心理的にエンパワーすると，創造性が発揮されるプロセスへ没頭しやすいことが，データから検証された。

　以上，Srivastava,Bartol&Locke(2006)の研究とZhang&Bartol(2010)の研究

---

10　この8つの仮説を示すと次のようになる。
　仮説1：エンパワリング・リーダーシップは，従業員の心理的エンパワーメントと正の関係がある
　仮説2：エンパワーメントの役割アイデンティティは，エンパワリング・リーダーシップと心理的エンパワリング・リーダーシップとの関係をモデレートする効果がある
　仮説3：心理的エンパワーメントは，内発的モチベーションと正の関係がある
　仮説4：心理的エンパワーメントは，創造的プロセスへのエンゲイジメントと正の関係がある
　仮説5：リーダーによる創造性へのエンカレッジメントは，心理的エンパワーメントと創造的プロセスへのエンゲイジメントとの関係をモデレートする効果がある
　仮説6：内発的モチベーションは，創造的プロセスへのエンゲイジメントと正の関係がある
　仮説7：創造的プロセスへのエンゲイジメントは，従業員の創造性と正の関係がある
　仮説8：内発的モチベーションは，従業員の創造性と正の関係がある
11　エンパワーメントの役割アイデンティティという変数と創造性へのエンカレッジメントという変数のモデレート効果（調整効果）は，階層的重回帰分析によって検証された。

を見てきたが，いずれの研究も，分析レベルは異なるものの，エンパワリング・リーダーシップがもたらす効果については，類似した結論を導き出していた。つまり，エンパワリング・リーダーシップは，各研究で対象としている最終的な成果に対して直接的な影響を与えるのではなく，いくつかの媒介変数を通じて，間接的に成果へ影響を与えるという結論を導き出していた。このことは，この2つの研究で取り上げられている媒介変数が，完全媒介の効果を持つことを意味している。

　Srivastava, Bartol&Locke (2006)の研究では，マネジメント・チームのエンパワリング・リーダーシップが研究対象とされ，それは，知識共有やチーム効力感という媒介変数を通じて，間接的にチームの成果に影響を与えることが明らかにされた。また，Zhang&Bartol (2010)の研究では，リーダー－従業員間でのエンパワリング・リーダーシップが取り上げられ，エンパワリング・リーダーシップの発揮は，心理的エンパワーメントや創造的プロセスへのエンゲイジメント，さらには内発的モチベーションという媒介変数を通じて，従業員の創造性に間接的に影響を与えることが明らかにされた。また，Zhang&Bartol (2010)の研究では，2つのモデレータ変数にモデレート効果があることも明らかにされた。

# Ⅲ　指示的リーダーシップと エンパワリング・リーダーシップの効果比較： Lorinkova, Pearsall&Sims 研究と Martin, Liao&Campbell研究のサーベイ

　このようにAcademy of Management Journal誌に掲載されているエンパワリング・リーダーシップ研究のうち，Srivastava,Bartol&Locke (2006)の研究とZhang&Bartol (2010)の研究は，エンパワリング・リーダーシップが，どのようなプロセスを経て，最終的な成果へ影響を及ぼすかをメインにして検討してきた研究であった。これに対して，残りの2つ，Lorinkova, Pearsall&Sims (2013)の研究とMartin, Liao&Campbell (2013)の研究は，エンパワリング・リーダーシップの効果を，指示的リーダーシップの効果との比較で，検討する

研究であった。最近では，エンパワリング・リーダーシップが万能薬的な効果を発揮するという主張をする研究が多くなっているが，この2つの研究は，いずれもエンパワリング・リーダーシップによる万能薬的な効果の発揮については，否定的な結論を導き出している。そこで，以下では，Lorinkova,Pearsall&Sims(2013)の研究とMartin, Liao&Campbell(2013)の研究の詳細をサーベイしていくことにしよう。

## 1．Lorinkova, Pearsall&Sims(2013)の研究

### （1）Lorinkova, Pearsall&Sims(2013)の研究概要

　Lorinkova, Pearsall&Sims(2013)の研究は，分析レベルから見ると，チームレベルでのエンパワリング・リーダーシップ研究であった。しかも，これまでに取り上げた2つの研究とは異なり，指示的リーダーシップとの対比が明確に意識されており，エンパワリング・リーダーシップと指示的リーダーシップでは，どちらが効果をもたらすリーダーシップ・スタイルなのかというシンプルかつ重要な問題に対して，興味深い見解を示した。

　エンパワリング・リーダーシップと指示的リーダーシップでは，どちらが効果をもたらすかという問題に対しては，すでにリーダーシップの条件適合理論で，その解答を得るための試みがなされてきた。例えば，個人レベルで見れば，従業員の成熟度やコンピタンスなどが異なれば，リーダーシップ・スタイルによっても効果が異なるであろうという見解はすでに得られていた[12]。しかし，チームレベルでどの状況で，どのようなリーダーシップ・スタイルが効果的かに関する分析は行なわれなかった。

　Lorinkova, Pearsall&Sims(2013)の研究がユニークなのは，チームレベルでエンパワリング・リーダーシップの方が効果のある時もあれば，指示的リー

---

12 例えば，Blanchardを中心とした一連の研究は，部下の発達度によって，適切なリーダーシップ・スタイルが異なることを明らかにしていた（Hersey&Blanchard 1977,Blanchard 2007）。発達度の一番低い部下には，指示型のリーダーシップ・スタイルが，次に発達度の低い部下にはコーチ型のリーダーシップ・スタイルが，さらには，やや発達度の高い部下には支援型のリーダーシップ・スタイルが，一番発達度の高い部下には，委任型のリーダーシップ・スタイルが適切であることを指摘していた。

ダーシップの方が効果のある時もあるということを，状況を示し明らかにした点であった。特に，時間軸という新たな要因を考慮すると，エンパワリング・リーダーシップが効果をもたらす時間軸の幅もあれば，指示的リーダーシップが効果をもたらす時間軸の幅もあるというのが，Lorinkova, Pearsall&Sims (2013)の研究結果であった。

　具体的には，時間軸を短期的に取った場合，チームの成果[13]を高めるのは指示的リーダーシップ（チームメンバーは，質問票に答え，指示的リーダーシップ行動を遂行するのが心地良いと思う人がリーダーになり，指示的リーダーシップを発揮するように求められた）であった。また，時間軸を長期的に取ると，チームの成果を高めるのは，エンパワリング・リーダーシップ（チームメンバーは，質問票に答え，エンパワリング・リーダーシップ行動を遂行するのが心地良いと思う人がリーダーになり，エンパワリング・リーダーシップを発揮するように求められた）であった。最近の支援型リーダーシップへの注目度から考えると，このLorinkova, Pearsall&Sims (2013)の研究結果は意外かもしれない。どちらかと言えば，エンパワリング・リーダーシップの方が成果に対して，良い効果を与えそうだとするのが最近のこの分野の論調であった。しかし，指示的リーダーシップの方がチームの成果を生み出す時間軸もあるし，またエンパワリング・リーダーシップの方がチームの成果を生み出す時間軸もあるという結論は，やはり示唆に富むものであろう。

## （2）Lorinkova, Pearsall&Sims (2013)の研究枠組みと検証結果

　こうしたLorinkova, Pearsall&Sims (2013)によるエンパワリング・リーダーシップの効果，および指示的リーダーシップの効果に関する結論は，これまで検討してきた2つの研究とは異なる方法で導き出されていた。マネジメント・チームを研究対象としたSrivastava, Bartol&Locke (2006)の研究，そして，

---

13　Lorinkova,Pearsall&Sims (2013)で提示された仮説は，コンピュータ・シミュレーションのタスクに従事していた60のチーム（5名から構成され1名がリーダー）によるシミュレーション結果から検証された。そして，チームの成果は，チームの攻撃ポイント（得られたポイント）と防衛ポイント（失なわれたポイント）の合計で計算され，シミュレーションの各ラウンドごとに計算された。

リーダー－従業員間の関係を研究対象としたZhang&Bartol（2010）の研究のように，いくつかの変数の関係性を示したモデルに基づいた研究ではなく，チームの発展段階をベースにしたのが彼らの研究であった。もちろん，いくつかの仮説が導出され，それを検証するという研究方法論は類似しているものの，仮説が導出される根拠となるのは，モデルではなくチームの発展段階を示す分析枠組みであった。そして，4つの段階に分けたチームの発展プロセス[14]を示す分析枠組みに基づいて，Lorinkova, Pearsall&Sims（2013）はいくつかの仮説を導出し[15]，それを検証したのであった。

　チームの4つの発展段階のうち，特にエンパワリング・リーダーシップと指

---

14　チームの4つの発展段階は，次のように説明される。
　段階1：チーム・フォーメーション（メンバーがチームの目的を理解し始め，自らをチームとして考え始める段階）
　段階2：タスク・コンピレーション（メンバーは自らの仕事に熟達することに注意を向け，各メンバーのタスク成果に注意を向けている段階）
　段階3：役割コンピレーション（メンバー同士が，役割情報を共有し，役割期待を明確にし，調整することを学び始める段階）
　段階4：チーム・コンピレーション（チームで有効な意思決定をし，長期的にタスクをうまく遂行できるように準備をする段階）
15　Lorinkova,Pearsall&Sims（2013）によって提起された仮説は，次の6つである。
　仮説1：指示的リーダーシップが発揮されるチームは，エンパワリング・リーダーシップが発揮されるチームよりも，高い成果を示す
　仮説2：エンパワリング・リーダーシップが発揮されるチームは，指示的リーダーシップが発揮されるチームよりも，後のチーム・コンピレーション（チームで有効な意思決定をし，長期的にタスクをうまく遂行できるように準備をする段階）という発展段階で，大きな成果の改善を示す
　仮説3：チーム・コンピレーションの間，指示的リーダーシップが発揮されるチームよりも，エンパワリング・リーダーシップが発揮されるチームの方が，大幅に成果が改善されるのは，チーム学習によって一部分説明される
　仮説4：チーム・コンピレーションの間，指示的リーダーシップが発揮されるチームよりも，エンパワリング・リーダーシップが発揮されるチームの方が，大幅に成果が改善されるのは，チームの行動調整によって一部分説明される
　仮説5：チーム・コンピレーションの間，指示的リーダーシップが発揮されるチームよりも，エンパワリング・リーダーシップが発揮されるチームの方が，大幅に成果が改善されるのは，チーム・エンパワーメントによって一部分説明される
　仮説6：チーム・コンピレーションの間，指示的リーダーシップが発揮されるチームよりも，エンパワリング・リーダーシップが発揮されるチームの方が，大幅に成果が改善されるのは，チーム・メンタルモデルによって一部分説明される

示的リーダーシップの効果に差が出るのは，段階3の役割コンピレーションの段階と段階4のチーム・コンピレーションの段階であった。このうち，各従業員が，個々にどのような能力や知識を有し，互いにどのような役割を期待できるのかを探るのが，段階3の役割コンピレーションと呼ばれる段階であった。この段階では，各従業員の全体像を知っているチーム・リーダーが，各従業員に役割期待を示す指示的リーダーシップを取った方が，短期的には成果を生み出しやすい。

しかし，チームで有効な意思決定をし，長期的にタスクをうまく遂行しようとする段階4（チーム・コンピレーションと呼ばれる段階）になると，指示的リーダーシップよりはエンパワリング・リーダーシップを取るリーダーの方が，成果を生み出しやすくなる。これは，段階4で必要とされる従業員間の相互学習や相互調整，チーム・エンパワーメントは，リーダーがエンパワリング・リーダーシップを発揮した方が，より促進されるからである[16]。

このように，Lorinkova, Pearsall&Sims（2013）による研究は，4つの段階に分けたチーム発展段階の分析枠組みをベースに，6つの仮説を導出し，各仮説を検証していった。そして，彼らの研究では，60のチームが参加した実験室研究により，仮説を検証し，各仮説が妥当であることを検証している。

## 2．Martin, Liao&Campbell（2013）の研究

次に，Martin, Liao&Campbell（2013）の研究を検討していくことにしよう。

---

16　確かに短期的には段階3の役割コンピレーションの段階では，リーダーが指示的リーダーシップを取った方が，成果を生み出しやすいであろう。しかし，リーダーが指示的リーダーシップを取るがゆえに，従業員同士による誰がどういう知識や能力を持っているかを知るための相互学習は行なわれなくなり，次のチーム・コンピレーションの段階になると，リーダーが指示的リーダーシップを取っているチームは，成果を生み出さなくなる。一方，段階3の役割コンピレーションの段階からリーダーが，エンパワリング・リーダーシップを発揮するチームは，従業員間の相互学習に時間がかかり，即座に成果は生まれにくいものの，早い段階から相互学習や相互調整が従業員間で行なわれるため，段階4のチーム・コンピレーションの段階になると，成果は生まれやすくなり，長期的に見れば，リーダーがエンパワリング・リーダーシップを発揮した方が，チームの成果は生まれやすくなる。

## （1）Martin, Liao&Campbell（2013）の研究概要

　Martin, Liao&Campbell（2013）のエンパワリング・リーダーシップの分析レベルも，Lorinkova, Pearsall&Sims（2013）の研究と類似し，作業ユニットレベルであった。そして，この作業ユニットレベルでのリーダーによるエンパワリング・リーダーシップの発揮が，はたしてタスク・プロフィエンシー（従業員が公式の職務要求を満たす度合い）とプロアクティブ行動（従業員が環境の中で変化を予測し，変化を生み出すために取る自主的行動）に，どのような影響を与えるかを分析する研究であった。

　そして，調査分析の結果，指示的リーダーシップ（5項目で測定）も，エンパワリング・リーダーシップ（2000年に開発されたArnold et al. による測定尺度や2005年に開発されたAhearne, Mathieu&Rappによる測定尺度を参考に，独自に開発した5項目で測定）も，タスク・プロフィエンシーを高めることを実証的に明らかにした。これに対して，指示的リーダーシップは，従業員のプロアクティブ行動を高めず，エンパワリング・リーダーシップのみが，従業員のプロアクティブ行動を高めることを明らかにしたのも，この研究であった。

　さらに，この研究では，2つのリーダーシップ（指示的リーダーシップとエンパワリング・リーダーシップ）とタスク・プロフィエンシー，2つのリーダーシップとプロアクティブ行動との関係において，リーダーへの満足というモデレータ変数が，かなりのモデレータ効果を持つことも明らかにされた。しかも，リーダーへの満足というモデレータ変数のモデレータ効果は，意外なものであった。

　とかくエンパワリング・リーダーシップ研究というと，アメリカやヨーロッパで調査が行なわれることが多いが，Martin, Liao&Campbell（2013）の研究は，UAE（アラブ首長国連邦）という，これまでエンパワリング・リーダーシップの調査研究が行なわれなかった場所で，その調査研究が実施された点で，他の研究にはない特色を持っていた。さらに，フィールド実験という単なるアンケート調査とは異なる方法論が採用され，エンパワリング・リーダーシップの効果が，どの程度あるのかという問題にアプローチしたのも，他の研究にはない特色といえる。

（2）研究モデル

　Martin, Liao&Campbell(2013)の研究において提示されたモデルを示すと**図5-3**のようになるであろう。この図から，Martin, Liao&Campbell(2013)の研究が，指示的リーダーシップとエンパワリング・リーダーシップの2つのリーダーシップ・スタイルが，タスク・プロフィエンシーとプロアクティブ行動という2つの成果に，どのような影響を与えるかを分析する研究であることがわかるであろう。しかも，リーダーへの満足というモデレータ変数も導入され，2つのリーダーシップ・スタイルと諸成果（タスク・プロフィエンシーとプロアクティブ行動）との関係を，どの程度モデレートする効果があるのかを分析する研究であることもわかる。そして，Martin, Liao&Campbell(2013)は，このモデルに基づいて，大きく5つの仮説，詳細には8つの仮説を導出し[17]，UAE（アラブ首長国連邦）で実施したフィールド実験から得られたデータに

---

17　Martin, Liao&Campbell(2013)の提示した仮説は，次の通りである。
　仮説1：指示的リーダーシップは，作業ユニットのコアとなるタスク・プロフィエンシー（従業員が公式の職務要求を満たす程度）を改善する
　仮説2：指示的リーダーシップは，作業ユニットでのプロアクティブ行動（従業員が環境の中で変化を予測し，変化を生み出すために取る自主的行動）を減じる
　仮説3：エンパワリング・リーダーシップは，作業ユニットでのプロアクティブ行動を増加させる
　仮説4a：エンパワリング・リーダーシップは，作業ユニットのコアとなるタスク・プロフィエンシーを改善する
　仮説4b：エンパワリング・リーダーシップによる作業ユニットのコアとなるタスク・プロフィエンシーへのポジティブな効果は，指示的リーダーシップのそれと同様である
　仮説5a：作業ユニットのリーダーへの満足は，指示的リーダーシップによる作業ユニットのコアとなるタスク・プロフィエンシーへの効果をモデレートする。つまり，指示的リーダーシップは，この満足が低い時よりも高い時に，コアとなるタスク・プロフィエンシーへ強いポジティブな効果を持つ
　仮説5b：作業ユニットのリーダーへの満足は，エンパワリング・リーダーシップによる作業ユニットのコアとなるタスク・プロフィエンシーへの効果をモデレートする。つまり，エンパワリング・リーダーシップは，この満足が低い時よりも高い時に，コアとなるタスク・プロフィエンシーへ強いポジティブな効果を持つ
　仮説5c：作業ユニットのリーダーへの満足は，エンパワリング・リーダーシップによる作業ユニットのプロアクティブ行動への効果をモデレートする。つまり，エンパワリング・リーダーシップは，この満足が低い時よりも高い時に，コアとなるプロアクティブ行動へ強いポジティブな効果を持つ

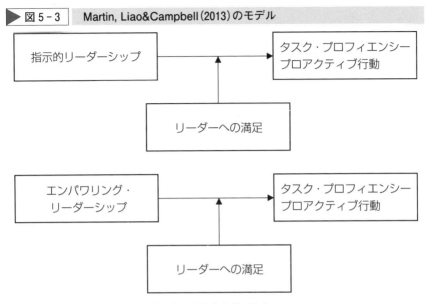

▶ 図5-3　Martin, Liao&Campbell(2013)のモデル

（出所）Martin, Liao&Campbell(2013)の記述を参考に作成

よって，これらの仮説を検証した。

　ちなみに，**図5-3**に示されているリーダーへの満足には，次のような2つ
の意味がある。その1つは，リーダーに対して肯定的な感情や好みを持つこと
で，リーダーに対して満足するという意味である。そして，もう1つが，リー
ダーが有能で，コンピテントであるという認知的評価により，リーダーに対し
て満足するという意味である。リーダーに肯定的な感情を持ち，満足すれば，
リーダーには準拠パワーが発生し，いずれのリーダーシップにおいても，部下
に対して大きな影響力を発揮することができる。また，リーダーが有能だと評
価できることで，リーダーに満足すれば，リーダーに専門力パワーが発生し，
やはり，いずれのリーダーシップにおいても，部下に対して大きな影響力を行
使することが可能になる。

## （3）研究の結果

　UAE（アラブ首長国連邦）での調査によれば，作業ユニット内のタスク・

プロフィエンシーを高めるには，リーダーによる指示的リーダーシップの発揮
でも，エンパワリング・リーダーシップの発揮でも，いずれにおいても有効で
あった。これに対して，作業ユニット内の従業員のプロアクティブ行動を高め
るには，リーダーによるエンパワリング・リーダーシップの発揮においてのみ
有効であった。つまり，指示的リーダーシップは，作業ユニット内のタスク・
プロフィエンシーのみを高める働きがあるのに対して，エンパワリング・リー
ダーシップは，作業ユニット内のタスク・プロフィエンシーも高めるし，プロ
アクティブ行動も高めることが，この研究では明らかにされた。指示的リー
ダーシップの発揮によって，従業員のプロアクティブ行動が高まらないのは，
このリーダーシップ・スタイルが，従業員の自律性を奪うリーダーシップ・ス
タイルだからであろう。

　また，Martin, Liao&Campbell（2013）の研究では，従業員によるリーダーへ
の満足のモデレート効果も調査分析された。そして，リーダーへの満足がモデ
レート効果を持つのは，指示的リーダーシップの発揮とプロアクティブ行動と
の関係において，さらにはエンパワリング・リーダーシップとタスク・プロ
フィエンシーとの関係において，またエンパワリング・リーダーシップとプロ
アクティブ行動との関係においてであることが，明らかにされた。これは，
リーダーへの満足が高い作業ユニットほど，リーダーによる指示的リーダー
シップが発揮されると，プロアクティブ行動が増大すること，さらには，リー
ダーへの満足が低い作業ユニットほど，エンパワリング・リーダーシップが発
揮されると，タスク・プロフィエンシーは増加すること，同様に，リーダーへ
の満足が低い作業ユニットほど，エンパワリング・リーダーシップが発揮され
ると，プロアクティブ行動が増加することを意味していた。一般的には，リー
ダーへの満足が高いユニットの方が，エンパワリング・リーダーシップが発揮
されると，タスク・プロフィエンシーもプロアクティブ行動も増大すると考え
られがちであろう。しかし，Martin, Liao&Campbellの研究結果が興味深いの
は，リーダーに満足しない作業ユニットの方が，そこでエンパワリング・リー
ダーシップが発揮されると，タスク・プロフィエンシーも，プロアクティブ行
動も増大することが発見されたことである。

　こうしたリーダーに対して満足していない時の方が，エンパワリング・リー

ダーシップを採用すると，タスク・プロフィエンシーだけでなく，プロアクティブ行動も高まるというのは，そもそもリーダーに対して満足していない従業員や作業ユニットは自律性を好む傾向があるからである。それゆえに，こうしたリーダーに対して満足していない従業員に対して，エンパワリング・リーダーシップを採用すると，タスク・プロフィエンシーもプロアクティブ行動も高まるというのは納得できる現象であろう。

# Ⅳ　エンパワリング・リーダーシップ研究の問題点：Sharma&Kirkman研究のサーベイ

　さて，これまでAcademy of Management Journal誌に掲載されてきたエンパワリング・リーダーシップの研究を個別に検討してきたが，最後に，数多くのエンパワリング・リーダーシップ研究をサーベイした論文を個別に検討していくことにしよう。2000年代に入り，エンパワリング・リーダーシップ研究は，盛んに発表されるようになってきたが，これらの研究を総括的に捉え，エンパワリング・リーダーシップ研究をサーベイする論文も発表されるようになってきた。この論文が，2015年に発表されたSharma&Kirkman(2015)の研究である。
　彼らは，2015年時点までに発表されたエンパワリング・リーダーシップ研究に関する50の論文をサーベイし，2015年時点でのエンパワリング・リーダーシップ研究の到達点やその傾向，さらには問題点を指摘した。そして，今後のエンパワリング・リーダーシップ研究では，何を検討すべきなのか，またどういう方向で研究を進めるべきか，その方向性も指摘していた。

## 1．エンパワリング・リーダーシップ研究の問題点

　Sharma&Kirkman(2015)が，2015年当時，50余りのエンパワリング・リーダーシップに関わる論文をサーベイした結果，これまでのエンパワリング・リーダーシップ研究には，次のような2つの問題点があることを明らかにした。その第一の問題点は，あるリーダーがエンパワリング・リーダーシップという特定のリーダーシップ・スタイルを取るのは何故なのか，その問題に答えていないという点であった。それまで，エンパワリング・リーダーシップ研究は，

エンパワリング・リーダーシップを独立変数として扱い，このリーダーシップがどういうプロセスを経て，様々な効果をもたらすのかを，理論的・実証的に明らかにしようとしていた。しかし，エンパワリング・リーダーシップを従属変数として扱い，あるリーダーが何故，このリーダーシップ・スタイルを取るのかを説明することはなかった。

　また，Sharma&Kirkman(2015)の指摘した，それまでのエンパワリング・リーダーシップ研究の問題点の第二は，そのほとんどが，エンパワリング・リーダーシップがもたらす効果として，ポジティブな効果しか取り上げておらず，ネガティブな効果を取り上げていないという点であった。それまでのエンパワリング・リーダーシップ研究は，個人レベルの効果であろうと，またチームレベルの効果であろうと，ポジティブな効果しか取り上げていないということをSharma&Kirkman(2015)は，問題点として指摘した[18]。

## ２．Sharma&Kirkman（2015）のモデルと仮説

　こうしたエンパワリング・リーダーシップ研究の２つの問題点を克服するためにSharma&Kirkman(2015)が提示したのが，**図 5 - 4** に示すモデルであった。モデルの左側部分に，エンパワリング・リーダーシップの先行要因（①リーダー自身の要因[19]，②状況要因[20]，③従業員の要因[21]）がいくつか示され，ある

---

18　すでに第３章や第４章での研究サーベイで見てきたように，エンパワリング・リーダーシップがもたらす効果は，その大きさの違いはあるものの，ポジティブな効果があることを，理論的に予測し，検証するものであった。それは，かつての参加という手法が万能薬と言われていた状況と似ていて，エンパワリング・リーダーシップも何にでも効くという万能薬的な前提があったように思われる。ところが，リーダーシップのコンティンジェンシー理論が指摘したように，あるリーダーシップ・スタイルが，どんな状況の時にもポジティブ効果をもたらすことはまれである。やはり特定の状況の時に，あるリーダーシップ・スタイルは，はじめて効果を発揮するのであり，状況が異なれば，同じリーダーシップ・スタイルでも効果を発揮しない，むしろネガティブな効果を発揮することもある。

19　リーダー自身の要因としては，リーダーの，①権力格差への姿勢，②不確実性回避への姿勢，③コレクティビズムの姿勢，④ナルシジズムという４つの要因があることが指摘されていた。このうち権力格差への姿勢とは，制度や組織の中で不平等なパワー配分を喜んで受け入れる姿勢のこと。また，リーダーの不確実性回避への姿勢とは，不確実で曖昧な状況を回避したがる姿勢のことである。さらに，リーダーのコレクティビズムの姿勢とは，リーダーが自分より家族やグループ，組織の幸福に重きを置く姿勢のことであり，ナルシジズムとは，リーダーが過大な自尊心を持ち，共感能力が欠如していることである。

▶ **図5-4**　**Sharma&Kirkman(2015)のモデル**

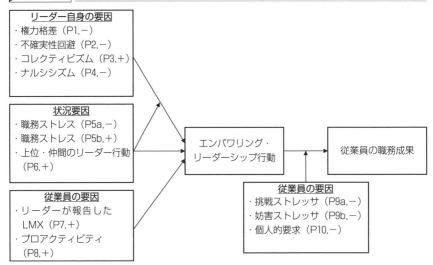

（出所）Sharma&Kirkman(2015), p.196より


マネジャーが何故，エンパワリング・リーダーシップというスタイルを取るのか，Sharma&Kirkman(2015)の見解が示されていた。また，モデルの右側部分には，エンパワリング・リーダーシップが効果を発揮するための条件であるモデレータ要因（①挑戦ストレッサ[22]，②妨害ストレッサ[23]，③個人的要

---

20　状況要因としては，①リーダーの職務ストレッサと，②上位のリーダー行動・仲間の
　　リーダー行動という2つの要因があることが指摘されていた。このうち，リーダーの職務
　　ストレスという要因は，ある人間のコントロールを超えた状態のことであり，この職務ス
　　トレスにより，リーダーがエンパワリング・リーダーシップというスタイルを取るかどう
　　かが予測された。また，状況要因の中の上位のリーダー行動・仲間のリーダー行動とは，
　　あるリーダーをさらにマネジメントする役割を担うリーダーの行動や仲間とも言うべき他
　　のリーダー行動のことである。
21　従業員（フォロワー）の要因としては，①リーダーによって報告されたLMXと，②従業
　　員（フォロワー）のプロアクティビティの2つが指摘されていた。この2つの要因のうち，
　　リーダーによって報告されたLMXというのは，リーダーと従業員（フォロワー）両方に
　　よって共有されたユニークな双方向の関係のことであり，リーダーと従業員（フォロ
　　ワー）との関係の質のことである。また，従業員（フォロワー）のプロアクティビティと
　　は，従業員（フォロワー）が環境へ働きかけ，環境を変化させようとする行動傾向のこと
　　である。

求[24]）が示され，エンパワリング・リーダーシップが常にポジティブな効果を生み出すものではないことが示されていた。

　このモデルを見ると，先行要因として位置づけられている，①リーダー自身の要因，②状況要因，③従業員の要因，各々の要因には，さらにいくつかの要因が取り上げられていることがわかるであろう。また，モデレータ要因である従業員の要因にも，さらにいくつかの具体的な要因が取り上げられていることがわかるであろう。そして，これらの具体的な要因の最後に括弧で，（P1, −）や（P3, +）といったコメントが付されていることもわかるであろう。これは，P1，P3といった形で，仮説の番号を示し，次の−（マイナス），+（プラス）で，各具体的要因とエンパワリング・リーダーシップとの関係や，各具体的要因のモデレータ効果が示されている。

　こうした**図5−4**に示される各具体的な要因の後に括弧で示されている仮説番号や−（マイナス），+（プラス）の記号に基づいて，Sharma&Kirkman(2015)が，このモデルに基づいて，どのような仮説[25]を導いていたのかは，**表5−1**でまとめて示してみた。

| ▶ 表5−1 | Sharma&Kirkman(2015)による仮説 |
|---|---|

[先行要因に関わる仮説]
1．リーダー自身に関わる仮説
仮説1：リーダーの権力格差への姿勢が強いほど，そのリーダーはエンパワリング・リーダーシップというスタイルを取らなくなる
仮説2：リーダーの不確実性回避への姿勢が強いほど，そのリーダーはエンパワリング・リーダーシップというスタイルを取らなくなる
仮説3：リーダーがコレクティビズムの姿勢を持つほど，そのリーダーはエンパワリング・リーダーシップというスタイルを取らなくなる

---

22　挑戦ストレッサというのは，従業員によって自らの成長や達成を促すと認知されているストレッサのことであり，職務の負荷や時間のプレッシャー，重い責任などがその具体的な内容として考えられた。
23　妨害ストレッサとは，従業員の成長や仕事の達成において制約として認知されるストレッサのことであり，役割あいまい性や職務負荷が該当する。
24　個人的要求というのは，従業員の個人的生活における高い要求水準のことである。
25　Sharma&Kirkmanの意図がわかるように，彼らが示した仮説を，ここでは意訳して示した。

仮説4：リーダーのナルシシズムが強いと，そのリーダーはエンパワリング・リーダーシップというスタイルを取らなくなる

## 2．状況要因に関わる仮説[26]
仮説5a：リーダーが職務ストレスを経験すると，そのリーダーはエンパワリング・リーダーシップというスタイルを取らなくなる
仮説5b：リーダーが職務ストレスを経験すると，そのリーダーはエンパワリング・リーダーシップというスタイルを取るようになる
仮説6：上位のリーダーや仲間のリーダーがエンパワリング・リーダーシップというスタイルを取ると，そのリーダーもエンパワリング・リーダーシップというスタイルを取るようになる

## 3．従業員に関わる仮説
仮説7：リーダーと従業員との関係の質が高いとそのリーダーが報告するほど，そのリーダーはエンパワリング・リーダーシップというスタイルを取るようになる
仮説8：従業員のプロアクティビティ傾向が高いほど，リーダーはエンパワリング・リーダーシップというスタイルを取るようになる

## ［モデレータ要因に関わる仮説］
仮説9a：従業員が挑戦ストレッサを受けると，リーダーによるエンパワリング・リーダーシップの発揮は，必ずしも従業員の職務成果を高めるわけではない
仮説9b：従業員が妨害ストレッサを受けると，リーダーによるエンパワリング・リーダーシップの発揮は，必ずしも従業員の職務成果を高めるわけではない
仮説10：従業員が個人生活において高い要求水準を持つと，この従業員に対して発揮されるエンパワリング・リーダーシップは，必ずしも従業員の職務成果を高めるわけではない

## ［ネガティブな効果そのものに焦点をあてた仮説］
仮説11a：リーダーによるエンパワリング・リーダーシップの発揮が中程度の時，従業員の職務満足はもっとも高くなり，リーダーによるエンパワリング・リーダーシップの発揮が過少の時，もしくは過剰の時には，従業員の職務

---

26　仮説5aと仮説5bでは，リーダーが職務ストレスを経験すると，リーダーはエンパワリング・リーダーシップというスタイルを取らなくなると予想し，反対に，より多く取るとも予想しており，正反対の内容が記されている。職務ストレスにさらされているリーダーが，もし自らがエンパワリング・リーダーシップを発揮すると，従業員も同じように職務ストレスにさらされると考えれば，仮説5aが示すように，エンパワリング・リーダーシップを発揮することはないであろう。一方，職務ストレスにさらされているリーダーが，このストレスから生じる自らの負荷を減らそうと考えれば，仮説5bが示すように，エンパワリング・リーダーシップを発揮することになるであろう。

満足は高まらない。つまり，リーダーによるエンパワリング・リーダーシッ
プと従業員の職務満足との関係は，逆U字型で示される

**仮説11b**：リーダーによるエンパワリング・リーダーシップの発揮が中程度の時，
従業員の心理的ストレスはもっとも少なくなり，リーダーによるエンパワ
リング・リーダーシップの発揮が過少の時，もしくは過剰の時には，従業
員の心理的ストレスは高まる。つまり，リーダーによるエンパワリング・
リーダーシップと従業員の心理的ストレスとの関係は，U字型で示される

**仮説12**：リーダーが特定の従業員にのみエンパワリング・リーダーシップを発揮す
ると，エンパワリング・リーダーシップを発揮してもらえない従業員は，
リーダーに対して不信感や不公平感を持ち，結局はチーム全体の成果は上が
らなくなる

**仮説13**：リーダーによってエンパワリング・リーダーシップを発揮された従業員
は，自信過剰となり，ナルシシズムを高める

# V　まとめ

　本章では，Academy of Management Journal誌に掲載されたエンパワリン
グ・リーダーシップに関連する4つの論文を取り上げ，その内容を検討した。
また，2000年以降，数多く発表されるようになってきたエンパワリング・リー
ダーシップ研究をサーベイする論文の内容も検討した。

　Academy of Management Journal誌に掲載された4つの論文をサーベイす
るにあたっての視点は，第一に各論文で，エンパワリング・リーダーシップが
何に効果があるとされ，その効果に至るプロセスをどのように示しているかを
明らかにすることであった。第二は，エンパワリング・リーダーシップを他の
リーダーシップ・スタイルと比較しながら，エンパワリング・リーダーシップ
の効果がどのように示されているかを分析することであった。第三は，エン
パワリング・リーダーシップの分析レベルを明らかにすることであった。

　この3つの視点からAcademy of Management Journal誌に掲載された4つ
の論文をサーベイすると，次のような諸点が明らかになった。その第一は，エ
ンパワリング・リーダーシップは，様々な効果をもたらすことが示されたが，
エンパワリング・リーダーシップがダイレクトに，最終的な成果へ影響を与え
ることは少なく，何らかの媒介変数を通じて，最終的な成果へ影響を与えるこ
とが多いということが，サーベイをすることによって明らかになった。

　第二の点は，エンパワリング・リーダーシップが万能薬的な効果を発揮するわけではなく，指示的リーダーシップも効果を発揮する時があるということであった。特に，Lorinkova, Pearsall&Sims（2013）の研究とMartin, Liao&Campbell（2013）の研究，2つの研究で，この指示的リーダーシップにも効果があることが実証的に明らかにされた。

　第三に明らかになったのは，多くの論文でチームレベルでのエンパワリング・リーダーシップが，分析対象となっていたことである。4つの論文のうち，上司と部下間というダイアディックな関係でのエンパワリング・リーダーシップを分析対象としたのは，Zhang&Bartol（2010）の研究だけであり，他の3つの研究では，チームレベルもしくは作業ユニットレベルでのエンパワリング・リーダーシップが研究対象として取り上げられ，その効果が分析されていた。

　また，エンパワリング・リーダーシップ研究をサーベイしたSharma&Kirkman（2015）の論文では，次のような諸点が明らかになった。その第一は，これまでのエンパワリング・リーダーシップ研究では，エンパワリング・リーダーシップの先行要因が明らかにされてこなかった点である。第二にこれまでのエンパワリング・リーダーシップ研究が，ポジティブな効果しか取り上げず，ネガティブな効果を取り上げることがなかったという点である。どのリーダーシップ・スタイルも，どのような状況でも，効果を出すことはまれである。このエンパワリング・リーダーシップというスタイルも同様であり，状況によってはネガティブな効果を生み出すことがあるが，これまでのエンパワリング・リーダーシップ研究では，十分な分析が行なわれてこなかった。

第**6**章

# 日本企業のエンパワリング・リーダーシップの現状

　これまで，エンパワリング・リーダーシップ研究の内容をサーベイしてきた。こうした主に諸外国で行なわれ，発表されてきたエンパワリング・リーダーシップ研究を参考にして，モデルや仮説の構築は可能であるが，さらに，日本企業で見られるエンパワリング・リーダーシップに関連する現状も把握した方が，より内容の深められたモデルの構築や仮説の構築ができるであろう。そこで，本章では，これまでの文献サーベイの視点とは異なった，日本企業のエンパワリング・リーダーシップに関連する現状をサーベイしていくことにする。

## I　現状把握の情報源

　日本企業のエンパワリング・リーダーシップの現状を把握するためには，あらためてインタビューやヒアリング，またアンケート調査等を実施する必要があるであろう。しかし，ここでは，これまでに筆者が関わった研修や講演，調査から得られた情報をベースにして，日本企業のエンパワリング・リーダーシップに関連した現状を把握することにした。

　日本企業のエンパワリング・リーダーシップの現状を把握するために，筆者が関わった具体的な研修，講演，調査は，次の３つである。

　①　企業研修に参加しているマネジャーとのやり取り

　②　講演後のマネジャーとの質疑応答

③ 日本の製造企業を対象にした実証研究の結果

この3つのうち，①の企業研修に参加しているマネジャーとのやり取りというのは，筆者が関わったエンパワリング・リーダーシップに関する企業研修に参加している部長や課長といったマネジャーとのやり取りのことである。また，②の講演後のマネジャーとの質疑応答とは，筆者がエンパワリング・リーダーシップについて講演を行なった後実施される質疑応答のことである。さらに，③の日本の製造企業を対象にした実証研究の結果とは，これまで筆者が関わった日本の製造企業を対象にした実証研究の結果のことである（青木, 2001：2003：2005）。日本企業の中でも，上場している製造企業を対象にして，その組織能力の現状と企業の持続的競争優位との関連性を調査したのが，この実証研究であり，その一部の研究結果から日本企業のエンパワリング・リーダーシップの現状を把握できた。

# II 日本企業のエンパワリング・リーダーシップの現状：研修に参加しているマネジャーとのやり取りから

## 1．研修の概要

さて，筆者が関わったイベントや調査のうち，①の企業研修に参加しているマネジャーとのやり取りというのは，筆者が関わったエンパワリング・リーダーシップに関する企業研修に参加している課長や部長といったマネジャーとのやり取りのことであり，これにより日本企業のエンパワリング・リーダーシップの現状の一部を把握することができた。エンパワリング・リーダーシップに関する企業研修は，一部上場の化学業界に属する企業2社で長年行なわれてきた研修であり[1]，この研修時に課長や部長が発言する内容や課長・部長とのやり取りから，日本企業のエンパワリング・リーダーシップの現状を把握する

---

1 この化学業界に属する2社で実施されてきた企業研修は，エンパワーメント能力（他者をエンパワーする能力）を開発する目的で実施されてきたものであり，特に部下をどのようにエンパワーするか，つまり，どのように部下が自律的に考え，行動できるようにするか，その能力やスキルを向上させることが目的であった。

ことができた。

　この研修では，エンパワリング・リーダーシップに関わる特定の概念や必要な行動を企業研修で学習してもらい，エンパワリング・リーダーシップを現場で実践できるようにした。具体的には，エンパワリング・リーダーシップの能力やスキルを向上させるために，短時間で終わるレクチャーを実施し，このレクチャーの内容に沿ったケース・スタディ等を実施し，課長・部長といったマネジャーに必要な知識やスキルを身につけられるようにした。そして，レクチャーの際に出る質問やケース・スタディ時にかわされるマネジャー同士のやり取り，またケース・スタディの結果発表の内容等から，日本企業のマネジャーが，どのようにエンパワリング・リーダーシップを把握しているのかを知ることができた。以下では，この企業研修から把握できた日本企業のエンパワリング・リーダーシップに関する現状をいくつかのポイントに絞って述べてみたい。

## 2．部下育成に悩むマネジャー

　研修では，マネジャーたちが現在直面している問題を聞いてみた。いくつかのチームに分かれ，ポストイットに各マネジャーが，現在直面している問題を書いてもらい，その問題をチームごとにいくつかに分類してもらった。その結果，「上司のこと」「自分のこと」「部下のこと」「後継者のこと」「設備のこと」「業務管理のこと」と言うように，マネジャーが様々な問題に直面していることがわかった。

　特に，これらの諸問題のうち，数多くの問題が取り上げられていたのが「部下のこと」であった。多くのマネジャーが，「部下のこと」，中でも部下育成のことで悩んでいることがわかった。これは，長期にわたって実施されている産業能率大学による「上場企業の課長に関する実態調査」の結果と類似するものであった[2]。

　部下育成に関しても，さらにいくつかの問題があげられていたが，その1つとして部下の自律性や主体性に関わる問題にマネジャーたちが直面していることもわかった。部下が自律的に考え，行動してくれない，部下に主体性がないという問題をあげているマネジャーは数多くいた。部下の自律性不足，主体性

不足に悩むマネジャーは多く，彼らが，部下の自律性・主体性をどのように高めるべきか悩んでいることがわかった。これが第一に指摘すべき点である[3]。

## 3．エンパワリング・リーダーシップへの共感

　リーダーシップと言うと支配型の「俺についてこい」型のリーダーシップがイメージされ，支援型のエンパワリング・リーダーシップには拒否感や拒絶感があると思われたが，研修時には，こうした拒否感・拒絶感はなく，むしろ共感する声が多かった。これが第二に指摘すべき点である。

　研修ではエンパワリング・リーダーシップは，「部下が自ら考え，行動できるようにしていくリーダーシップのこと」として，その具体的な行動を学習するのが本研修であることをマネジャーたちに伝えた。マネジャーの中には，リーダーシップというとトップダウン型の「俺についてこい」型のリーダーシップ・スタイルを真っ先に思い浮かべる人もいた。リーダーシップには，ボトムアップ型，支援型のリーダーシップもあり，その内容を研修中に理解するにつれ，ボトムアップ型，支援型としてのエンパワリング・リーダーシップへの共感が多く寄せられるようになってきた。

　支援型リーダーシップとしてのエンパワリング・リーダーシップというのは，ただ「頑張れ」と言って，部下を励ますだけではない。「部下の有意味感を高める支援行動」「部下の自己決定感を高める支援行動」「部下のコンピタンスを高める支援行動」「部下の進歩感を高める支援行動」という４つのブロックから成る支援行動が中核となっているのがエンパワリング・リーダーシップであることをマネジャーたちに理解してもらい[4]，その理解度が高まるにつれ，エ

---

2　産業能率大学では「上場企業の課長に関する実態調査」を2010年から５回にわたって実施してきたが，課長の悩みの中で常に多かったのが，「部下に関する悩み」や「部下育成の悩み」であった。また，同大学が2019年より始めた「上場企業の部長に関する実態調査」でも，部長の悩みで多いのは，「部下に関する悩み」で，「部下がなかなか育たないという悩み」であった。

3　松尾も，次の文献の中で若手社員の問題として「自己中心性」と「主体性不足」の２つの問題をあげていた。この主体性不足には，例えば「自分の頭で考えようとせず答えを求めたがる」という問題行動をあげていた。松尾睦(2013)「育て上手のマネジャーの指導方法：若手社員の問題行動とOJT」『日本労働研究雑誌』639号，40-53頁。

ンパワリング・リーダーシップへの共感も高まっていった。

## 4．エンパワリング・リーダーシップが万能ではないという認識

　エンパワリング・リーダーシップへの拒絶感はなく，共感の方が多かったが，しかし，エンパワリング・リーダーシップのような支援型リーダーシップが，どんな状況の時にも効果を発揮する万能のリーダーシップだとは，マネジャーたちは認識していなかった。これが第三に指摘すべき点である。マネジャーの多くは，自らの経験をベースにして，状況によって，トップダウン，支配型のリーダーシップの方が有効に機能することも認識しており，エンパワリング・リーダーシップの限界というものも認識していることがわかった。

　かつて，高校のスポーツ界では，監督によるトップダウン型のリーダーシップが勝利へ導くと考えられていた。練習方法から試合運び，日常生活の過ごし方等，ありとあらゆることを，監督を中心とした指導陣が決めた方が，勝率も高くなると信じられてきた。しかし，最近の高校スポーツ界も様相が変化し，選手自らが考えるボトムアップ型のチーム運営の方が，勝利へ導くと信じられるようになり，現に勝利へ導くことが多くなってきた[5]。練習内容から公式戦のメンバー選び，相手の分析等，従来，監督を中心とした指導者側が行なってきたことを，最近では選手側が行なうようになってきた。

　企業研修では，「自ら考えるボトムアップ型」と題する新聞記事を読んでもらい[6]，こうしたボトムアップ型のチーム運営をどう評価するかを，研修参加者同士で議論してもらった。議論にあたっては，ボトムアップ型チーム運営の推進者である畑喜美夫氏へのインタビュー記事も読んでもらい[7]，研修参加者をいくつかのチームに分け，チームごとに，ボトムアップ型のチーム運営を評価

---

4　エンパワリング・リーダーシップをこうした4つのブロックから構成される支援行動であると捉えたのは，次の文献を参考にしたためである。Thomas.K.W.(2000) *Intrinsic Motivation at Work:Building Energy and Commitment*,Berrett-Koehler Publishers.

5　当初，いくつかの高校男子サッカー部で見られた，こうしたボトムアップ型のチーム運営方法は，野球部やバスケットボール部，剣道部といった他の運動部にも広がり，ボトムアップ型のチーム運営方法が広がりつつある。

6　次の新聞記事を読んでもらった。「近畿総体　自ら考えるボトムアップ型」『読売新聞』2015年6月25日。

してもらった。

　その結果，ほとんどの研修参加者が，選手側が自ら考え行動するボトムアップ型のチーム運営を高く評価していることがわかった。しかし，その一方で，ボトムアップ型の運営方法は，こうした運動部のチーム運営には適するだろうが，企業経営のどんな場面でも適するかどうかはわからない，という意見もあった。企業経営では，状況によっては，トップダウン型の運営方法を取らざるを得ないこともあり，トップダウン型の運営を採用すべきか，ボトムアップ型の運営を採用すべきかは，状況しだいであるという声があった。

## 5．経験的に理解している権限委譲の方法

　単純に，部下の自己決定感を高めるために権限を委譲すべきというサジェスチョンでは，うまく権限を委譲できないであろう。工夫して権限を委譲すること，また，権限委譲にもコントロールが必要であることを，研修参加者がどこまで理解し実践しているかを見るために，研修参加者であるマネジャーたちにいくつかの質問を出し，その回答の内容を見て，その理解度を見た。

　研修参加者に出した権限委譲に関する質問は，次節で述べる中堅企業に勤務するマネジャーから出された質問とほぼ同じものであった。「部下に権限委譲をすると言っても，自発的に行動できる部下は，好き勝手なことをやって，組織がバラバラになるのではないか」とか，「部下に権限委譲をした場合，部下によっては，それをプレッシャーに感じてつぶれてしまうのではないか」といった中堅企業に勤務するマネジャーから出された権限委譲に関する質問を研修参加者へも出し，その解決策も求めた[8]。

　理論的には，例えば，権限委譲にはより大きなコントロールが必要であることを述べたのは，Simons（1995）であった。また，リーダーシップ研究者のYukl（2013）も，権限委譲を実行する際には，何を委譲すべきか（what to delegate），どのように委譲すべきか（how to delegate）に配慮すべきだと述べていた。研修に参加しているマネジャーは，こうした権限委譲の理論は知ら

---

7　COACH UNITED（コーチユナイテッド）「コーディネイト力の高い人＝優れた指導者。畑喜美夫が語るボトムアップ理論」（https://coachunited.jp/column/000137.html　閲覧日2016年6月27日）。

ないものの，自らの経験から，ほぼ理論的に正しい内容を各質問の答えとして
述べていた。つまり，研修参加者の多くは，権限委譲にはより大きなコント
ロールが必要であることを経験的に理解していたし，また，何を委譲すべきか，
どのように委譲すべきかを，ほぼ理解していた[9]。このように，マネジャーが
部下に何を委譲すべきで，どのように委譲すべきかを経験的に熟知しているこ
とがわかったのが第四に指摘すべき点である。

## 6．年齢による働く意味の変化

　エンパワリング・リーダーシップの具体的支援行動の1つに，従業員の有意
味感を高める支援行動がある。この支援行動の内容を理解し，身につけてもら
うために，研修に参加しているマネジャーにケースを読んでもらった。この
ケースでは，単純な作業（例えば集計作業）であるが，後々役立つ作業だとマ
ネジャーが思っている仕事を若手従業員に与えても，仕事の意味が感じられず，
離職してしまう従業員もいて，こうした若手従業員が，単純作業でも意味を見
出せるようにするにはどうしたらよいかを考え，議論してもらった。マネ
ジャーが，このような状況の中で，どのように考えるべきかのガイドラインと
して，Lips-Wiersma&Morris(2009)による意味マップ（働く意味の源泉を知
るためのマップ）を示した[10]。他者志向と自己志向を両極に置いた1つの軸と
BeingとDoingを両極に置いたもう1つの軸を設け，この2つの軸を交差させ，

---

8　具体的な質問を示すと次のようになる。まず権限委譲によって，組織がバラバラになる
　可能性があることに関する質問の1つは，次のようなものである。「エンパワーメントを導
　入すると自発的に行動できる社員は時として，会社とは違う方向性に突き進み，ベクトル
　がバラバラになる可能性を含んでいます。そういう場合，本人のモチベーションも大事で
　すが，諭すことも必要になると思います。どのように対応すれば良いでしょうか？」。また，
　権限委譲によって，部下がプレッシャーを感じることに関する質問の1つは，次のような
　ものである。「部下に権限を与えることによって，プレッシャーを感じ能力を十分に発揮で
　きない部下に対して，どのように導けば，能力を発揮しやすくなるかアドバイスをくださ
　い。」
9　例えば，権限を委譲することにより，部下が好き勝手にやる可能性があるという質問に
　対しては，「してはいけないこと」「守るべきこと」を明確に示し，報告を義務づけるコン
　トロールが必要であると多くの研修参加者は答えていたし，権限委譲により，不安になる
　部下の問題に関わる質問に対しては，支援環境の必要性や能力開発の必要性を多くの研修
　参加者は述べていた。

働く意味の源泉を4つに分類したのが，Lips-Wiersma（2002）やLips Wiersma&
Morris（2009）による意味マップである[11]。そして，若手従業員が単純作業で意
味を感じられない時，この意味マップを使って，若手従業員へ働きかける必要
性があることを述べた[12]。

　研修で興味深かったのは，ケースを読むにつれ，若手従業員ではなく，マネ
ジャーがマネジャー自身の内面に目を向けるようになったことである。マネ
ジャーは，これまでの人生を振り返り，マネジャー自身がどんな意味を感じて
これまで働いてきたのか，自分の働く意味の源泉を問う人が少なからずいた。
そして，「若い頃は，働いている時の意味の源泉は，自分志向の軸によってい
たが，課長になった今は，働く意味は他者志向の軸によっている」と述べる人
もいた。若い頃は，技術の修得やスキルの獲得に夢中であり，自分の能力をい
かに高め，いかに発揮するか，その目は自分自身に向きがちであろう。しかし，
年齢を重ね，部下を持つようになると，部下と一緒にいる喜びや部下の成長へ
と目が向くようになり，その目は他者へ向くようになっていった。このように，
若い頃は自分のため，年をとるにつれ他者のために働くといったマネジャーか
らの興味深い指摘があったことが，第五に指摘すべき点である。

## 7．階層が下へ行くにつれ薄れ消えていくトップの熱い思い

　研修を実施した1社のトップからは，自分たちトップの熱い思いや意味があ
ると思ったことが，組織階層の下へ行くに従って，薄れ消えていくという指摘

---

10　研修では，Lips-Wiersma（2002）やLips-Wiersma&Morris（2009）の考え方をベースに作成
　　された神戸（2016）による「『働く人』の仕事の喜び改善マップとしての活用（書き込み
　　用）」を用いた。
11　Lips-Wiersmaは，Morrisとともに，2002年に発表したオリジナルな意味マップをベース
　　に，アクションリサーチを行ない，2009年に新しい意味マップを作成した。縦軸にBeing
　　とDoingを両極に置き，横軸に自己（Self）と他者（Others）を両極に置いて，4つの働く
　　意味の源泉があると指摘した。Beingと他者（Others）が交差した部分の意味の源泉が「他
　　者との一体感」，Doingと他者（Others）が交差した部分の意味の源泉が「他者への奉仕」，
　　Beingと自己（Self）の交差した部分の意味の源泉が「内面的成長」，そしてDoingと自己
　　（Self）の交差した意味の源泉が，「能力発揮」となる。
12　例えば，若手従業員のやっていることが，他者（別の従業員や顧客）に役立つものであ
　　るという他者志向とDoingの交差した部分を強調する行動を取るべきだと指摘した。

があった。トップの熱い思いや意味があると考えていることは，部長あたりまではうまく伝わっていくが，課長，係長へと行くに従って薄まっていき，一般従業員の所まで行くと，消えてなくなってしまうと訴えていた。

　化学業界に属しているこの企業は，業界の中流に位置し，スマイルカーブが示すように，業界では利益率が悪いポジションにいた[13]。このため，「できるだけ大量に作って大量に売る」という目標や「部門間の技術を組み合わせ，利益率が高い新製品を生み出す」という目標を掲げるものの，これらの目標へのトップが持つ熱い思いは，部長レベルの人々には伝わるが，課長，係長と組織階層の下へ行くに従って薄れ，一般従業員へ行くと，消えてなくなるという悩みを訴えていた。利益率を向上させるための目標は，経営会議で共有され，主力工場や本社では，部長レベルの人々が集められ直接的に伝えられていたが，部長から課長，課長から係長への伝達は間接的になり，思いが十分伝えられず，この意味でミドル・マネジャーの役割は大きいと述べていた。

　こうしたトップの熱い思いが，組織階層の下へ行けば行くほど，消えてなくなるという状態が，研修を実施したもう1社でも述べられていた。残念ながら，もう1社ではトップからの直接的な見解は得られなかったが，研修に参加した課長や課長候補の人たちから，組織階層の下へ行けば行くほど，トップの熱い思いが消えていくという状態は，自分の会社でも同じだという意見が寄せられていた。研修を実施した化学業界のもう1社は，どちらかと言えば，業界の上流に位置し，原材料から様々な素材を製造する企業であった。このため，巨大プラントを稼働させる必要があり，稼働時には事故が発生することもあった。そこで，企業のトップは，事故を起こさないという熱い思いを持ち，組織全体に安全性への配慮を浸透させようとしていた。しかし，先の企業と同様に，この企業でもトップの持つ安全への熱い思いは，組織階層の下へ行けば行くほど，消えてなくなり，巨大プラント工場等で，事故が再発してしまうことを研修参加者のマネジャーは述べていた。

---

13　スマイルカーブとは，バリューチェーン（価値連鎖）上の付加価値の高さ・低さを表すグラフのことである。バリューチェーン（価値連鎖）の真ん中部分である製造・組立の付加価値が最も小さく，両極にある研究開発や販売は付加価値が大きい。

# III　日本企業のエンパワリング・リーダーシップの現状：
　　講演後のマネジャーとの質疑応答から

## 1．質疑応答の概要

　日本企業のエンパワリング・リーダーシップの現状を把握するために有用な
情報となったのが，Iで述べた②の講演後のマネジャーとの質疑応答であった。
この講演では，エンパワリング・リーダーシップという言葉は使わなかったも
のの，マネジャーがどのように従業員をエンパワーさせるのか，その具体的手
法を述べた。約50分程度の講演後，講演参加者であるマネジャーから出される
質問に対して答えていくという手法を取り，この質疑応答の中で，エンパワリ
ング・リーダーシップに関連する諸事項をマネジャーが，どのように捉えてい
るのかを知ることができた。

　筆者が関わった研修・講演・調査の中で，先に述べた①の企業研修は，化学
業界に属する2つの企業で行なわれた研修であり，この2つの企業のマネ
ジャーが参加していた。一方，②の講演には，特定の企業のマネジャーではな
く，様々な業界に属する中堅企業に勤務するマネジャーが30名前後参加し，こ
のマネジャーたちが，講演を聞き，様々な質問を出し答えていった。

　従業員をエンパワーさせる方法についての講演後の質疑応答であったため，
マネジャーから出される質問は，主に「エンパワーメントの基礎的内容に関わ
る質問」「権限委譲に関する質問」「能力発揮に関わる質問」「その他の質問」
に分かれた。そして，これらの質問群の中で，質問数が多かったのが，「権限
委譲に関する質問」と「能力発揮に関わる質問」であった。

　このうち「権限委譲に関する質問」をさらに分類すると，①権限委譲により
生じる従業員の「やらされ感」への対処に関する質問，②権限委譲によって生
じる部下へのプレッシャーへの対処に関する質問，③権限委譲により部下がミ
スをした場合の対処に関する質問，そして，④権限委譲によって生じる無秩序
状態への対処に関する質問の4つに分類できた。また，「能力発揮に関わる質
問」もかなりあり，この質問も分類すると，主に，①従業員の能力を見極める

方法に関する質問，②部下の能力を引き出す方法に関する質問の2つに分類された。

　以下では，研修時に行なわれた質疑応答の中から把握されたエンパワリング・リーダーシップに関連する現状，問題点，特徴等をまとめて述べていくことにしよう。

## 2．エンパワーメントというコンセプトのわかりにくさ

　指摘すべき第一の点は，エンパワーメントというコンセプトのわかりにくさである。研修の参加者も主催者も，エンパワーメントというコンセプトが，他のコンセプト，例えばモチベーションやリーダーシップ，コミュニケーションに比べ，捉えにくいという指摘をしていた。

　権限の委譲と同義だと考えられていたエンパワーメントの意味に，実はモチベーショナルな意味合いもあるのだと指摘されると，参加者も主催者も，戸惑いを覚えていた。当然，権限の委譲という関係性を強調した意味合いから，心理的エンパワーメントという心理的な側面が強調される必然性や経緯は，講演において話すのであるが，十分時間が取れず，研修の参加者は消化不良の状態になっているというのが現状であった。

## 3．エンパワリング・リーダーシップというスタイルへの共感

　第二に指摘すべきは，すでに述べてきたように，この講演でもエンパワリング・リーダーシップへ共感するマネジャーがいたということである。リーダーシップには，様々なスタイルがあり，そこに様々な理論がある。その中で，研修ではエンパワリング・リーダーシップという従業員を主役にした支援型リーダーシップに焦点を絞り，その内容を検討した。とかくリーダーシップというと，伝統的なリーダーシップやカリスマ・リーダーシップ，さらには変革型リーダーシップが示すように，リーダーが主役となり，リーダーが強力なリーダーシップを発揮するのが理想的スタイルと思いがちである。そして，こうした「俺について来い」型のリーダーシップが，効果を生み出すと考える現場のマネジャーが多かった。

　しかし，エンパワリング・リーダーシップのように，従業員が自律的に行動

できるように，従業員がアクティブに活動できるように，マネジャーが従業員を支援するリーダーシップがあることにマネジャーは気づき，今後の自らのリーダーシップのスタイルを再考する機会を得たという声もあがった。強力なリーダーシップ・スタイル以外のリーダーシップのあり方には，多くのマネジャーが拒否反応を示すかと思っていたが，支援型の，部下を支える，部下を主役にするリーダーシップへ共感を持つマネジャーがいることは，やはり驚きであった。

## 4．多用される「やらされ感」という言葉

　講演後での質疑応答を数年にわたって行ない，振り返ってみると，マネジャーの口から「やらされ感」という言葉が，しばしば出ていたことに気づいた。第三に指摘すべきは，この「やらされ感」という言葉が現場で多用されているということであった。せっかく従業員の能力を発揮してもらおうと仕事を任せたのに，従業員はそれを「やらされた」としか捉えておらず，この従業員の「やらされ感」をどう克服すべきなのか，悩むマネジャーは数多くいた。おそらくこの「やらされ感」というのは，日本において独自に用いられる言葉なのであろう。この「やらされ感」という言葉が，日本の職場で多用されている現実をおさえておくことは，エンパワリング・リーダーシップの問題を考える上では，重要だと思われる。

　将来はこの「やらされ感」の定義を行なう必要があるし，さらにはその操作化の作業も行なう必要がある。また，こうした定義を踏まえ，日本における「やらされ感」の実態をさらに捉えておく必要もあるだろう。

## 5．すでに指摘されてきた権限委譲によって生じる諸問題

　権限の委譲によって，部下の内側に眠っている未利用の資源の活用機会が生まれ，権限を委譲された部下は能力を発揮し，成果を上げるというのが，権限委譲に期待される成果であった（Heller, 1992）。しかし，権限委譲によって様々な問題も発生し，この問題がどのようなものかは，すでにアメリカの文献でも指摘されてきた（Yukl, 2013）。第四に指摘すべきは，こうした日本のマネジャーが部下に権限委譲をした結果，直面する諸問題には，すでにアメリカ

の文献で指摘されてきたものが多かったということである。上述した権限委譲によって生じる「やらされ感」は，日本独自の問題と考えられるが，質疑応答の中で，マネジャーが直面する権限委譲から生まれる問題は，すでにアメリカのマネジャーも体験したものであり，その理論的解決方法も文献の中で論じられていた。

　このため，アメリカの文献では，権限委譲にあたっていくつかの注意すべきことが，しばしば書かれており(Robbins, 1994)，それは日本の現場でも応用できるものであった。部下のプレッシャーや不安感をなくすためには，権限を委譲する前に教育訓練をしっかり行なうこと。また，部下に必要な情報・知識・スキルを与えること(Yukl, 2013)。それとあわせて部下のサポートをすることなどがアメリカの諸文献には書かれていた。また，部下が自由に行動して無秩序を生み出さないためには，"してはいけないこと"を示す倫理的境界を提示し，"やるべきこと"を示すビジョンを提示すること(Simons, 1995)なども必要であることが，やはりアメリカの諸文献に書かれていた。こうした権限委譲にあたって注意すべきことは，日本の現場でも十分応用可能なことであろう。

## 6．従業員の能力発揮への高い関心

　質疑応答の多さからもわかるように，マネジャーの多くは，従業員の能力発揮に対する関心がとても高かった。第五に指摘すべきは，このマネジャーによる従業員の能力発揮への関心の高さである。

　従業員の能力発揮の問題は，すでに述べてきたように，①従業員の能力をいかに見極めるかという問題と，②従業員の能力をいかに引き出すかという問題に分かれていた。当然，エンパワーメント，特に権限委譲とからめて，この能力発揮の問題に関心を寄せるマネジャーもいたが，エンパワーメントとは無関係にこの能力発揮の問題に関心を寄せるマネジャーも多かった。

　①従業員の能力をいかに見極めるかという問題では，簡便にコストをかけずに部下の能力を見極める方法はないだろうかという声が多かった。そして，②従業員の能力をいかに引き出すかという問題では，マネジャーの様々な声があった。

　このマネジャーによる部下の能力発揮への関心の高さを考えると，日本のエンパワリング・リーダーシップを捉える上で，従業員の能力発揮との関連性を視野に入れていかなければならないことが理解できよう。どのようなエンパワリング・リーダーシップの行動が，部下の能力を引き出すかといった問題などは，まさに取り上げられなければならない，典型的な問題と言える。

# Ⅳ　日本企業のエンパワリング・リーダーシップの現状：日本の上場製造企業を対象にした調査結果から

## 1．調査の概要

　日本企業のエンパワリング・リーダーシップに関わる現状を把握するためのイベントや調査のうち，3つめにあげられるのが，Ⅰで述べた③の筆者がこれまでに関わった日本の製造企業を対象にして実施された実証研究である。日本の中で上場している製造企業を対象にして，1995年から年1回調査を実施し，この調査結果からも日本企業のエンパワリング・リーダーシップに関わる現状を把握することができた（2000a, 2000b, 2002, 2003a, 2003b, 2005, 2006, 2007, 2008, 2009, 2010, 2011）。1995年から実施してきたこの調査は，日本企業のエンパワリング・リーダーシップそのものを分析することを目的として実施された調査ではない。各企業の組織能力がどのようなものであり，この組織能力が継続的に新事業・新製品を本当に生み出し続けるのか，さらには，継続的な新事業・新製品の創出が，持続的な競争優位の獲得・維持に結びつくのかどうかを検証するのが，調査の目的であった[14]。

　以下では，継続的に実施されてきたこの日本の製造企業を対象にして実施された調査結果から，エンパワリング・リーダーシップに関わる現状を述べてみたい。エンパワリング・リーダーシップに関わる現状も多様な内容が含まれるが，ここでは権限委譲の実態を中心に，その特徴を述べていくことにしたい。

---

14　この調査における組織能力というのは，単に，現在あるノウハウや技術を移転して新たな事業や製品を生み出す能力というより，様々な部署や様々な人間の中にあるアイディアやノウハウ，技術等を組み合わせて，新しい事業や新しい製品を作り出す能力である。

扱うデータはやや古いが，それでも，ある程度の現状は把握できるであろう。

## 2．研究所研究員への権限委譲がもっとも多い

　この調査結果から第一に指摘すべき点は，権限委譲は研究所研究員に対して一番行なわれており，本社管理部門では権限委譲は一番行なわれていないということである。この権限委譲の現状を示したのが**図6-1**である。ここでは調査票で，従業員が仕事のやり方やスケジュールを十分に決めることができるとするスコア5，スコア6に○（まる）をつけた企業の割合を調査年ごとに示し，日本の製造企業における権限委譲の度合いの推移を示したのが**図6-1**である[15]。

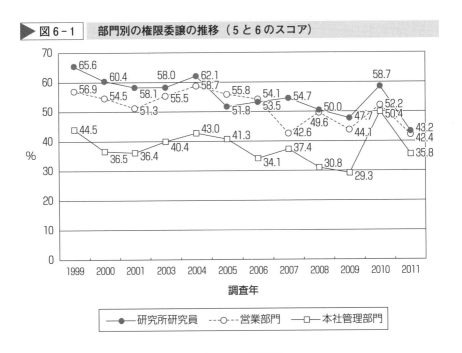

▶ 図6-1　部門別の権限委譲の推移（5と6のスコア）

_____

15　調査年度によっては，営業部門への権限委譲の度合いがもっとも高いことがあったが，総じて研究所研究員への権限委譲が進められているということがわかった。

## 3．権限委譲が年々行なわれなくなっている

　第二に指摘すべき点は，この**図6-1**に示されるデータを時系列的に見ると，3つの部門の権限委譲は年々進められているわけではなく，むしろ権限委譲の度合いは，少しずつ減少している傾向が続いているということである。特に，2005年から2009年の間は，権限委譲の度合いがやや減少していた。

## 4．関連性のある権限委譲と能力発揮との関係

　第三に指摘すべき点は，権限委譲と従業員の能力発揮との間には，ある程度の相関関係があるということである。**表6-1**では，権限委譲と能力発揮との関連性がどの程度あるのか，この両者の相関の推移を示してみた。**表6-1**では，研究所研究員への権限委譲と研究所研究員の能力発揮との相関，そして本社管理部門への権限委譲と本社正規従業員の能力発揮との相関が，どのように推移しているのかを示してみた。一部をのぞいて，相関係数は0.3以上であり，調査年にかかわりなく，安定的に0.3以上の相関係数の値が示されていた。

▶ **表6-1**　**権限委譲と能力発揮との相関（研究所研究員，本社大卒）**

|  | 1999年 | 2000年 | 2001年 | 2003年 | 2004年 | 2005年 | 2006年 | 2007年 |
|---|---|---|---|---|---|---|---|---|
| 研究員 | 0.404 | 0.321 | 0.330 | 0.196 | 0.307 | 0.387 | 0.368 | 0.389 |
| 本社大卒 | 0.367 | 0.264 | 0.317 | 0.393 | 0.333 | 0.399 | 0.311 | 0.362 |

## 5．景気が良いと進み悪いと進まない権限委譲

　第四に指摘すべき点は，景気動向と権限委譲とが無関係とは言いがたいという点である。すでに，一部の指摘にあるように，景気が悪くなれば集権的になり，トップ・マネジメントがコントロールする傾向がある。逆に景気が良いと分権的になり従業員が現場をコントロールするようになる。景気が悪化すれば，それまで権限委譲を進めていた企業も，権限を集中させ，トップダウンで戦略の策定・実行をする可能性はある。逆に景気が良くなれば，権限の委譲を進め，現場サイドでも戦略案の策定・実行が可能になるということもあるだろう。

　そこで権限委譲の度合いと景気の動向との関連性がどうなっているかを見ることにした。景気が良くなれば従業員の手にコントロールする力が与えられ，権限委譲の度合いは高くなり，一方景気が悪くなると集権的になり，トップがコントロールするようになり，権限委譲の度合いが低くなるのだろうか。このため，景気の動向を時系列的に把握できるデータとして，日銀の短観指標[16]を用い，権限委譲の度合いを示す時系列的なデータの動きとこの短観指標のデータとが，同じような動きをするのかを確認してみた。

　図6-1で示されている3つの部門の権限委譲の度合いの推移に，日銀の短観指標の時系列的な動きを加え，図6-2として示しておいた。この図6-2を見ると，両者の動きには類似した部分がある。もちろん，景気動向と権限委譲との間に関連性がない年もあり，この両者に完全な連動性があるとは断定しにくい面もあるが，年によって同じ動きをしていて興味深い結論が得られている[17]。

▶ 図6-2　部門別の権限委譲と日銀短観の推移（5と6のスコア）

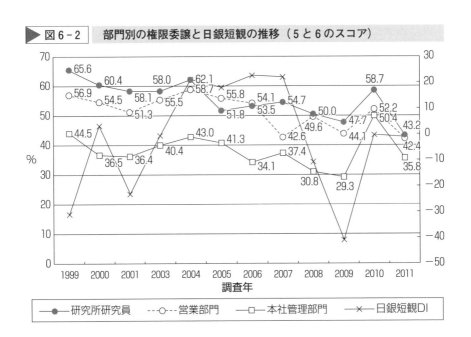

---

16　日銀の短観指標DIを用いた。

## 6．関連性のある権限委譲とモラールとの関係，関連性のない権限委譲と財務的業績との関係

　第五に指摘すべき点は，権限委譲の度合いとモラールとの間に，安定的に関係性が見られることである。一方，権限委譲と収益性・成長性との間には，権限委譲とモラールとの間の関係ほどには，明確な関係は見られなかった[18]。**表6-2**，**表6-3**のいずれの表にも，研究所研究員，営業部門，本社管理部門の3つの部門での権限委譲の度合いと企業業績との関係性が示されている[19]。表に出ている各数値（収益性，成長性，モラール）は，業績の評点が示されており，1～5点に評点化された値である。よって，この数値が高いほど，企業業績が高いことを示している。

　この**表6-2**，**表6-3**を見ると，2000年も2001年も，3つのいずれの部門でも，権限委譲の度合いが高い企業ほど，モラールの評点が高いことがわかる。しかも，カテゴリー1からカテゴリー4へ行くに従って，この評点は増加しており，権限委譲の度合いが高い企業ほどモラールの評点が高いことがわかる。これに対して，権限委譲の度合いが高いほど収益性・成長性が高くなるという傾向は見られるものの，権限委譲とモラールとの関係ほどには明確な関係は見られなかった。

---

17　一部のスポーツチームのリーダーが指摘しているように，スポーツの世界でも負けがこむと，トップダウン的なマネジメントをする監督・リーダーがいるとのことであり，企業の部署単位，チーム単位で見ると，部署単位・チーム単位の業績が悪くなると，上司やリーダーは権限委譲をしなくなり，集権的なトップダウンのマネジメントをする可能性があり，この点については今後の研究課題となるであろう。

18　日本の製造企業における権限委譲の度合いと企業業績との間にどの程度の関連性があるのかは，慶応義塾大学経営力評価グループによって長年開発されてきたQAQF（定性要因の定量分析：Quantitative Analysis for Qualitative Factors）手法を用い分析してみた。このQAQF手法の主要な分析手順を示すと次のようになる。①アンケート調査，②一次集計，③カテゴリー変換，④カテゴリーごとの各評点の平均値の算出，⑤F検定。なお，QAQFについては，次の文献で詳細な説明が行なわれている。清水龍瑩『企業行動と成長要因の分析』有斐閣，1979年。

19　調査票の質問項目は次の通りである。「従業員は仕事のやり方やスケジュールを自分自身でどの程度決めることができますか。」

▶ 表6-2　各部門の権限委譲と財務的業績・モラールとの関係（2000年）

| | | 研究所研究員 | | | | 営業部門 | | | | 本社部門 | | |
|---|---|---|---|---|---|---|---|---|---|---|---|---|
| | | 社数(%) | 収益性 | 成長性 | モラール | 社数(%) | 収益性 | 成長性 | モラール | 社数(%) | 収益性 | 成長性 | モラール |
| ほとんどできない 1 | | 28 (11.5) | 2.580 | 2.381 | 1.852 | 40 (16.2) | 2.360 | 2.379 | 2.028 | 53 (21.4) | 2.363 | 2.410 | 2.230 |
| 2 | | 68 (27.9) | 2.297 | 2.348 | 2.281 | 72 (29.2) | 2.305 | 2.365 | 2.303 | 104 (41.9) | 2.495 | 2.493 | 2.385 |
| 3 | | 121 (49.6) | 2.461 | 2.463 | 2.644 | 115 (46.6) | 2.570 | 2.505 | 2.704 | 91 (36.7) | 2.486 | 2.458 | 2.822 |
| 十分できる 4 | | 27 (11.1) | 2.752 | 2.895 | 3.232 | 20 (8.1) | 2.608 | 2.792 | 3.158 | | | | |
| 合計・平均 | | 244 | 2.461 | 2.469 | 2.514 | 247 | 2.462 | 2.467 | 2.513 | 248 | 2.463 | 2.462 | 2.511 |

注）数値にアンダーラインのついているものは，最大値の注目すべき値である。
　　網掛けの数値は，そのカテゴリーに属している企業が優れていることが，5％水準で統計的に有意に検証されたことを示している。

▶ 表6-3　各部門の権限委譲と財務的業績・モラールとの関係（2001年）

| | | 研究所研究員 | | | | 営業部門 | | | | 本社部門 | | |
|---|---|---|---|---|---|---|---|---|---|---|---|---|
| | | 社数(%) | 収益性 | 成長性 | モラール | 社数(%) | 収益性 | 成長性 | モラール | 社数(%) | 収益性 | 成長性 | モラール |
| ほとんどできない 1 | | 36 (13.2) | 2.334 | 2.201 | 1.859 | 18 (6.4) | 2.291 | 2.454 | 2.074 | 20 (7.1) | 2.109 | 2.151 | 1.836 |
| 2 | | 78 (28.7) | 2.543 | 2.678 | 2.524 | 40 (14.3) | 2.362 | 2.478 | 2.228 | 50 (17.8) | 2.484 | 2.555 | 2.228 |
| 3 | | 134 (49.3) | 2.500 | 2.450 | 2.538 | 81 (28.9) | 2.523 | 2.390 | 2.484 | 110 (39.2) | 2.511 | 2.474 | 2.473 |
| 4 | | 24 (8.8) | 2.534 | 2.246 | 3.121 | 119 (42.5) | 2.533 | 2.508 | 2.587 | 101 (35.9) | 2.573 | 2.504 | 2.794 |
| 十分できる 5 | | | | | | 22 (7.9) | 2.674 | 2.653 | 2.953 | | | | |
| 合計・平均 | | 272 | 2.494 | 2.465 | 2.498 | 280 | 2.501 | 2.478 | 2.505 | 281 | 2.500 | 2.476 | 2.502 |

注）数値にアンダーラインのついているものは，最大値の注目すべき値である。
　　網掛けの数値は，そのカテゴリーに属している企業が優れていることが，5％水準で統計的に有意に検証されたことを示している。

## Ⅴ　まとめ

　本章では，日本企業のエンパワリング・リーダーシップに関する現状を述べた。こうした日本企業のエンパワリング・リーダーシップの現状を把握しようとしたのは，日本企業の現状に即したエンパワリング・リーダーシップモデルや仮説の構築をしたかったからである。2000年以降，急速に研究数が多くなっ

てきたエンパワリング・リーダーシップ研究をサーベイし，そこからモデルや仮説を構築することは十分可能であろうが，日本の現状をより反映させたモデルや仮説を構築するには，主観的とは言え，日本企業のエンパワリング・リーダーシップの現状も概観した方が良いと考え，まずは現状を把握することにした。

　この日本企業のエンパワリング・リーダーシップに関わる現状を把握するために用いたのが，筆者が関わってきた研修や講演，調査から得られる情報であった。具体的には，化学業界で長年行なってきた企業研修でのマネジャーとのやり取り，中堅企業のマネジャーを対象にして行なわれた講演後の質疑応答，また，日本の上場製造企業を対象にしたアンケート調査を情報源として，日本企業のエンパワリング・リーダーシップに関わる現状を把握した。

　化学業界の企業研修で把握された現状では，マネジャーの多くが部下育成に悩んでいること，特に部下の主体性不足に悩んでいることがわかった。また，エンパワリング・リーダーシップのような支援型リーダーシップへの共感があること，しかし，このリーダーシップ・スタイルも万能ではないということをマネジャーが認識していることもわかった。そして，中堅企業のマネジャーとの質疑応答からは，企業研修でのマネジャーと同様に，エンパワリング・リーダーシップという支援型リーダーシップへの共感があること，さらには，多くのマネジャーが部下の能力発揮に多大な関心を寄せていることもわかった。

　また，日本の製造企業を対象にした調査からは，権限委譲と部下の能力発揮との間にはある程度相関があること，景気が悪くなると部下への権限委譲が進まないこと，権限委譲とモラールとの間には関連性があるが，財務的業績との間には，あまり関連性がないこと等もわかった。

# 第7章

# 日本企業のエンパワリング・リーダーシップの分析枠組み

　本章以降では，日本企業におけるエンパワリング・リーダーシップの効果を，実証的に分析していくことにしよう。本章では，まず，本書における分析枠組みを提示していくことにしたい。

## I　エンパワリング・リーダーシップの理論サーベイの結果

### 1．研究全体のサーベイから

　はじめに，あらためてエンパワリング・リーダーシップ研究のサーベイ結果を示してみることにしよう。これらの諸結果から，本研究においても踏襲すべき点は何か，また，新たにつけ加えるべき諸点は何かを考えていくことにしたい。

　すでに，第2章では，これまでに発表されたエンパワリング・リーダーシップ研究の主要な研究を取り上げ，その概要を把握した。そして，これらの諸研究をサーベイした結果，次のような点が明らかになってきた。

　①　エンパワリング・リーダーシップ研究は，2000年代に入り盛んに行なわれるようになった。

② 当初は，規範的な研究がメインであったが，しだいに理論的・実証的な
研究がメインとなっていった。

③ エンパワリング・リーダーシップ研究は，企業のマネジメントの分野だ
けでなく，病院や学校のマネジメント分野でも問題になっている。

④ エンパワリング・リーダーシップ研究は，ダイアディックレベル，小集
団・チームレベル，組織レベル，各々の分析レベルで行なわれている。

⑤ エンパワリング・リーダーシップによってもたらされる成果としては，
イノベーションに関する成果がかなり取り上げられていた。


これらのエンパワリング・リーダーシップ研究のサーベイ結果を見ると，そ
もそもどの分野のエンパワリング・リーダーシップを研究対象にすべきなのか
を決めておく必要があるであろう。また，マネジャー－従業員間というダイア
ディックな関係におけるエンパワリング・リーダーシップを問題にするのか，
それとも小集団・チームレベルのエンパワリング・リーダーシップを問題にす
るのか，その分析レベルも決めていく必要があることがわかる。さらに，エン
パワリング・リーダーシップによって，最終的にもたらされる成果として，本
研究では何を取り上げるべきで，どのような変数を取り上げるべきなのか，そ
の内容を決めなければならないこともわかる。

## 2．成果の検討から

第3章では，エンパワリング・リーダーシップがどのような成果をもたらし，
それがどの程度のものなのかを，これまでに発表されたエンパワリング・リー
ダーシップの諸研究に基づいて分析してみた。その結果，次のようなことが明
らかになった。


① エンパワリング・リーダーシップの成果は様々な側面から分析されてい
るが，創造性や革新性に関わる成果を分析している研究が多い。

② 創造性や革新性に関わる成果だけでなく，組織メンバーの態度（バーン
アウトや情緒的コミットメント等）に関わる成果を分析する研究もある。

③ 創造性や革新性に関わる成果は，具体的には個人レベル，チームレベル

での創造性や革新的行動，プロアクティブ行動，ボイス行動等によって測
定されていた。

④　これらの創造性や革新性に関わる成果を測定する諸変数とエンパワリン
グ・リーダーシップとのダイレクトな相関は，必ずしも強くない。

⑤　しかし，エンパワリング・リーダーシップとこれらの創造性や革新性に
関わる諸変数との間のプロセスを考慮に入れると，エンパワリング・リー
ダーシップは，間接的には創造性や革新性に関わる諸変数と関係がある。

⑥　エンパワリング・リーダーシップと組織メンバーの態度との関係の方が，
エンパワリング・リーダーシップと創造性・革新性に関わる諸変数との関
係よりも，やや直接的な相関がある。

⑦　エンパワリング・リーダーシップと業績（チームの業績，企業業績）と
の相関は，ほとんどない。

これらの文献サーベイの結果を見ると，先ほどと同様にエンパワリング・
リーダーシップの分析枠組みを構築するにあたっては，やはりどのような成果
を問題にするかを決めなければならないことがわかる。そして，エンパワリン
グ・リーダーシップが，最終的な成果に対して直接的な効果はもたらさないも
のの，何らかの媒介変数を通じて間接的な効果をもたらすことがあるとすれば，
分析枠組みにおいても，適切な媒介変数を設けなければならないことも理解で
きる。

## 3．成果に至るプロセスの検討から

さらに，第 4 章では，エンパワリング・リーダーシップの諸成果が生み出さ
れるまでのプロセスを，各研究ではどのように描いているのかをサーベイした。
第 3 章では，エンパワリング・リーダーシップが，何にどの程度効果があるの
かをサーベイしてきたが，第 4 章では，エンパワリング・リーダーシップの諸
成果が生み出されるまでのプロセスをサーベイした。また，各研究でのモデ
レータ変数の扱い方についてもサーベイした。その結果，次のようなことがわ
かった。

① エンパワリング・リーダーシップは，創造性や革新性に関わる具体的な変数に，直接的に影響を与えることは少なく，何らかの媒介変数を通じて間接的に影響を与えていた。

② この媒介変数で，しばしば取り上げられていたのが心理的エンパワーメントである。

③ 心理的エンパワーメントは，エンパワリング・リーダーシップと創造性・革新性に関わる諸変数との関係を部分媒介もしくは完全媒介する。

④ エンパワリング・リーダーシップと創造性・革新性との関係を示すモデルでは，いくつかのモデレータ変数（文化的価値，リーダーへの満足等）が取り上げられていた。

⑤ モデレータ変数のモデレート効果を把握すると，エンパワリング・リーダーシップがどのような時に効果を生み出すのかが特定化できる。

　これらのエンパワリング・リーダーシップによって諸成果が生み出されるまでのプロセスを解明する諸研究をサーベイすると，やはり，分析枠組みを構築するにあたって，何らかの媒介変数の導入の必要性を理解することができる。エンパワリング・リーダーシップは，この媒介変数を通じてのみ，創造性や革新性に関連する諸変数に影響を与えることもあれば（完全媒介効果），媒介変数を通じての効果に加え，直接的に諸変数に影響を与えることもある（部分媒介効果）。さらに分析枠組みの構築にあたっては，媒介変数に加え，何らかのモデレータ変数を導入すべきかどうかも考えなければならないことが，これらの研究サーベイからわかる。

## 4．個別の研究の検討から

　また，第5章では，エンパワリング・リーダーシップ研究の個々の研究を取り上げ，その内容を詳細に検討した。Academy of Management Journal誌に掲載されていた4本の論文，そして2015年に発表されたエンパワリング・リーダーシップ研究のサーベイ論文1本を個別に検討してみた。その結果，Academy of Management Journal誌の4本の論文からは，次のようなことがわかった。

① 　エンパワリング・リーダーシップは，様々な成果に対して直接的に影響を与えるより，何らかの媒介変数を通じて，これらの成果に間接的に影響を与えることが多かった。

② 　エンパワリング・リーダーシップのような支援型リーダーシップは，どのような状況の時にも効果を発揮するわけではなく，指示的リーダーシップのスタイルの方が，効果を発揮する場合もある。

③ 　分析対象，分析レベルはまちまちであり，チームレベルでのエンパワリング・リーダーシップを分析する研究もあれば，マネジャー－従業員間というダイアディックな関係でのエンパワリング・リーダーシップを分析する研究もあった。

　これらのAcademy of Management Journal誌の4本の論文をサーベイすると，エンパワリング・リーダーシップの効果を分析する上では，何らかの媒介変数を導入して，その媒介効果を分析する必要があることが理解できる。また，エンパワリング・リーダーシップのネガティブな効果に着目して，分析枠組みを作るべきかどうかを検討する必要があることもわかる。

　こうした個別研究の中で，より注目すべきは2015年に発表されたSharma&Kirkman(2015)によるエンパワリング・リーダーシップ研究のサーベイ論文であろう。彼らは，これまでのエンパワリング・リーダーシップ研究の問題点を指摘し，今後のエンパワリング・リーダーシップ研究がどのような方向に進むべきかを示していた。Sharma&Kirkman(2015)は，これまでのエンパワリング・リーダーシップ研究が取り上げてこなかった問題点として，次の2つをあげていた。

① 　エンパワリング・リーダーシップを，あるマネジャーやリーダーが取るのは何故か，その理由を探る試みがこれまでのエンパワリング・リーダーシップ研究ではなされなかった。

② 　これまでのエンパワリング・リーダーシップ研究では，最終的な成果としてポジティブな側面のみが取り上げられており，ネガティブな側面が取り上げられてこなかった。

　本研究の分析枠組みを構築するにあたっても，何故あるマネジャーやリーダーが，エンパワリング・リーダーシップという特定のリーダーシップ・スタイルを取るのかを説明する必要があろう。また，エンパワリング・リーダーシップによってもたらされる効果として，ポジティブな効果だけでなく，ネガティブな効果も考慮に入れるべきかを考える必要もある。

# Ⅱ　エンパワリング・リーダーシップの　　現場サーベイの結果

　分析枠組みを構築するにあたっては，文献サーベイだけでなく，現実の検討も必要になるであろう。日本企業という現場の中で，エンパワリング・リーダーシップに関わる事実として，どのようなものがあるのかを一方で把握しておく必要がある。これまでに筆者が体験したことや調査内容から，エンパワリング・リーダーシップの分析枠組みを構築するにあたって，次のような点を押さえておくべきことがわかった。

① 　現場にいるマネジャーやリーダーは，ボトムアップ経営やエンパワリング・リーダーシップに代表される支援型リーダーシップに対して肯定的である。

② 　一方，マネジャーやリーダーの多くは，こうした支援型リーダーシップの万能力は認めておらず，状況によってはトップダウン経営が必要であることも経験上わかっている。

③ 　権限委譲を実行する際にマネジャーやリーダーが直面する問題の多くは，すでにマネジメントの教科書に記されている。

④ 　多くのマネジャーやリーダーは，権限委譲の方法を経験的に理解し，実行していた。

⑤ 　マネジャーやリーダー，さらには従業員の中で「やらされ感」という言葉が多用されていた。

⑥ 　マネジャーやリーダーは，従業員の能力発見，能力発揮への関心が高い。

⑦ 　状況がシビア・不確実になるとマネジャーやリーダーは，従業員に仕事

を任せなくなる。

　まず，①のボトムアップ経営やサーバント・リーダーシップ，エンパワリング・リーダーシップに代表される支援型リーダーシップへの共感があるという事実は，研修でのマネジャーやリーダーとのやり取り，そしてエンパワーメントやエンパワリング・リーダーシップに関する講演後の質疑応答でつかんだ事実であった。トップダウン的なやり方，「俺についてこい」型のやり方に対する支持の方が圧倒的に高いと思ったが，予想外に支援型リーダーシップに対する共感や肯定感が高かった。その一方で，エンパワリング・リーダーシップが，すべての状況において有効だと認めているわけではなく，②に示すように，時にはトップダウン的なやり方も経験的に認めているという事実も，この研修や講演後の質疑応答でつかむことができた。

　また，③の権限委譲を実行するにあたってマネジャーやリーダーが直面する問題の多くは，すでにマネジメントの教科書に書かれていることが，研修でのやり取りや講演後の質疑応答でわかった[1]。さらに，こうした権限委譲によって生じる問題の解決方法を経験的にマネジャーやリーダーが理解しているという④の事実も，研修でのケース・スタディやマネジャー・リーダーとのやり取りからわかった。

　そして，⑤のマネジャーやリーダー，従業員の中で「やらされ感」という言葉が多用されているという事実は，講演後の質疑応答の中でつかんだ事実であった。特に，若手のマネジャーやリーダーの中で，「やらされ感」が強く，自分自身，自律的・自主的に行動できないという発言をする人が，数多く見られた。

　また，⑥では，マネジャーやリーダーが，従業員の能力発見や能力発揮に対して関心が高いという事実が示されているが，これも，講演後の質疑応答からつかんだ事実であった。多くのマネジャーやリーダーは，エンパワーメントやエンパワリング・リーダーシップによって，何とか従業員の中に眠っている能

---

1　例えば，権限委譲によって無秩序が生じやすいことを指摘したのは，Simons(1995)であった。

力をさらに発揮できないか，そのためには，具体的にどうするべきかという問いを投げかけていた。

そして，⑦の状況がシビア，不確実になるとマネジャーやリーダーは従業員に仕事を任せなくなる傾向があるという事実は，企業を対象にして実施したアンケート調査から把握できた[2]。日本の製造企業を対象にして実施されたアンケート調査からは，景気が悪くなると，企業内で権限の委譲が進められなくなってくるという事実も得られた。また，プロスポーツチームの助監督からのヒアリングでも，同様の事実があることを把握した[3]。

本研究では，エンパワリング・リーダーシップの諸文献で指摘されていた諸点だけではなく，これらのエンパワリング・リーダーシップに関して発見された事実も考慮し，独自のエンパワリング・リーダーシップの分析枠組みを構築していくことにする。

# Ⅲ　エンパワリング・リーダーシップの分析枠組み

## 1．本書の分析枠組み

さて，当初，本書では，**図7-1**に示すような分析枠組みを作ってみた。この**図7-1**に示した分析枠組みは，出発点として設けたリサーチ・クエスチョンである「日本企業を対象にして，そこで働くマネジャーやリーダーが発揮するエンパワリング・リーダーシップは，他のリーダーシップ・スタイルに比べ，従業員の創造性や能力発揮を促すのだろうか」という問いに対応したものだった。

しかし，これまでのエンパワリング・リーダーシップ研究が，エンパワリング・リーダーシップの先行要因をあまり取り上げてこなかったことから，この

---

2　第6章で述べたように，筆者の関わった調査では，景気が良くなると権限委譲が進められ，景気が悪くなると権限委譲が進められなくなる傾向が見られた。

3　プロスポーツチームの外国人監督が，特に負けがこむと，選手に練習の仕方や試合運びなど，様々な点で任せなくなる傾向があるという事実は，このプロスポーツチームの助監督からのヒアリングによって得られたものであった。

▶ 図7−1　当初の分析枠組み

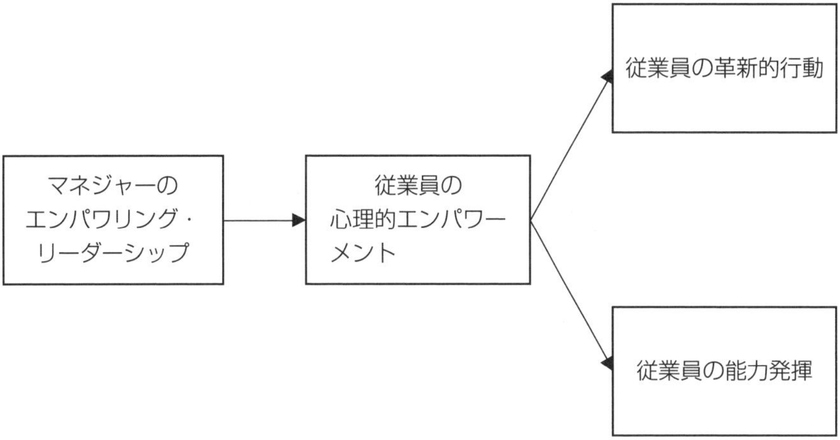

出発点のリサーチ・クエスチョンに加え，新たに「日本企業を対象にして，そこで働くマネジャーやリーダーは，どのような要因の影響を受けて，エンパワリング・リーダーシップというスタイルを取るのか」というリサーチ・クエスチョンを加えることにした。この新たに加えたリサーチ・クエスチョンに対応した分析枠組みが**図7−2**に示したものであり，この分析枠組みを本書の分析枠組みとした。

▶ **図7-2** 本書の分析枠組み

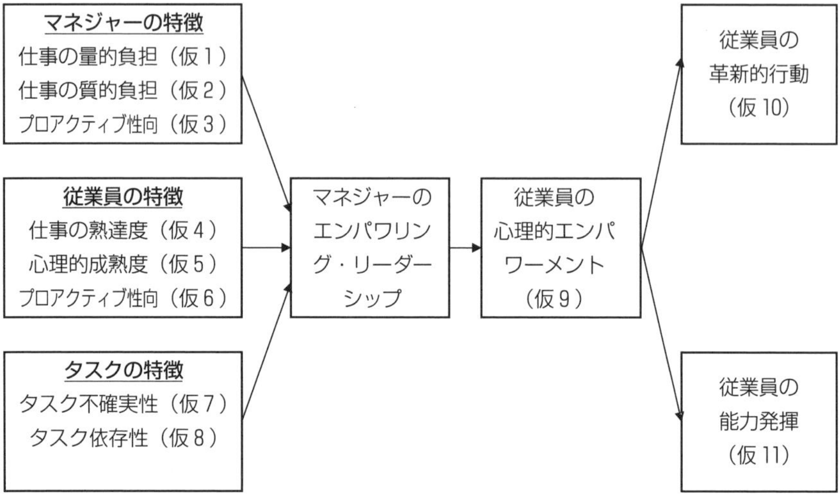

注）各変数の最後に示される括弧内の仮1，仮2等は，その変数が関係している仮説の番号のことである。

## 2．本書の分析枠組みの特徴

　本書の分析枠組みは，他のエンパワリング・リーダーシップの分析枠組みに比べ，次のようないくつかの特徴を持った分析枠組みである。

### （1）研究対象

　これまでの文献サーベイで見てきたように，エンパワリング・リーダーシップは，企業やマネジメントの分野に限定されることなく，学校や病院，原子力発電所，消防隊[4]というように，様々な分野で研究されてきた。本研究では，こうした様々な分野のうち，企業という現場で見られるエンパワリング・リー

---

4　第4章で述べたように，Sagnak(2012)は，トルコの小学校における校長によるエンパワリング・リーダーシップの効果を分析した。また，Bobbio,Bellan&Manganelli(2011)は，イタリアの病院における看護師リーダーによるエンパワリング・リーダーシップの効果を分析した。さらに，Martínez-Córcoles et al.(2012)は，原子力発電所におけるエンパワリング・リーダーシップの効果を分析した。そして，Tuckey,Bakker&Dollard(2012)は，オーストラリアの消防隊隊長のエンパワリング・リーダーシップの効果を分析した。

ダーシップを研究対象とすることにした。また，企業の中でも，製造企業の製造現場におけるエンパワリング・リーダーシップを研究対象にすることにした。

## （2）分析レベル

　様々な分野でのエンパワリング・リーダーシップが研究されると同時に，エンパワリング・リーダーシップは，いくつかの分析レベルにおいて研究されてきた。トップ・マネジメントレベルのエンパワリング・リーダーシップを分析する研究もあれば，小集団・チームレベルでのエンパワリング・リーダーシップを分析する研究もある。さらには，マネジャー－従業員間というダイアディックな関係レベルでのエンパワリング・リーダーシップを分析する研究もあった。本研究では，このうちマネジャー－従業員間というダイアディックな関係でのエンパワリング・リーダーシップを分析レベルとし，分析枠組みを構築することにした。

## （3）先行要因の導入

　従来のエンパワリング・リーダーシップ研究の多くは，マネジャーやリーダーのエンパワリング・リーダーシップが説明変数もしくは独立変数として位置づけられることが多かった。つまり，エンパワリング・リーダーシップを出発点にして，このリーダーシップが何らかのプロセス（媒介変数）を経て，様々な効果をもたらすだろうとする分析枠組みを構築する研究が多かった。しかし，本研究の分析枠組みでは，エンパワリング・リーダーシップに影響を与える先行要因を導入して，どのような要因によってマネジャーやリーダーがエンパワリング・リーダーシップというリーダーシップ・スタイルを取るのかを明らかにしようとした[5]。

　当初，エンパワリング・リーダーシップの先行要因に注目したSharma&

---

5　こうしたエンパワリング・リーダーシップの先行要因を導入し，新たな分析枠組みを構築する必要性を指摘したのは，第5章で見てきたようにSharma&Kirkman(2015)であった。彼らは，従来のエンパワリング・リーダーシップ研究の多くが，先行要因を考慮に入れず，何故あるマネジャーやリーダーがエンパワリング・リーダーシップという特定のリーダーシップ・スタイルを取るのかを説明することができなかったと指摘した。本研究でも，このSharma&Kirkman(2015)の指摘を考慮し，先行要因を導入することにした。

Kirkman（2015）は，この先行要因として，①マネジャー・リーダーの要因[6]，②状況の要因[7]，③従業員の要因[8]の３つを取り上げていた。しかし，本研究の分析枠組みでは，こうしたSharma&Kirkman（2015）の指摘に加え，過去に発表されたHeller（1973），Fiedler（1967），Hersey&Blanchard（1977）によるリーダーシップの条件適合研究やLeana（1986）による権限委譲の研究を参考にしながら，エンパワリング・リーダーシップの先行要因として，①マネジャー・リーダーの特徴，②従業員の特徴，そして，③タスクの特徴という大きく分けて３つの先行要因を導入することにした。

## （4）エンパワリング・リーダーシップの捉え方

　エンパワリング・リーダーシップの捉え方や操作化について，必ずしも統一された見解があるわけではない。マネジャーやリーダーに権限が集中したリーダーシップではなく，権限を従業員と共有し，さらには委譲していくというやり方という点では，ある程度各定義に類似性はあるものの，エンパワリング・リーダーシップが単に権限委譲を示すだけでなく，それ以上のものであるという定義の広がりについては，研究者によって異なった見解がある。

　本研究では，長い間実施されてきたエンパワーメント研究やその流れを汲む研究を参考にしながら，エンパワリング・リーダーシップをThomas（2000, 2009）の研究をベースにして捉えることにした[9]。つまり，エンパワリング・リーダーシップとは，リーダーによる，①従業員の有意味感を高める支援行動，②

6　具体的には，権力格差への姿勢，不確実性回避への姿勢，コレクティビズム，ナルシシズムの４つを取り上げていた。
7　具体的には，職務ストレッサ，上位レベルのリーダー行動と同僚リーダーの行動の２つを取り上げていた。
8　具体的には，リーダーによって報告されたLMX，プロアクティビティの２つを取り上げていた。
9　本書では，エンパワリング・リーダーシップを「従業員を支援し，彼らが心理的にエンパワーし，自律的に行動できるようにするリーダーシップのこと」と定義した。このエンパワリング・リーダーシップを定義するに際しては，Thomasの次の２つの文献を参考にした。Thomas, K.W.（2000）*Intrinsic Motivation at Work : Building Energy & Commitment*, Berrett-Koehler Publishers. Thomas,K.W.（2009）*Intrinsic Motivation at Work : What Really Drives Employee Engagement*, Second Edition, Berrett-Koehler Publishers.

従業員の自己決定感を高める支援行動，③従業員のコンピタンスを高める支援行動，そして，④従業員の進歩感を高める支援行動の4つの行動から構成されると本研究では捉えていくことにした。

## （5）媒介変数としての心理的エンパワーメント

　本研究の分析枠組みには，従業員の心理的エンパワーメントという媒介変数を導入することにした。その他の媒介変数の導入も十分考えられたが，本研究では，従業員の心理的エンパワーメントという媒介変数だけを導入することにした。心理的エンパワーメントを導入したのは，数多くの文献で，採用されることの多かった媒介変数であるということ，また，その媒介効果もある程度認められてきたためである。

　心理的エンパワーメントとは簡単に言えば，従業員の心理的エネルギーが高まった状態，もしくは従業員の特定の心理的状態のことである。具体的には，部下が有意味感を持っている状態，自己決定感を持っている状態，コンピタンスを持っている状態，そして進歩感を持っている状態のことであった。こうした4つの有意味感，自己決定感，コンピタンス，進歩感の高まった，特定の心理的状態が心理的エンパワーメントと呼ばれる状態であった[10]。

　これまでのエンパワリング・リーダーシップの文献をサーベイしてみると，マネジャーやリーダーによるエンパワリング・リーダーシップは，直接的には，従業員のイノベーションに関わる行動やその他の行動に，あまり関連することはなかった。しかし，心理的エンパワーメントといった媒介変数を通じると，間接的に，マネジャーやリーダーのエンパワリング・リーダーシップは，従業員のイノベーションに関わる行動やその他の行動と，ある程度関係することが明らかになってきた[11]。こうした心理的エンパワーメント等の媒介効果が認められるとするならば，本研究でも追試の意味合いも含め，心理的エンパワーメントを媒介変数として導入する意味もあると考え，分析枠組みに組み込むこと

---

10　心理的エンパワーメント研究の初期には，Thomas&Velthouse(1990)は，心理的エンパワーメントを，影響感，コンピタンス，有意味感，選択感という4つの次元から捉えていた。しかし，この4つの次元間の関連性をより鮮明にしたThomas(2000, 2009)は，影響感にかわり進歩感という新たな次元を加えた。

138

にした。

## （6）結果変数としての部下の革新的行動・能力発揮の導入

　これまでの文献をサーベイしてみると，エンパワリング・リーダーシップによってもたらされる最終的な効果としては，様々なものが取り上げられてきたが，本研究では従業員の革新的行動と従業員の能力発揮の２つを取り上げた。従業員の態度に関わる一連の変数を取り上げることもできたが，本研究では，従業員の革新的行動と従業員の能力発揮の２つを取り上げることとした。

　従業員の革新的行動は，これまでに発表されてきたエンパワリング・リーダーシップ研究で，たびたび取り上げられてきたものであり，本研究でも，これまでの諸研究を踏襲し，従業員の革新的行動を分析枠組みの中に導入することにした。従業員の生産性や態度は，重要な結果変数として取り上げられるべきであろうが，ますます企業の持続的競争優位の構築[12]が，重要な経営課題になっている最近の状況を考えると，従業員の革新的行動を優先的に取り上げる必要があると考えた。

　また，部下の能力発揮を結果変数として取り上げたのは，現場のマネジャーの多くが，部下の能力発見や能力発揮に強い関心を持っていたためである。しかもエンパワーメントやエンパワリング・リーダーシップというものが，部下の能力発揮を促す有効な手段だと期待されており，こうした背景から部下の能力発揮も，部下の革新的行動に加え，結果変数として取り上げてみた。

## （7）モデレータ変数とネガティブな成果の扱い

　一方，本書の分析枠組みでは，文献サーベイで重要だと思われた一部の変数

---

11　多くの文献でエンパワリング・リーダーシップが，何らかの媒介変数を通じて，間接的な効果をもたらすことを指摘していた。第５章でも述べてきたように，例えば，Srivastava,Bartol&Locke（2006）の研究やZhang&Bartol（2010）の研究でも，こうした間接的な効果があることが検証されていた。
12　企業が持続的な競争優位を構築するためには，企業そのものが新製品や新事業を創出し続ける能力を持たなければならない。この新製品や新事業のもととなるアイディアは，従業員の革新的行動から生み出されるものであり，それゆえ，部下の革新的行動が優先的に取り上げられる必要がある。

が組み入れられなかった。その第一は，モデレータ変数である。文献サーベイ
を行なうと，エンパワリング・リーダーシップは，どんな状況の時にも成果を
生み出すわけではなく，状況によっては，成果を生み出す時もあれば，そうで
ない時もある。どのような状況の時に，エンパワリング・リーダーシップが成
果を生み出すかを明らかにするためには，何らかのモデレータ変数を導入する
必要があったが，様々な変数を導入しすぎると，分析が複雑になるために，本
書の分析枠組みでは導入しなかった。

　第二は，ネガティブな成果についても本書の分析枠組みでは，組み入れるこ
とができなかった。本書でも，これまでのエンパワリング・リーダーシップ研
究と同様に，ポジティブな成果の方に注目し，従業員の革新的行動と能力発揮
の2つの変数に注目し，分析を進めることにした。

# Ⅳ　エンパワリング・リーダーシップの分析枠組みと その背景

　ここでは，**図7-2**に示されるエンパワリング・リーダーシップの分析枠組
みについて，もう少し説明を加えておくことにしよう。特に，エンパワリン
グ・リーダーシップの先行要因，また，媒介変数として導入した心理的エンパ
ワーメントについて，もう少し説明を加えておくことにしたい。

## 1．分析枠組みの前半部分について

　まず分析枠組みの前半で，もっともポイントとなるのは，エンパワリング・
リーダーシップの先行要因として，どのような要因を選択するかということで
あろう。本研究では，①マネジャー・リーダーの特徴，②従業員の特徴，③タ
スクの特徴という3つの要因を選択したが，なぜ，この3つの要因を選択した
かについては，若干の説明が必要であろう。

　この3つの要因を選択した理由の第一は，すでにSharma&Kirkman(2015)が，
こうした要因のいくつかを指摘していたためである。彼らは，マネジャーや
リーダーが，エンパワリング・リーダーシップというスタイルを選択するにあ
たっては，マネジャーやリーダー本人の要因，従業員の要因，そして状況要因

があることを指摘していた。本書でも，このSharma&Kirkman(2015)の指摘を受け，マネジャーやリーダーがエンパワリング・リーダーシップというスタイルを取るのは，マネジャーやリーダー本人の要因が関係すること，そして従業員自身の要因が関係するという指摘を踏襲し，分析枠組みの前半部分に組み込んだ[13]。

　エンパワリング・リーダーシップの先行要因として，マネジャー・リーダーの特徴，従業員の特徴，そしてタスクの特徴の3つを取り上げた第二の理由は，Heller(1973)の研究を参考にしたためである。なぜ，あるマネジャーが，あるリーダーシップ・スタイルを取るのかという問題に切り込んだのは，Sharma&Kirkman(2015)だけではない。すでに1970年代にHeller(1973)という研究者が，この問題を扱っていた。本研究では，このHeller(1973)の指摘も参考にして，特にマネジャーやリーダーの特徴とタスクの特徴の2つの要因を分析枠組みに組み込んだ[14]。

　マネジャーやリーダーの特徴，従業員の特徴，そしてタスクの特徴をエンパ

---

13　例えば，マネジャーやリーダーが不確実性を回避するような傾向を持てば，従業員に権限を任せることはせず，エンパワリング・リーダーシップというリーダーシップ・スタイルを取る可能性は低くなろう。また，マネジャーやリーダーが，従業員は自分とは違う人間であり，力ある者が特権を持つべきだという権力格差規範を持てば，やはりエンパワリング・リーダーシップというリーダーシップ・スタイルを取りにくくなる。一方，従業員の特徴に絞ってみても，従業員が革新的な志向を持つようなタイプであれば，それに影響を受けて，マネジャーやリーダーがエンパワリング・リーダーシップを取るようになることも十分考えられよう。

14　Heller(1973)の研究は，年代も古いことから，エンパワリング・リーダーシップそのものを研究対象としているわけではなかった。IPC（Influence-Power Continuum）と呼ばれる一連続体上に位置づけられる5つのリーダーシップスタイル（決定スタイル）がその研究対象であり，この5つのスタイルがどのような要因によって影響を受け，採用されるのかを分析していたのがHellerの研究であった。例えば，マネジャーやリーダーが独裁的に決定するスタイルを採用するのは，どのような要因によって影響を受けるのか，マネジャーやリーダーが従業員と共同で決定する参加型スタイルを採用するのはどのような要因によって影響を受けるのか，そして，マネジャーやリーダーが従業員に仕事を任せる権限委譲のスタイルを採用するのは，どのような要因によって影響を受けるのか等が，Heller(1973)によって分析された。そして，5つのリーダーシップ・スタイルの選択にあたって影響を与える要因として取り上げられたのが，5つの要因（マネジャーの特徴，意思決定者と密接に関連する状況要因，ミクロな構造的特徴，マクロな構造的特徴，生態学的な特徴）であった。

ワリング・リーダーシップの先行要因として取り上げた第三の理由は，リーダーシップのコンティンジェンシー理論のいくつかを参考にしたためである。例えば，Hersey&Blanchard（1977）やBlanchard（2007）などは，かなり以前から部下の成熟度に適合したリーダーシップ・スタイルを採用すべきだということを指摘しており，彼らの考え方をベースにして部下の特徴という先行要因を分析枠組みに組み込んだ。また，リーダーシップのコンティンジェンシー理論には，タスク構造やタスク特性といったタスクに関連した要因もたびたび取り上げられ，タスク構造やタスク特性に適合したリーダーシップ・スタイルを取るべきだという指摘が以前からなされていた（Fiedler, 1967：金井, 1991）。本研究でも，こうしたタスク構造やタスク特性を強調したリーダーシップのコンティンジェンシー理論をベースにして，タスクの特徴を先行要因として組み入れてみた。

## 2．分析枠組みの後半部分について

　分析枠組みの後半は，マネジャーやリーダーが取るエンパワリング・リーダーシップが，どういう効果をもたらすのかを明らかにするものである。マネジャーやリーダーが取るエンパワリング・リーダーシップは，一体，どういうプロセスを経て，特に従業員の革新的行動や能力発揮に，どの程度の影響を与えるのかを明らかにしようとしたのが分析枠組みの後半部分である。

　図7-2に示されるように，マネジャーやリーダーの取るエンパワリング・リーダーシップが，従業員の心理的エンパワーメントというプロセスを経て，従業員の革新的行動を高め，部下の能力発揮を促すというのが，分析枠組みの後半部分の内容である。

　分析枠組みの後半部分でポイントとなるのは，やはり媒介変数としての心理的エンパワーメントであろう。経営においてもエンパワーメントが注目されるようになって，かなり時間が経過した。この間，エンパワーメントは，権限委譲といったような客観的な力（パワー）を従業員に付与するという意味合い以上に，従業員が自らをどの程度，力（パワー）ある者と認知しているかという主観的な側面から捉えられるようになってきた。この主観的な側面からエンパワーメントを論じようとしたのが，心理的エンパワーメントの議論である。

　本研究では，心理的エンパワーメントを，従業員の特定の心理的状態と捉え，従業員が，自らのやっていることにどれだけ意味を感じているか（有意味感の有無），意味の感じていることを実現するために，どれだけ自分で決めていると感じているか（自己決定感の有無），従業員が自分で決めたことを実現するのにふさわしいスキル・能力をどの程度持っていると感じているか（コンピタンスの有無），そして，従業員が決めたことをどの程度実現しているかをきちんと把握しているか（進歩感の有無）という4つの視点から捉えようとした。

　心理的エンパワーメントという特定の心理的状態を媒介変数に組み入れるのは，数多くの研究で，心理的エンパワーメントを媒介変数として取り上げているという単純な理由以上に，心理的エンパワーメントという特定の心理的状態が，従業員に様々な効果をもたらすと考えられるようになったからでもある[15]。かつて，エンパワーメント研究で，心理的エンパワーメントの重要性を指摘したThomas&Velthouse(1990)は，従業員が心理的にエンパワーすることによって，従業員が活動的になり，集中力が高まり，創意工夫するようになり，回復力が高まり，柔軟性も生まれるとした。

　ますます，企業が持続的な競争優位性を高めるために，独自の新製品・新事業の継続的な創出が不可欠な時代に，その源となる従業員の創造性，アイディア，創意工夫は，より一層求められるようになっている。そして，従業員が創造性を発揮し，アイディアを生み出し，創意工夫するためには，従業員が心理的にエンパワーされている必要がある。

　このように心理的エンパワーメントを媒介変数として導入したのは，多くの文献で心理的エンパワーメントを媒介変数として導入していたという単純な理由に加え，心理的エンパワーメントによって，今日の企業で必要とされる従業員による創造性の発揮や創意工夫が高まると期待されるからである。

---

15　筆者がこれまでに関わった実証研究でも，心理的エンパワーメントが様々な効果をもたらす重要な変数であることが，明らかになった。

# V　仮説の導出

## 1．仮説の提示

　さて，本節では**図 7 - 2** の分析枠組みに基づいて導出された仮説を提示してみることにしよう。本研究で導出された仮説は，次の11である。

**仮説 1 ：** マネジャーやリーダーが仕事で量的な負担を感じるほど，マネジャーやリーダーはエンパワリング・リーダーシップを取るようになる

**仮説 2 ：** マネジャーやリーダーが仕事で質的な負担を感じるほど，マネジャーやリーダーはエンパワリング・リーダーシップを取るようになる

**仮説 3 ：** マネジャーやリーダーがプロアクティブなパーソナリティーであるほど，マネジャーやリーダーはエンパワリング・リーダーシップを取るようになる

**仮説 4 ：** 従業員が仕事で熟達しているほど，マネジャーやリーダーはエンパワリング・リーダーシップを取るようになる

**仮説 5 ：** 従業員が心理的に成熟しているほど，マネジャーやリーダーはエンパワリング・リーダーシップを取るようになる

**仮説 6 ：** 従業員がプロアクティブなパーソナリティーであるほど，マネジャーやリーダーはエンパワリング・リーダーシップを取るようになる

**仮説 7 ：** タスクが非定型的であるほど，マネジャーやリーダーはエンパワリング・リーダーシップを取るようになる

**仮説 8 ：** タスクが依存的であるほど，マネジャーやリーダーはエンパワリング・リーダーシップを取るようになる

**仮説 9 ：** マネジャーやリーダーがエンパワリング・リーダーシップを取るほど，従業員は心理的にエンパワーするようになる

**仮説10：** マネジャーやリーダーによるエンパワリング・リーダーシップは，従業員の心理的エンパワーメントを通じて，従業員の革新的行動を高める

**仮説11：** マネジャーやリーダーによるエンパワリング・リーダーシップは，従

業員の心理的エンパワーメントを通じて，従業員の能力発揮を高める

## 2．各仮説の背景とその内容

以下では，これらの仮説について，説明を加えていくことにしよう。

### （1）仮説1，2，3について

Sharma&Kirkman（2015）の研究，Heller（1973）の研究，リーダーシップのコンティンジェンシー理論の研究を見ると，マネジャーやリーダー自身の持つ特徴なり特性によって，そのマネジャーやリーダーがエンパワリング・リーダーシップを取るかどうか影響を受けるということが理解できた。これは，理論の世界にとどまらず，日常観察できることでもあろう。しかし，ここで問題となるのは，マネジャーやリーダーの特徴の中で具体的にどのような特徴が，エンパワリング・リーダーシップとより関係するかということである。

Sharma&Kirkman（2015）が，マネジャーやリーダーの特徴として具体的に取り上げたのは，Hofsted（1980）[16]を参考にした次の4つであった。

① マネジャーやリーダーの権力格差への姿勢

制度や組織の中で不平等なパワー配分を喜んで受け入れる姿勢のこと

② マネジャーやリーダーの不確実性回避への姿勢

不確実で曖昧な状況を回避したがる姿勢のこと

③ マネジャーやリーダーのコレクティビズムの姿勢

リーダーが自分より家族やグループ，組織の幸福に重きを置く姿勢のこと

④ マネジャーやリーダーのナルシシズム

リーダーが過大な自尊心を持ち，共感能力が欠如していること

また，エンパワリング・リーダーシップではないものの，IPC（Influence-Power Continuum）と呼ばれる連続体上に位置づけられる5つのリーダーシップ・スタイルに影響を与えるマネジャーやリーダーに関わる具体的要因として，

---

16 Hofsted（1980）は，文化の次元として，①権力の格差，②不確実性の回避，③個人主義化，④男性化の4つの次元を取り上げていた。

Heller（1973）は次の5つを取り上げた。

①　リーダーの年齢
②　リーダーの経験
③　リーダーのスキル
④　リーダーの態度
⑤　リーダーの価値

　しかし，本研究では，Sharma&Kirkman（2015）やHeller（1973）とは異なる視点で，マネジャーやリーダーの具体的な特徴を取り上げることにした。こうした異なる視点で，マネジャーやリーダーの具体的特徴を取り上げてみたのは，本研究が最終的なエンパワリング・リーダーシップの成果として，従業員の革新的行動を考えたからである。また，様々な研究をサーベイすると，エンパワリング・リーダーシップの先行要因として取り上げられるべきものが，まだ取り上げられていないと感じたからである。そこで本研究では，次のような要因に注目した。

①　マネジャーやリーダーの仕事の量的負担
②　マネジャーやリーダーの仕事の質的負担
③　マネジャーやリーダーのプロアクティブ性向

　この3つの具体的な要因のうち，仕事の量的負担と質的負担を取り上げたのは，マネジャーやリーダーのストレッサが，マネジャーやリーダー自らのリーダーシップ・スタイルに影響を与えると考えたからである。また，仕事の負担を一括りにせず，量的負担と質的負担の2つに分けたのは，職業性ストレス簡易調査票を参考にしたためである。そして，マネジャーやリーダーのプロアクティブ性向を取り上げたのは，これが，マネジャーやリーダーのリーダーシップ・スタイルに影響を与え，ひいては従業員の革新的行動に影響を与えると考えたからである[17]。
　仮説1や仮説2が示すように，マネジャーやリーダーが，量的にも質的にも仕事の負担を感じると，自らの負担を減らすために，エンパワリング・リーダーシップというスタイルを取るだろうと考えた。また，仮説3が示すように，

146

マネジャーやリーダーが「環境に働きかけ，その環境を変化させようとする」プロアクティブなパーソナリティーであるほど，従業員の意見を取り入れる傾向が高まり，やはりエンパワリング・リーダーシップというスタイルを取ると考えた。

## （2）仮説4，5，6について

ここで問題となるのは，マネジャーやリーダーの特徴と同様に，具体的にどのような従業員の特徴を取り上げるかということである。例えば，Sharma&Kirkman（2015）は，従業員の具体的な特徴として，次の2つを取り上げていた[18]。

① マネジャー・リーダーと従業員間のLMX（Leader-Member Exchange）
② 従業員のプロアクティブ性向

本研究では，こうしたSharma&Kirkman(2015)の研究やリーダーシップのコンティンジェンシー理論を参考にし，次の3つの具体的要因に着目してみた。

① 従業員の仕事の熟達度
② 従業員の心理的成熟度
③ 従業員のプロアクティブ性向

このうち，①の従業員の仕事の熟達度と②の従業員の心理的成熟度に示される従業員の成熟度に着目したのは，これがしばしばリーダーシップのコンティンジェンシー理論でも取り上げられる要因だったからである

---

17 このプロアクティブ性向とは，「個人の環境に働きかけ変化させようとする傾向」のことであり，これは明らかにマネジャーやリーダー自身のリーダーシップ・スタイルを決めていくことになるであろうし，組織内の様々なイノベーションを加速させることになるであろう。
18 マネジャー・リーダーと従業員の間で，質の高い交換関係が生じれば，両者に信頼関係が生まれ，マネジャーやリーダーは従業員に仕事を任せるようなエンパワリング・リーダーシップスタイルを取るようになるであろう。また，従業員が環境に働きかけ，それを変化させようとする傾向を持つようであれば，マネジャーやリーダーもその傾向に影響を受け，エンパワリング・リーダーシップというスタイルを取ることも十分考えられるであろう。

(Hersey&Blanchard, 1977：Blanchard, 2007)。また，部下のプロアクティブ性向を取り上げたのは，企業の持続的競争優位の獲得・維持を追求している本研究の立場からすれば，部下に不可欠なパーソナリティー傾向と考えたためである。

　仮説4と仮説5が示すように，従業員の仕事の熟達度が高い時は，マネジャーやリーダーはこうした従業員に安心して仕事を任せやすいため，マネジャーやリーダーはエンパワリング・リーダーシップというスタイルを取るだろうと考えた。さらに，仮説6が示すように，従業員自身がプロアクティブなパーソナリティーの持ち主であれば，マネジャーやリーダーも，その従業員に自律性を持たせようとするため，やはりエンパワリング・リーダーシップというスタイルを取るだろうと予測した。


## （3）仮説7, 8について

　本研究では，タスクの特徴も上司がエンパワリング・リーダーシップというスタイルを取るかどうかに影響を与えると考えた。そこで，本研究では，金井(1991)を参考にしながら，タスクの特徴を次の2次元から捉えることにした。

　① 　タスク不確実性
　② 　タスク依存性


　Hackman&Lawler(1971)やHackman&Oldham(1980)の職務特性モデルが示すように，タスクの特徴をいくつかの次元（①技能多様性，②タスク完結性，③タスク重要性，④自律性，⑤フィードバック）から捉えることも可能であろう。しかし，本研究では，金井が示すようなタスク不確実性とタスク依存性の2つの次元から構成されると考えた[19]。

　仮説7が示すように，タスクが非定型的であると，マネジャーやリーダーも，何をすべきかわからないことがあるため，従業員と相談して仕事を進め，従業員に仕事を任せざるをえなくなる。このため，タスクが非定型的になると，マ

---

[19]　この2つの次元のうち，タスク不確実性とは，職務担当者の職務範囲が，どの程度明確に定義されているかを示すものである。また，タスク依存性とは，職務担当者の職務がどの程度，他部門や社外との協力が必要になり，遂行されるかを示すものである。

ネジャーやリーダーは，エンパワリング・リーダーシップというスタイルを取ると考えられる。

　また，仮説8が示すように，他部門や社外との協力がますます必要になるタスク依存性の高い状態であれば，マネジャーやリーダーは1人でタスクを遂行するのは難しく，従業員にタスクを任せざるをえなくなり，やはりエンパワリング・リーダーシップというスタイルを取らざるをえなくなると考えられる。

### （4）仮説9について

　マネジャーやリーダーがエンパワリング・リーダーシップを取ると，従業員は心理的にエンパワーするだろうと予測したのが，この仮説9である。マネジャーやリーダーによるエンパワリング・リーダーシップと従業員の心理的エンパワーメントとの関係性を予測する上では，1990年に発表されたThomas&Velthouse(1990)の研究，さらには2000年に発表されたThomas(2000)の研究を参考にした[20]。1990年に発表されたThomas&Velthouse(1990)の研究からは，心理的エンパワーメントそのものの重要性と心理的エンパワーメントを高める環境要因の指摘があり，仮説9の内容の基礎的な考え方が提供された。また，2000年に発表されたThomas(2000)の研究からは，エンパワリング・リーダーシップの具体的行動や心理的エンパワーメントの具体的内容が提示された。

　様々な環境要因のうちリーダーシップに注目し，リーダーシップと心理的エンパワーメントとの関係について詳細な分析枠組みを作ったのが，2000年のThomas(2000)の研究であった。そして，2000年以降になると，リーダーシップのうち，エンパワリング・リーダーシップがもたらす効果を分析する研究も登場するようになり，この中で心理的エンパワーメントを媒介変数として組み入れる研究も発表されるようになってきた。

---

20　Thomas,K.W.&Velthouse,B.A.(1990) Cognitive Elements of Empowerment : An Interpretive Model of Intrinsic Task Motivation, *Academy of Management Review*,15 (4),pp.666-681.
　　Thomas,K.W.(2000)*Intrinsic Motivation at Work : Building Energy&Commitment*, Berrett-Koehler Publishers.

（5）仮説10について

　従業員が心理的にエンパワーすることによって，従業員はより革新的行動を取るようになるだろうと予測したのが，仮説10である。従業員の経営革新行動を従属変数として取り上げたのは，今日の企業が，持続的な競争優位性を獲得・維持するためには，継続的な新製品・新事業の創出が不可欠であり，その基礎として従業員の経営革新行動が不可欠だと考えたからである。

　また，従業員の経営革新行動を高める要因として心理的エンパワーメントに注目したのは，こうした部下の特定の心理的状態が，部下の活動性や集中力，創意工夫，回復力，柔軟性を高めるとThomas&Velthouse(1990)が指摘していたからである。さらに，Amabile(1997)も，心理的エンパワーメントという言葉は使わなかったものの，類似したコンセプトである内発的動機づけにより，人間の創造性は高まることを指摘していた。そして，エンパワリング・リーダーシップは，この心理的エンパワーメントを通じて，間接的に従業員の革新的行動に影響を与えるとしたのが，この仮説10である。

（6）仮説11について

　従業員が心理的にエンパワーすることにより，従業員の能力がより発揮されるだろうと予測したのが，仮説11である。従業員が心理的にエンパワーされることにより，従業員が革新的行動をより取るだろうと予測した仮説10は，主に文献をサーベイし導き出した仮説であるが，仮説11は主に現場のマネジャーをヒアリングし，その声を反映させ導き出した仮説であった。現場のマネジャーをヒアリングすると，従業員の能力の見極めやこの能力の引き出し方への関心がとても高いことに気づく。仮説11は，こうしたマネジャーの声を反映させたものであった。そして，仮説10と同様に，エンパワリング・リーダーシップは，直接的に従業員の能力発揮へ影響を与えるのではなく，心理的エンパワーメントを通じて，間接的に影響を与えるとしたのが，この仮説11である。

# Ⅵ　まとめ

　本章では，前章までに行なってきたエンパワリング・リーダーシップの文献

　サーベイ，また，日本企業のエンパワリング・リーダーシップの現状にもとづ
いて，本書での分析枠組みを提示した。本書の分析枠組みは，マネジャーや
リーダーが，何故エンパワリング・リーダーシップというスタイルを取るのか
を説明した前半部分と，マネジャーやリーダーによるエンパワリング・リー
ダーシップがどういうプロセスを経て，従業員の革新的行動や能力発揮を促す
のかを説明する分析枠組みの後半部分との2つに分かれた。

　分析枠組みの前半部分である，なぜマネジャーやリーダーはエンパワリン
グ・リーダーシップというスタイルを取るのかを説明するにあたっては，3つ
の先行要因（①マネジャーやリーダーの特徴，②従業員の特徴，③タスクの特
徴）を導入して，説明を試みた。また，マネジャーやリーダーによるエンパワ
リング・リーダーシップが，どういうプロセスを経て，従業員の革新的行動や
能力発揮を促すのかを説明するに際しては，心理的エンパワーメントという媒
介変数を導入し，その説明を試みた。そして，こうした分析枠組みに基づいて
導出したのが11の仮説であり，各仮説の内容と各仮説が何故導入されたのか，
その背景についても述べてみた。

# 第8章

# 調査の方法

　本書では，導出した仮説を検証するために，アンケート調査を実施した。

　本章では，このアンケート調査の概要を述べ，アンケート調査票で用いられる質問項目や最終的に検証で用いられる質問項目の内容についても述べた。

## I　調査方法

　アンケート調査は，2016年1月より実施し，2016年2月末で終了した。アンケート調査票は，協力を得られた製造企業A社の製造部門に勤務する従業員に，担当者を通じて配布され，アンケート終了後，A社製造部門の特定場所で回収された。アンケート調査票は，製造企業A社に勤務する従業員に対して633枚配布され，最終的には532枚が回収された。このうち欠損値のあるアンケート調査票を除き（ただし性別，年齢等の属性で欠損値のある調査票は分析対象とした），427枚のアンケート調査票を分析対象とした。

　この427枚のアンケート調査票の回答者の属性を見ると，全体の80.8%，344人が男性であり，女性の回答者は，全体の19.2%，82人であった（性別は426名が回答した）。また，回答者を年齢別に見ると，36〜45歳がもっとも多く，全体の29.6%，125人であった。続いて多いのは，26〜35歳で，全体の27.7%，117人であり，さらに25歳以下で，全体の19.7%，83人と続いた（年齢は422名が回答した）。

さらに，アンケート調査票の回答者を，勤続年数から見ると，6〜15年の回答者がもっとも多く，全体の32.8％，136人，続いて，16〜25年の回答者が全体の28％，116人で，さらに5年以下の回答者が全体の20.5％，85人と続いた（勤続年数は415名が回答した）。また，アンケート調査票の回答者が，どの部門に属しているのかを見ると，製造・生産部門が全体の53.7％，224人ともっとも多く，続いて技術部門が全体の17.5％，73人となった（職能は417名が回答した）。このアンケート調査の実施場所が，製造企業A社の主力工場で行なわれたため，回答者の所属部門が，製造・生産部門，技術部門にかたよるのは，いたしかたないことであろう。

# Ⅱ　質問項目

分析枠組みの前半では，マネジャーの特徴，従業員の特徴，タスクの特徴という3つの要因が，エンパワリング・リーダーシップに影響を与えるであろうという仮説を立ててみたが，これらの諸要因を，いかなる質問項目を用いて，測定していったのかを述べてみよう。

## 1．先行要因の測定について

まずは，エンパワリング・リーダーシップの先行要因となるマネジャーの特徴，従業員の特徴，タスクの特徴をどのような質問項目を用いて，測定したのかを述べてみたい。

### （1）マネジャーの特徴の測定について

マネジャーの特徴と言っても，多様な内容が含まれるが，本研究では先行研究等を参考にして，マネジャーのプロアクティブ性向，マネジャーの仕事の量的負担，マネジャーの仕事の質的負担という3つの内容について注目した。

このうち，「個人の環境に働きかけ変化させようとする行動傾向」を示すプロアクティブ性向は，高石(2013)を参考にして，6つの質問項目で測定してみることにした。高石は，Bateman&Crant(1993)が用いたプロアクティブ性向を測定するための17の質問項目から，6つの質問項目を選択し，プロアクティ

ブ性向を測定した。本研究でも，この高石(2013)の用いた 6 つの質問項目を用
い，プロアクティブ性向を測定してみた。

　また，マネジャーの仕事の量的負担，マネジャーの仕事の質的負担は，職業
性ストレス簡易調査票[1]で用いられた質問項目を用い，測定した。職業性スト
レス簡易調査票は，NIOSH(National Institute for Occupational Safety and
Health)職業ストレスモデルを実証的に検討しでき上がったものであり，マネ
ジャーの仕事の量的負担は 3 つの質問項目，マネジャーの仕事の質的負担も 3
つの質問項目を用い測定していた。本研究でも，この職業性ストレス簡易調査
票で用いられている質問項目を用い，マネジャーの仕事の量的負担，マネ
ジャーの仕事の質的負担を測定した。

### （2）従業員の特徴の測定について

　従業員の特徴も，マネジャーの特徴と同様に，多様な側面があるが，本研究
では，従業員のプロアクティブ性向と従業員の成熟度という 2 つの側面に注目
した。従業員のプロアクティブ性向の測定にあたっては，マネジャーのプロア
クティブ性向の測定と同様に，高石(2013)を参考にして，6 項目の質問項目を
用いた。

　また，従業員の成熟度の測定にあたっては，杉浦(2001)の研究を主に参考に
して，いくつかの質問項目を用いた。成熟度に関しては，その内容が多岐にわ
たるところから，一部は，筆者が独自に作成した質問項目を加え，測定を試み
た。本研究では，従業員の成熟度を仕事の熟達度と心理的成熟度の 2 つの視点
から捉え，仕事の熟達度を測定するための質問項目は，筆者が独自に作成した
3 つの質問項目を用い，心理的成熟度を測定するための質問項目は，杉浦
(2001)の研究を参考にして 9 つの質問項目を用いた。

---

1　この職業性ストレス簡易調査票は，NIOSH(National Institute for Occupational Safety
　and Health)職業ストレスモデルを実証的に検討し，仕事の量的負担，仕事の質的負担，
　身体的負担などの17項目を用いて，ストレスを調査するものである。本研究では，この17
　項目のうちの仕事の量的負担に関する質問項目と仕事の質的負担に関する質問項目を用い
　た。

（3）タスクの特徴の測定について

　タスクの特徴は，金井(1991)を参考にして，タスク不確実性とタスク依存性
の2つの側面から捉えた。そして，金井(1991)さらに蜂屋(1999)を参考にして，
タスク不確実性を測定するための質問項目は4つ，タスク依存性を測定するた
めの質問項目は2つ用意した。

## 2．媒介要因の測定について

　分析枠組みに示すように，これら3つの先行要因は，マネジャーのリーダー
シップ行動（エンパワリング・リーダーシップ）に影響を与え，さらには従業
員の特定の心理的状態である心理的エンパワーメントに影響を与えることにな
る。

　このマネジャーのリーダーシップ行動（エンパワリング・リーダーシップ）
や従業員の心理的エンパワーメントは，分析枠組み全体から見れば，媒介変数
として位置づけられるだろう。以下では，この媒介変数として位置づけられる
マネジャーのリーダーシップ行動であるエンパワリング・リーダーシップと心
理的エンパワーメントが，本研究では，どのように測定されたのかを述べてい
くことにしよう。

（1）エンパワリング・リーダーシップの測定について

　エンパワリング・リーダーシップの測定の試みも，わずかながら行なわれて
きており，Arnold et al.(2000)の研究成果やAhearne, Mathieu&Rapp(2005)の
研究成果などが[2]，エンパワリング・リーダーシップの実証研究において用いら
れることが多くなってきた。

　特に，Arnold et al.(2000)によるエンパワリング・リーダーシップ測定の試
みは，数多くの研究で引用され，エンパワリング・リーダーシップを5つの次
元（①例を示しリードする，②参加的意思決定，③コーチング，④インフォー
ミング，⑤関心を示す）から捉え，いくつかの質問項目を用いて測定を試みて

---

2　Arnold et al.(2000)とAhearne, Mathieu&Rapp(2005)の開発した測定尺度がもっとも多く
　用いられているが，Kirkman&Rosen(1999)の開発した測定尺度などが用いられることもあ
　る。

いた。本研究でも，こうしたArnold et al.(2000)の測定尺度は参考にする一方，Thomas(2000, 2009)の考え方をベースにして独自の測定尺度を作り，測定を試みた。

　Thomasは，2000年になると，従業員のセルフマネジメントのプロセスを明らかにするとともに，それと従業員の心理的エンパワーメントとの関係を明らかにするようになった。こうした研究の成果から，エンパワリング・リーダーシップの次元として抽出されたのが，①従業員の有意味感を高める行動，②従業員の自己決定感を高める行動，③従業員のコンピタンスを高める行動，④従業員の進歩感を高める行動の４つであった。

　本研究でも，このThomas(2000, 2009)によるエンパワリング・リーダーシップの捉え方を参考にして，それが，①従業員の有意味感を高める行動，②従業員の自己決定感を高める行動，③従業員のコンピタンスを高める行動，④従業員の進歩感を高める行動の４つの下位概念から構成されるものと想定した。そして，この４つの下位概念を測定するための質問項目を，いくつかの文献を参考にしながら設けた。

　この４つの下位概念を測定するための質問項目を設けるにあたっては，概念ごとに参考とする文献は微妙に異なっているが，全体的には，Thomas(2000, 2009)の研究，Arnold et al.(2000)の研究，Simons(1995)の研究，Lips-Wiersma&Morris(2009)の研究，松尾(2014)の研究，中原(2010, 2012)の研究を参考にして，質問項目を設けた。その結果，従業員の有意味感を高める行動を測定する質問項目としては９つ，従業員の自己決定感を高める行動を測定する質問項目としては10，従業員のコンピタンスを高める行動を測定する質問項目としては11，従業員の進歩感を高める行動を測定する質問項目としては６つを設けてみた[3]。

---

3　コンピタンスを高める行動の質問項目を作成するにあたっては，主に中原(2010,2012)の研究を参考にした。また，有意味感を高める行動の質問項目を作成するにあたっては，Lips-Wiersma&Morris(2009)の研究を主に参考にした。さらに，自己決定感を高める行動の質問項目を作成するにあたっては，Arnold et al.(2000)の研究や中原(2010,2012)の研究，Simons(1995)の研究を主に参考にした。そして，進歩感を高める行動を測定するための質問項目は，Thomas(2000, 2009)の研究や松尾(2014)の研究を参考にした。

（2）心理的エンパワーメントの測定について

　1980年代後半，心理的エンパワーメントというコンセプトが登場し，これを測定するための次元として，当初，自己効力感というものが用いられた（Conger&Kanungo, 1988）。その後，心理的エンパワーメントというコンセプトは，複数の次元で捉えられるようになり，例えば，Thomas&Velthouse（1990）は，影響感，コンピタンス，有意味感，選択感という4つの次元から，また，Spreitzer（1995）も同じように，有意味感，コンピタンス，自己決定感，影響感という4つの次元から心理的エンパワーメントを捉えるようになってきた。そして，これら各次元に対して，質問項目が設けられ，心理的エンパワーメントの測定の試みがなされた。

　本研究でも，Thomas&Velthouse（1990）の研究やSpreitzer（1995）の研究のように，心理的エンパワーメントを4つの次元から捉えてみたが，最近のThomas（2000, 2009）の研究を参考にして，次の4つの次元から心理的エンパワーメントを捉えた。

①　従業員が自分の存在や自分のやっていることに，どの程度意味を感じているか，つまり「有意味感」をどの程度持っているかという次元

②　従業員が，意味ある目標を達成するための手段や方法を，どの程度自分で選んだかという感覚を持っているか，つまり「自己決定感」をどの程度持っているかという次元

③　従業員が自分で選んだ手段や方法を実行できる能力・スキルを，どの程度持っているか，つまり「コンピタンス」をどの程度持っているかという次元

④　従業員がそれ相応のコンピタンスを持ち，自分で選んだ手段や方法を，どの程度きちんと実行できているか，つまり「進歩感」をどの程度持っているかという次元

　かつてのThomas&Velthouse（1990）の研究やSpreitzer（1995）の研究のように，また本研究が参考にした最近のThomas（2000, 2009）の研究も，心理的エンパワーメントを4つの次元から把握していることは共通しているが，最近の

Thomasの研究に示されるように「進歩感」という新しい次元を示している点
では，相違点もあった。

　これら4つの次元を測定するための質問項目は，Thomas, Walter&Tymon
(2009)の研究[4]から引用した。その結果，「有意味感」を測定する質問項目とし
て5つ，「自己決定感」を測定する質問項目として5つ，「コンピタンス」を測
定する質問項目として5つ，そして「進歩感」を測定する質問項目として5つ
を設けてみた。

## 3. 結果要因の測定について

### (1) 革新的行動の測定について

　本研究では，従属変数（結果要因）として従業員の革新的行動と従業員の能
力発揮という2つの変数を取り上げた。この2つの従属変数のうち，まずは，
従業員の革新的行動をどのような質問項目を用いて測定したのかを述べていく
ことにしよう。

　本研究では，従業員の革新的行動を測定する際の質問項目を高石(2013)の研
究から引用し，用いることにした。高石は，従業員の経営革新行動を「組織の
新製品や新生産方式の開発，または新規市場の開拓などの経営革新の推進に寄
与する行動」と定義し，それが4つの次元から構成されることを指摘した。本
研究では，この高石(2013)の研究内容をそのまま引用し，4つの次元各々を測
定するための質問項目も，そのまま引用することにした。

　ちなみに，高石が経営革新行動の次元として取り上げたのは次の4つである。
①　問題発見と解決行動に関する次元
　　成員の現状の職務や職場に対する問題意識と改善や改革への行動
②　重要情報収集行動に関する次元
　　経営革新へのきっかけや推進に重要な情報を社内外で収集する行動
③　顧客優先行動に関する次元
　　顧客への満足を最優先する行動

---

4　このThomas, Walter&Tymon (2009)の文献では，マネジャー自身が自らの心理的エンパ
　ワーメントの度合いを自己判定するための質問項目が24用意されており，この中から20の
　質問項目を引用した。

④　発案と提案行動

　　周囲や組織の上層部に対して，発案・提案する行動

　このうち，①の問題発見と解決行動を測定するために設けたのが4つの質問項目であった。また，②の重要情報収集行動を測定するために設けた質問項目が4つ，③の顧客優先行動を測定するために設けた質問項目が4つ，さらに，④の発案と提案行動を測定するために設けた質問項目が4つであった。

## （2）能力発揮の測定について

　従業員の革新的行動とともに，もう1つの従属変数として本研究で取り上げたのが，従業員の能力発揮である。この能力発揮についても，どのような質問項目を用いて測定を試みたのかを述べてみたい。

　この能力発揮を測定する際に用いる質問項目を考える上では，そもそも「能力」をどのように捉えるかが問題となる。そこで，本研究では，「能力」を捉える上で，大久保(2010)の考え方を参考にして，その概要を捉えることにした。また，具体的な質問項目を考える上では，本村・川口(2013)や中原(2010)の文献を参考にしてみた[5]。

　本研究では，「能力」を「対人能力」「対自己能力」「対課題能力」そして「専門力」の4つの次元から捉えることにした。これは，大久保(2010)が職業能力の構造を明らかにするにあたって基礎力と専門力の大きく2つに能力を分け，さらに基礎力を「対人能力」「対自己能力」「対課題力」「処理力」「思考力」の5つの能力に分類している方法を参考にしたためである。

　また，本研究で4つの次元から構成される能力を測定するために用いる具体的な質問項目は，大久保(2010)の研究，本村・川口(2013)の研究，中原(2010)の研究を参考にして，表現の仕方等を変更し，筆者自身で作成した。質問項目を作成するにあたって参考にした文献には，「能力」や「コンピテンシー」そ

5　大久保(2010)の文献に示されている能力の構造の捉え方を参考にし，能力を基礎力と専門力に分けて捉えた。本研究では，基礎力のうち環境と相互作用できる力を示すコンピテンシーに注目するとともに，専門力にも注目した。また，具体的な質問項目を作成するにあたっては，本村・川口(2013)によって行なわれた看護管理者のコンピテンシー評価尺度の因子分析結果を参考にした。さらに，中原(2010)の文献の中の第3章職場における能力向上で示された各質問項目の記述統計量も参考にした。

のものを測定するために設けた質問項目が示されているが，それは「能力発揮」を測定するために設けられた質問項目ではない。そこで，大久保（2010）の研究や本村・川口（2013）の研究，中原（2010）の研究に示されている質問項目の表現の仕方を変えざるをえないし，筆者自身がオリジナルに質問項目を作らざるを得ないこともあった。この結果，本研究では「対人能力」の発揮を測定する質問項目を4つ，「対自己能力」の発揮を測定する質問項目を3つ，「対課題能力」の発揮を測定する質問項目を4つ，そして「専門力」の発揮を測定する質問項目を5つ設けることにした。

# Ⅲ　結　果

## 1．エンパワリング・リーダーシップの先行要因に関する構造

　エンパワリング・リーダーシップの各先行要因に関わる質問項目間が，どのような構造になっているかを明らかにするために，各先行要因で探索的因子分析を行なった。先行要因を測定するために用意した36の項目がどのような構造になっているかを明らかにするために行なった分析が，探索的因子分析である。

### （1）先行要因の全体的な構造
　すでに述べてきたように，エンパワリング・リーダーシップの先行要因として注目したのが，マネジャーの特徴，従業員の特徴，そしてタスクの特徴であった。このうち，マネジャーの特徴を測定するために設けたのが12の質問項目（このうちマネジャーのプロアクティブ性向を測定するために用意したのが6つの質問項目，マネジャーの仕事の量的負担を測定するために用意したのが3つの質問項目，マネジャーの仕事の質的負担を測定するために用意したのが3つの質問項目），従業員の特徴を測定するために設けたのが18の質問項目（このうち従業員のプロアクティブ性向を測定するために用意したのが6つの質問項目，従業員の仕事の熟達度を測定するために用意したのが3つの質問項目，従業員の心理的成熟度を測定するために用意したのが9つの質問項目），タスクの特徴を測定するために設けたのが6つの質問項目（このうちタスク不

確実性を測定するために用意したのが4つの質問項目，タスク依存性を測定するために用意したのが2つの質問項目）であった。

　そして，探索的因子分析の結果，マネジャーの特徴では2つの因子（固有値1.0以上，累積寄与率57.80%）が，従業員の特徴では5つの因子（固有値1.0以上，累積寄与率59.448%）が抽出された。また，タスクの特徴については，2つの因子（固有値1.0以上，累積寄与率66.379%）が抽出された。

## （2）マネジャーの特徴の構造

　マネジャーの特徴は，マネジャーのプロアクティブ性向，マネジャーの仕事の質的負担，マネジャーの仕事の量的負担の3つの次元から捉えられると想定したが，分析を行なってみると，2つの因子しか抽出できず，第一因子としては，マネジャーのプロアクティブ性向と考えられる因子，また第二因子としてはマネジャーの仕事の量的負担と考えられる因子の2つの因子が抽出された。マネジャーの仕事の質的な負担という因子は抽出できなかった。

　この2つの因子に対して，尺度の信頼性の検討を行なうために信頼性係数（クロンバックの$\alpha$係数）を算出してみたが，マネジャーのプロアクティブ性向は.872，マネジャーの仕事の量的負担は.743と十分高い値を示していた。マネジャーの仕事の量的負担を測定できると考えられる因子分析の結果，抽出された3つの質問項目のうち，問1（9）「マネジャーは，時間内に仕事を処理しきれていない」という項目を削除すると，逆に$\alpha$係数の値が高くなるため，問1（9）の質問項目を削除することにした。

　この結果，マネジャーの特徴はマネジャーのプロアクティブ性向とマネジャーの仕事の量的負担の2つの次元から構成され，マネジャーのプロアクティブ性向（5項目），マネジャーの仕事の量的負担（2項目）の尺度を用いて，測定することが妥当であることがわかった。**表8-1**では，このマネジャーの特徴を測定するために使用した質問項目と因子負荷量を示してみた。

▶ 表8-1　　マネジャーの特徴の測定のために使用した質問項目と因子負荷量

| 質問項目 | 因子負荷量 |
|---|---|
| **１．プロアクティブ性向（α＝.872）** | |
| 上司は，おかしいと思うことがあればすぐに修正する方である | .863 |
| 上司は，可能性がどうであろうとも，こうと思えばやり遂げる方である | .788 |
| 上司は，もっと良いやり方がないかいつも考えている | .788 |
| 上司は，何かアイディアが浮かぶと，それを実行に移さずにいられない | .636 |
| 上司は，チャンスを見出すのが得意だ | .664 |
| **２．仕事の量的負担（α＝.743）** | |
| 上司は，たくさんの仕事をしなければならない状態である | .831 |
| 上司は，一所懸命働かなければならない状態である | .834 |

注）括弧内は，信頼性係数（クロンバックのα係数）を示す。

## （3）従業員の特徴の構造

　また，従業員の特徴は，従業員のプロアクティブ性向，従業員の仕事の熟達度，従業員の心理的成熟度の３つの次元から捉えられると想定したが，探索的因子分析を行なってみると，５つの因子が抽出された。このうち，第一因子は，従業員のプロアクティブ性向と考えられる因子，第二因子は従業員の仕事の熟達度と考えられる因子，また第三因子は従業員の心理的成熟度と考えられる因子が抽出された。第四因子については，当初，心理的成熟度に関わる質問項目と想定した３つの質問項目から構成されており，この因子を「仕事への向かい方」と命名した。さらに第五因子は，「周りの人から反対されようと，自分の考えを貫く方である」という１つの質問項目から構成されていた。

　この５つの因子に対して，尺度の信頼性の検討を行なうために，信頼性係数（クロンバックのα係数）を算出してみたが，従業員のプロアクティブ性向は.704，仕事の熟達度は.814，心理的成熟度は.762，仕事への向かい方は.648であった。５番目の因子は，１つの質問項目から構成されているので，信頼性係数は算出できなかった。これにより，第四因子である仕事への向かい方とされる因子（３つの質問項目）は，信頼性係数が低いことから削除し，さらに第五因子も１つの質問項目から構成されていたので削除した。

　この結果，従業員の特徴は，従業員のプロアクティブ性向，従業員の仕事の熟達度，従業員の心理的成熟度の３つの次元から構成され，従業員のプロアク

| 表 8 − 2 | 従業員（部下）の特徴の測定のために使用した質問項目と因子負荷量 |
|---|---|

| 質問項目 | 因子負荷量 |
|---|---|
| **１．プロアクティブ性向（α＝.704）** | |
| あなたは，おかしいと思うことがあればすぐに修正する方である | .863 |
| あなたは，もっと良いやり方がないかいつも考えている | .788 |
| あなたは，何かアイディアが浮かぶと，それを実行に移さずにいられない | .636 |
| **２．仕事の熟達度（α＝.814）** | |
| あなたは，職場の仕事を遂行する上で，必要な知識・スキル・ノウハウを沢山持っている | .660 |
| あなたは，職場の仕事を遂行する上で，必要な知識・スキル・ノウハウに関して，他の人から質問されることが多い | .867 |
| あなたは，職場で他の人からアドバイスを受けるより，他の人へアドバイスを与えることが多い | .732 |
| **３．心理的成熟度（.762）** | |
| あなたは，自分の能力を正確に把握できている | .787 |
| あなたは，自分の長所や短所を理解している | .805 |
| あなたは，自分を客観的に見ることができる | .599 |

注）括弧内は，信頼性係数（クロンバックの α 係数）を示す。

ティブ性向（3項目），従業員の仕事の熟達度（3項目），従業員の心理的成熟度（3項目）の各尺度を用いて，測定することが妥当であることがわかった。**表 8 − 2**では，この従業員の特徴を測定するために使用した質問項目と因子負荷量を示してみた。

### （4）タスクの特徴の構造

　タスクの特徴は，タスク不確実性とタスク依存性の2つの次元から捉えられると想定したが，探索的因子分析を行なってみると，想定したように2つの因子が抽出された。しかし，この2つの因子に対して，尺度の信頼性の検討を行なうために信頼性係数（クロンバックの α 係数）を算出してみると，タスクの不確実性は.841と高い値を示したが，タスクの依存性は.621と低い値であった。このため，タスクの特徴は，タスクの不確実性のみの尺度を用いて測定することが妥当であるとわかった。**表 8 − 3**では，このタスクの特徴を測定するために使用した質問項目と因子負荷量を示した。

> 表8-3　　タスクの測定のために使用した質問項目と因子負荷量

| 質問項目 | 因子負荷量 |
|---|---|
| タスク不確実性（α＝.841） | |
| あなたの仕事内容は，毎日決まっており，手順通りに行なうことが大切である | .963 |
| あなたの仕事上の問題を解決する方法，手順は，あらかじめ決められている | .759 |

注）括弧内は，信頼性係数（クロンバックのα係数）を示す。

## 2．エンパワリング・リーダーシップの構造

　次に，エンパワリング・リーダーシップそのものを測定する質問項目間の構造を明らかにしていくことにしよう。ここでも，探索的因子分析を行ない，質問項目間の構造を明らかにしていくことにしたい。

　エンパワリング・リーダーシップを測定するための尺度作りは，一部の研究者によって実施されてきたが，本研究では，大きな枠組みはThomas（2000, 2009）の研究を参考にして，具体的な質問項目については，様々な文献を参考にし，尺度作りを試みた。エンパワリング・リーダーシップは，Thomas（2000, 2009）を参考にすると，従業員の有意味感を高める行動，従業員の自己決定感を高める行動，従業員のコンピタンスを高める行動，従業員の進歩感を高める行動の4つの次元から構成されると想定された。そして，従業員の有意味感を高める行動を測定するための質問項目を9つ，従業員の自己決定感を高める行動を測定するための質問項目を10，従業員のコンピタンスを高める行動を測定するための質問項目を11，さらに従業員の進歩感を高める行動を測定するための質問項目を6つ，用意した。

　このエンパワリング・リーダーシップを測定するために用意された合計36の質問項目の項目間の構造がどのようになっているのかを明らかにするために，探索的因子分析（最尤法，プロマックス回転）を行なった。その結果，5つの因子が抽出され，当初想定していた因子よりも1つ多い因子が抽出された。この5つの因子のうち，第一因子は従業員の進歩感を高める行動と解釈され，第二因子は従業員の有意味感を高める行動と解釈された。さらに，第三因子は従業員へのオープンな行動，第四因子は従業員の自己決定感を高める行動，第五因子は従業員のコンピタンスを高める行動と解釈された。このように，因子分

析の結果では，5つの因子が抽出され，各因子の意味も当初想定していたエンパワリング・リーダーシップの4つの次元に対応するものがある一方，オープンな行動という新たな次元も見出された。

　また，この5つの各々の尺度についての信頼性を検討するために，信頼性係数（クロンバックの α 係数）を算出してみた。その結果，従業員の進歩感を高める行動は.939，従業員の有意味感を高める行動は.950，従業員へのオープンな行動は.878，さらに従業員の自己決定感を高める行動は.850，従業員のコンピタンスを高める行動は.879となった。いずれの信頼性係数とも，十分にその値は高く，いずれも尺度の信頼性があると判断された。

　結局，因子分析の結果や信頼性係数算出の結果から，従業員の進歩感を高める行動については7つの質問項目，従業員の有意味感を高める行動については7つの質問項目，従業員へのオープンな行動については4つの質問項目，そして従業員の自己決定感を高める行動については3つの質問項目，従業員のコンピタンスを高める行動については2つの質問項目を用いて測定することが，妥当であることがわかった。**表8-4**では，このエンパワリング・リーダーシップを測定するために使用した質問項目と因子負荷量を示してみた。

**表8-4　エンパワリング・リーダーシップの測定のために使用した質問項目と因子負荷量**

| 質問項目 | 因子負荷量 |
| --- | --- |
| **1．進歩感を高める行動（α＝.939）** | |
| 上司は，あなたの幸福にも関心を払ってくれる | .626 |
| 上司は，部下たちを平等に扱ってくれる | .679 |
| 上司は，あなたの仕事の成功，失敗にかかわらず，まずは労をねぎらってくれる | .739 |
| 上司は，あなたの仕事について，まず良い点を伝えてから問題点を指摘する | .914 |
| 上司は，普段の仕事の中で，あなたが成長したと感じる部分を伝えてくれる | 1.003 |
| 上司は，あなたの成長を素直に誉めてくれる | .986 |
| 上司は，あなたの仕事の現状と改善点をしばしば伝えてくれる | .649 |
| **2．有意味感を高める行動（α＝.950）** | |
| 上司は，あなたの仕事があなたにとってどれだけ意義があるかを説明してくれる | .574 |

| | |
|---|---|
| 上司は，あなたの仕事が会社や職場でどれだけ意義があるかを説明してくれる | .652 |
| 上司は，あなたに会社の政策・方針・目標を説明してくれる | .936 |
| 上司は，あなたに会社の政策・方針・目標の意味まで説明してくれる | 1.048 |
| 上司は，あなたに会社の政策・方針・目標やそれらの意味を自分の言葉で説明してくれる | 1.003 |
| 上司は，あなたの職場のビジョンや役割を，会社全体の政策・方針・目標と結びつけて説明してくれる | .935 |
| 上司は，あなたの職場の課題を少数の重点項目にしぼりこんでいる | .809 |
| **3．オープンな行動（α＝.878）** | |
| 上司は，部下たちから出されたアイディアや提案に耳を傾けている | .729 |
| 上司は，部下たちが自分の意見を言えるチャンスをたびたび与えてくれる | .612 |
| 上司は，部下たちに仕事を任せっぱなしにせず，いつでも相談に来られるようオープンにしている | .736 |
| 上司は，あなたが困った時にしばしば助け船を出してくれる | .590 |
| **4．自己決定感を高める行動（.850）** | |
| 上司は，基本的にあなたに仕事を任せてくれる | .773 |
| 上司は，あなたが一所懸命がんばれば何とかできる仕事を任せてくれる | .634 |
| 上司は，あなたの能力より少し高い仕事を任せてくれる | .579 |
| **5．コンピタンスを高める行動（.879）** | |
| 上司は，あなたの仕事がうまくいかなかった時，その原因をあなた自身に考えさせる | 1.059 |
| 上司は，あなたの仕事がうまくいかなかった時，うまくいく方法を自分で考えだすよう促している | 1.005 |

注）括弧内は，信頼性係数（クロンバックの α 係数）を示す

## 3．心理的エンパワーメントの構造

　媒介変数として位置づけられる心理的エンパワーメントを測定するための尺度作りをするために，本研究で主に参考にしたのがThomas（2000, 2009）の研究であった。Thomas（2000, 2009）は，かつて心理的エンパワーメントの次元として，4つの次元をあげていたが，必ずしも4つの次元の内的な関連性を十分明らかにはしていなかった（Thomas&Velthouse, 1990）。心理的エンパワーメントを構成する次元の内的関連性を明らかにし，それが有意味感，自己決定感，コンピタンス，進歩感という4つの次元から構成されることを明らかにしたのは2000年代に入ってからであった。

　本研究では，2000年以降のThomas（2000, 2009）の考え方をベースにして，Thomas, Walter&Tymon（2009）が作成した質問項目を用いることにした。その結果，有意味感を測定する質問項目を5つ，自己決定感を測定する質問項目を5つ，そしてコンピタンスを測定する質問項目を5つ，進歩感を測定する質問項目を5つ，設けてみた。

　そして，この心理的エンパワーメントを測定するために用意された合計20の質問項目の構造がどのようになっているのかを明らかにするために，探索的因子分析（最尤法，プロマックス回転）を行なった。その結果，当初想定したような4つの因子が抽出された（固有値1.0以上，累積寄与率69.55％）。この4つの因子のうち，第一因子は有意味感と考えられる因子，第二因子はコンピタンスと考えられる因子，第三因子は自己決定感と考えられる因子，第四因子は進歩感と考えられる因子であった。この4つの因子に対して，尺度の信頼性の検討を行なうために，信頼性係数（クロンバックの$\alpha$係数）を算出してみたが，有意味感は.919，コンピタンスは.891，自己決定感は.843，進歩感は.864であり，いずれも十分高い値を示していた。

　この結果，心理的エンパワーメントは，有意味感，コンピタンス，自己決定感，進歩感の4つの次元から構成され，有意味感（5項目），コンピタンス（3項目），自己決定感（4項目），進歩感（6項目）の各尺度を用いて測定することが妥当であることがわかった。**表8-5**では，この心理的エンパワーメントを測定するために使用した質問項目と因子負荷量を示してみた。

**表8-5　心理的エンパワーメントの測定のために使用した質問項目と因子負荷量**

| 質問項目 | 因子負荷量 |
| --- | --- |
| 1．有意味感（$\alpha$=.919） | |
| あなたは，今やっている自分の仕事を大切にしている | .768 |
| あなたの仕事は，重要なことに役立っていると思う | .755 |
| あなたの行なっている仕事は，あなたにとって重要である | .968 |
| あなたが仕事で達成しようとしていることは，あなたにとって意味がある | .903 |
| あなたは，価値のあることをしている | .720 |

| ２．コンピタンス（α＝.891） | |
|---|---|
| あなたは，今あなたが行なっていることに熟達していると思う | .874 |
| あなたは，有能に仕事をこなしている | .837 |
| あなたは，今の仕事がよくできる | .879 |
| **３．自己決定感（α＝.843）** | |
| どのように物事に取り組むかは，あなたに任されている | .808 |
| あなたは，仕事上何を行なうかを自分で決めている | .855 |
| あなたは，現在仕事をしている中で，多くの自由を感じている | .514 |
| あなたは，たくさんのことを自分で決めている | .819 |
| **４．進歩感（α＝.864）** | |
| あなたは，仕事をなんとかうまくやっている | .559 |
| あなたは，仕事で成長していると思う | .767 |
| あなたは，現在，物事がうまくいっていると感じている | .752 |
| あなたは，あなたの掲げた仕事の目標を達成しつつある | .579 |
| あなたの様々な作業は，なんとか前へ進んでいる | .809 |
| あなたの仕事は，順調に進んでいる | .595 |

注）括弧内は，信頼性係数（クロンバックの $\alpha$ 係数）を示す。

## ４．エンパワリング・リーダーシップの結果要因に関する構造

　マネジャーやリーダーによるエンパワリング・リーダーシップの効果のうち，本書で注目したのは，従業員の革新的行動と従業員の能力発揮であった。従業員の革新的行動は，４つの次元から捉えられ，16の質問項目から測定が可能であると考えた。また，従業員の能力発揮も４つの次元から捉えられ，合計16の質問項目から測定が可能であると考えた。ここでは，従業員の革新的行動を測定すると考えられる16の質問項目間の構造を明らかにするとともに，従業員の能力発揮を測定すると考えられる16の質問項目間の構造も明らかにしていくことにしよう。

### （1）革新的行動の構造

　従業員の革新的行動は，高石（2013）の研究を参考にして，問題発見と解決行動，重要情報収集行動，顧客優先行動，発案と提案行動の４次元から捉えられると想定した。そして，これらの４つの次元各々に対して，４つの質問項目があり，合計16の質問項目によって従業員の革新的行動は測定できると考えた。

　そして，この合計16の質問項目の項目間の構造がどのようになっているのかを明らかにするために行なったのが探索的因子分析（最尤法，プロマックス回転）である。因子分析の結果，想定されたような４つの因子が抽出された（固有値1.0以上，累積寄与率73.23％）。この４つの因子のうち第一因子は発案と提案行動と考えられる因子で，第二因子は顧客優先行動と考えられる因子であった。また，第三因子は重要情報収集行動と考えられる因子，第四因子は問題発見と解決行動と考えられる因子であった。この４つの因子に対して，尺度の信頼性の検討を行なうために，信頼性係数（クロンバック$\alpha$係数）を算出してみたが，発案と提案行動は.907，顧客優先行動は.878，重要情報収集行動は.874，問題発見と解決行動は.808であった。

　この結果，革新的行動は，当初想定していた通り，問題発見と解決行動，重要情報収集行動，顧客優先行動，発案と提案行動の４つの次元から構成され，問題発見と解決行動（４項目），重要情報収集行動（４項目），顧客優先行動（４項目），発案と提案行動（４項目）の各尺度を用いて測定することが妥当であることがわかった。**表8-6**では，この従業員の革新的行動を測定するために使用した質問項目と因子負荷量を示した。

▶ **表8-6　従業員の革新的行動の測定のために使用した質問項目と因子負荷量**

| 質問項目 | 因子負荷量 |
| --- | --- |
| **１．発案と提案行動（$\alpha$＝.907）** | |
| あなたは，今までにないアイディアを出している | .709 |
| あなたは，より良い方法を考えつく | .947 |
| あなたは，より効果的なやり方を思いつく | .891 |
| あなたは，新規プロジェクトのアイディアや仕事のやり方を改革するアイディアを提案している | .631 |
| **２．顧客優先行動（$\alpha$＝.878）** | |
| あなたは，お客様や関連部署の要求や興味を踏まえて対応している | .752 |
| あなたは，お客様や関連部署からのニーズや不満をよく聞いている | .749 |
| あなたは，お客様や関連部署を優先した考えをしている | .795 |
| あなたは，お客様や関連部署の立場に立った意見を出している | .836 |
| **３．重要情報収集行動（$\alpha$＝.874）** | |
| あなたは，会社や職場に関連した情報を集めている | .758 |
| あなたは，業界や競合企業などに関する知識を深めている | .746 |

| あなたは，会社や仕事に必要と考える分野を勉強している | .865 |
| あなたは，業務遂行に必要な情報を収集している | .687 |

**4．問題発見と解決行動(.808)**

| あなたは，仕事上の問題を効率的に解決している | .691 |
| あなたは，日々改善しながら仕事を進めている | .683 |
| あなたは，仕事の課題・問題点を明確にしている | .726 |
| あなたは，仕事をより効率的に進めている | .584 |

注）括弧内は，信頼性係数（クロンバックの α 係数）を示す。

## （2）能力発揮の構造

　最終的な成果として取り上げたのは，従業員の革新的行動に加え，この従業員の能力発揮であった。能力発揮を測定できる質問項目を用意するために参考にしたのが，大久保(2010)の研究や本村・川口(2013)の研究，中原(2010)の研究であった。これらの研究に基づいて，能力発揮を対人能力の発揮，対自己能力の発揮，対課題能力の発揮，そして専門力の発揮という４つの次元から捉えようとした。このうち，対人能力の発揮を測定できるであろうとしたのが４つの質問項目，対自己能力の発揮を測定できるであろうとしたのが３つの質問項目，対課題能力の発揮を測定できるであろうとしたのが４つの質問項目，また専門力の発揮を測定できるであろうとしたのが５つの質問項目であった。

　そして，これら16の質問項目間の構造を明らかにしようした方法が，探索的因子分析（最尤法，プロマックス回転）である。因子分析の結果，想定された４つの因子は抽出されず，抽出されたのは３つの因子であった（固有値1.0以上，累積寄与率64.29％）。このうち第一因子は，対自己・対課題能力と考えられる因子，第二因子は対人能力と考えられる因子，そして第三因子は専門力と考えられる因子であった。また，これら３つの因子に対して，尺度の信頼性の検討を行なうための信頼性係数（クロンバック α 係数）を算出してみた。その結果，対自己・対課題能力は.863，対人能力は.844，専門力は.864となり，その値は十分高いものであった[6]。

　結局，能力発揮は，対自己・対課題能力，対人能力，専門力の３つの次元から構成され，対自己・対課題能力（７項目），対人能力（４項目），専門力（３項目）の各尺度を用いて測定することが，妥当であることがわかった。**表8-**

7では，この従業員の能力発揮を測定するために使用した質問項目と因子負荷量を示した。

> **表8-7** 従業員の能力発揮の測定のために使用した質問項目と因子負荷量

| 質問項目 | 因子負荷量 |
|---|---|
| **1．対自己・対課題能力（α=.863）** | |
| あなたは，以前より，毎日，規則正しい生活ができるようになっている | .543 |
| あなたは，以前より，毎日，気持ちを安定させ仕事ができるようになっている | .648 |
| あなたは，以前より，自分の仕事がうまく成し遂げられるという自信が持てるようになっている | .801 |
| あなたは，以前より，問題の因果関係を探り，何が本当の問題かを明確にできるようになっている | .804 |
| あなたは，以前より，過去の事例や情に流されずに，安易な解決策を出さないようになっている | .650 |
| あなたは，以前より，迅速に解決策を作り，問題を処理できるようになっている | .744 |
| あなたは，以前より，常に達成できると信じて行動できるようになっている | .684 |
| **2．対人能力（α=.844）** | |
| あなたは，以前より，相手の意見を否定せずに尊重できるようになっている | .724 |
| あなたは，以前より，相手の表情の変化，身なり，体調などに関心を持てるようになっている | .796 |
| あなたは，以前より，どの相手に対しても同じ目線で話せるようになっている | .712 |
| あなたは，以前より，相手の良い点を素直に誉められるようになっている | .755 |
| **3．専門力（α=.864）** | |
| あなたは，以前より，素早く仕事をすることができるようになっている | .931 |
| あなたは，以前より，正確に仕事をすることができるようになっている | .920 |
| あなたは，以前より，仕事をするにあたって必要となる知識・ノウハウが増えている | .589 |

注）括弧内は，信頼性係数（クロンバックのα係数）を示す。

6 因子分析の結果，対自己・対課題能力を測定できると考えられる7つの質問項目のうち，問8（5）「あなたは，以前より，毎日，規則正しい生活ができるようになっている」という項目を削除すると，逆にα係数の値が高くなるが，その値はわずかであるため，問8（5）の質問項目は削除しなかった。同様に，因子分析の結果，専門力を測定できると考えられる3つの質問項目のうち，問8（15）「あなたは，以前より，仕事をするにあたって必要となる知識・ノウハウが増えている」という項目を削除すると，逆にα係数の値が高くなるが，その値はわずかであるため，問8（15）の質問項目も削除しなかった。

# Ⅳ　まとめ

　本章では，前章で導出された仮説をどのように検証していくのか，その検証方法（調査方法）について述べた。これらの仮説を検証するために，本研究で用いた方法がアンケート調査であった。このアンケート調査は，2016年にA社の製造部門で実施され，このアンケート調査から得られたデータに基づいて，仮説を検証した。

　また，アンケート調査票で用いられる質問項目や最終的に検証で用いられる質問項目の内容についても述べた。分析枠組みや仮説で用いられる変数を測定するための質問項目は，どのような文献を参考，引用して作成されたかを述べ，質問項目間の構造も明らかにした。最終的に，仮説を検証するために各変数をどのような質問群で測定するのか，尺度の信頼性の検討も行ない，データ分析で用いられる質問項目を確定した。

# 第9章

# 調査の結果

本章では，第8章でその概要を示したアンケート調査によって得られたデータの分析結果を述べていくことにしよう。そして，第7章で示した仮説がどの程度検証されたのかを述べてみたい。

## I 基本仮説の確認

ここであらためて第7章で示した仮説を示してみたい。本書では，仮説として次の11を導出した。

**仮説1**：マネジャーやリーダーが仕事で量的な負担を感じるほど，マネジャーやリーダーはエンパワリング・リーダーシップを取るようになる

**仮説2**：マネジャーやリーダーが仕事で質的な負担を感じるほど，マネジャーやリーダーはエンパワリング・リーダーシップを取るようになる

**仮説3**：マネジャーやリーダーがプロアクティブなパーソナリティーであるほど，マネジャーやリーダーはエンパワリング・リーダーシップを取るようになる

**仮説4**：従業員が仕事で熟達しているほど，マネジャーやリーダーはエンパワリング・リーダーシップを取るようになる

**仮説5**：従業員が心理的に成熟しているほど，マネジャーやリーダーはエンパ

ワリング・リーダーシップを取るようになる

**仮説6**：従業員がプロアクティブなパーソナリティーであるほど，マネジャーやリーダーはエンパワリング・リーダーシップを取るようになる

**仮説7**：タスクが非定型的であるほど，マネジャーやリーダーはエンパワリング・リーダーシップを取るようになる

**仮説8**：タスクが依存的であるほど，マネジャーやリーダーはエンパワリング・リーダーシップを取るようになる

**仮説9**：マネジャーやリーダーがエンパワリング・リーダーシップを取るほど，従業員は心理的にエンパワーするようになる

**仮説10**：マネジャーやリーダーによるエンパワリング・リーダーシップは，従業員の心理的エンパワーメントを通じて，従業員の革新的行動を高める

**仮説11**：マネジャーやリーダーによるエンパワリング・リーダーシップは，従業員の心理的エンパワーメントを通じて，従業員の能力発揮を高める

これらの仮説が示すように，本書で明らかにしたい点は，次の3点である。

① マネジャーやリーダーが，エンパワリング・リーダーシップというスタイルを取るのは，どのような要因の影響が大きいのか。

② マネジャーやリーダーが，エンパワリング・リーダーシップというスタイルを取ると，従業員は心理的にエンパワーするのか。

③ マネジャーやリーダーが取るエンパワリング・リーダーシップというスタイルは，従業員の革新的行動と能力発揮に影響を与えるのか。影響を与えるとしたら，従業員の革新的行動と能力発揮に直接的に影響を与えるのか。それとも心理的エンパワーメントを通じて間接的に影響を与えるのか。

これらの3点が，アンケート調査によって得られたデータから，どこまで明らかにされたのかを述べるのが，本章の目的である。

# Ⅱ　記述統計量の確認

## 1．使用した変数

　さて，アンケート調査によって得られたデータの分析結果を詳細に述べる前に，仮説検証にあたって本研究で使用した変数の記述統計量（平均と標準偏差），さらには変数間の相関係数を示しておくことにしたい。これらの数値を示したのが，**表 9 - 1** である。マネジャーの特徴としては，因子分析の結果抽出されたマネジャーのプロアクティブ性向とマネジャーの仕事の量的負担という 2 つの変数が分析に用いられた。また，従業員の特徴としては，従業員のプロアクティブ性向，従業員の仕事の熟達度，そして従業員の心理的成熟度という 3 つの変数が用いられた。さらに，タスクの特徴としては，タスクの不確実性という変数が用いられた。

　これらの変数は，マネジャーの特徴に関連する諸因子，従業員の特徴に関連する諸因子，タスクの特徴に関連する諸因子ごとに対応させて設けられたものであるが，エンパワリング・リーダーシップ(EL)，心理的エンパワーメント(PE)，そして従業員の革新的行動，従業員の能力発揮という変数は，因子ごとに対応させて設けられたものではない。エンパワリング・リーダーシップ(EL)にしろ，心理的エンパワーメント(PE)にしろ，従業員の革新的行動や能力発揮にしろ，各々は複数の因子から構成されたものであったが，これらの変数は，複数の因子ごとに対応させたものではなく，各因子に対応する質問項目をすべて合算し，合成変数として扱った。このため，**表 9 - 1** に示される本研究で使用した主な変数は合計10となり，この10の変数の主な記述統計量や変数間の相関係数をこの**表 9 - 1** では示した。

| | | 平均 | 標準偏差 | 1 | 2 | 3 | 4 | 5 | 6 | 7 | 8 | 9 |
|---|---|---|---|---|---|---|---|---|---|---|---|---|
| 1 | マ・プロアクティブ性向 | 3.88 | 0.95 | | | | | | | | | |
| 2 | マ・仕事の量的負担 | 4.38 | 1.12 | 0.427** | | | | | | | | |
| 3 | 従・プロアクティブ性向 | 3.98 | 0.75 | 0.127** | 0.121* | | | | | | | |
| 4 | 従・仕事の熟達度 | 3.44 | 0.91 | 0.003 | 0.079 | 0.383** | | | | | | |
| 5 | 従・心理的成熟度 | 3.93 | 0.77 | 0.08 | 0.101* | 0.332** | 0.232** | | | | | |
| 6 | タスク不確実性 | 3.53 | 1.25 | -0.001 | -0.133 | -0.056 | -0.028 | 0.039 | | | | |
| 7 | エンパワリング・リーダーシップ | 3.78 | 0.86 | 0.725** | 0.375** | 0.215** | 0.093 | 0.151** | -0.054 | | | |
| 8 | 心理的エンパワーメント | 3.84 | 0.71 | 0.233** | 0.118* | 0.473** | 0.399** | 0.419** | 0.086 | 0.439** | | |
| 9 | 従・革新的行動 | 3.47 | 0.69 | 0.138** | 0.11* | 0.636** | 0.56** | 0.385** | -0.141** | 0.258** | 0.582** | |
| 10 | 従・能力発揮 | 3.87 | 0.64 | 0.284** | 0.169** | 0.463** | 0.352** | 0.463** | 0.22 | 0.378** | 0.693** | 0.582** |

表9-1　主要変数の平均，標準偏差，および相関行列

注）*p<.05　**p<.01

## 2．把握できたこと

　記述統計量のうち平均を見ると，マネジャーの仕事の量的負担の平均や従業員のプロアクティブ性向の平均，また，従業員の心理的成熟度の平均が，他の変数よりやや高い数値になっていることがわかるであろう。興味深いのは，各変数間の相関を示す相関係数の値の方である。マネジャーの特徴のうち，エンパワリング・リーダーシップとの相関が高かったのは，マネジャーのプロアクティブ性向であり，相関係数の値は0.725，これに対して，マネジャーの仕事の量的負担とエンパワリング・リーダーシップとの相関を示す相関係数は0.375であった。また，従業員の特徴を示すプロアクティブ性向，仕事の熟達度，そして心理的成熟度の各変数は，いずれもエンパワリング・リーダーシップとの相関は低く，それぞれ0.215，0.093，0.151といった相関係数の値であり，マネジャーの特徴を示す2つの変数ほどには，相関の値は高いものではなかった。また，タスクの特徴を示すタスク不確実性とエンパワリング・リーダーシップとの相関を示す相関係数は，-0.054となっており，その値は負であり，なおかつ低い値で，統計的に有意な値でもなかった。

　また，エンパワリング・リーダーシップと心理的エンパワーメントとの相関，エンパワリング・リーダーシップと従業員の革新的行動との相関，さらにはエンパワリング・リーダーシップと従業員の能力発揮との相関であるが，エンパ

ワリング・リーダーシップと心理的エンパワーメントとの相関は，0.439という相関係数の値が示すように，かなり高い相関があることがわかった。これに対して，エンパワリング・リーダーシップと従業員の革新的行動との相関を示す相関係数の値は，0.258，また従業員の能力発揮との相関を示す相関係数の値は0.378であり，これらの値はけっして高い値と言えるものではなかった。このことは，マネジャーによるエンパワリング・リーダーシップは，直接的には，従業員の革新的行動や能力発揮に影響を与えるものではない可能性があることを示している。

　一方，従業員の心理的エンパワーメントと従業員の革新的行動との相関を示す相関係数は0.582，さらに従業員の心理的エンパワーメントと従業員の能力発揮との相関を示す相関係数は0.693と，かなりその値は高く，従業員の心理的エンパワーメントが，彼らの革新的行動や能力発揮を促すカギとなることを示していた。

# Ⅲ　共分散構造分析の結果

## 1．共分散構造分析によるデータ分析

　本書で提示した仮説を検証するために用いた主な分析手法は，共分散構造分析である。この共分散構造分析という手法を用いた理由の1つは，構成概念や潜在変数というものを，この分析手法では扱うことができるためである。構成概念や潜在変数は，直接測定することはできない。こうした直接測定することのできない構成概念や潜在変数を扱うことが可能となるため，共分散構造分析を用いることにした[1]。

　共分散構造分析という手法を用いた第二の理由は，構成概念や潜在変数同士の因果関係を明らかにすることができるためである。相関分析を用いれば，合

---

1　本書で扱う多くの変数は，直接測定することができない構成概念や潜在変数であることが多い。マネジャーの特徴もそうであるし，従業員の特徴もそうであるし，タスクの特徴もそうである。さらにはエンパワリング・リーダーシップや心理的エンパワーメントも，構成概念や潜在変数と考えられるものである。

成変数を含めた変数間の関係性の大小はわかるものの，どの変数がどの変数に影響を与えるのか，その因果関係までは明らかにすることができない。しかし，共分散構造分析を用いると，構成概念同士，潜在変数同士の因果関係が明らかになっていく。こうした理由から，アンケート調査によって収集されたデータを，主に共分散構造分析という手法を用いて分析し，仮説の検証をした。

## 2．共分散構造分析による結果の全体像

　この共分散構造分析の結果を示したのが**図9−1**のパス図である。**図9−1**のパス図に示されている各変数は，すべて潜在変数と呼ばれるものであり，本書で用いた潜在変数同士の関係性がどうなっていて，どの程度なのかが示されている。この**図9−1**のパス図を見ると，大まかな潜在変数同士の関係性やその強さを理解することができるであろう。

### （1）パス図を見る上での注意点

　まずは**図9−1**のパス図を見る上でのいくつかの注意点を述べてみたい。**図9−1**のパス図を見る上での第一の注意点は，共分散構造分析が高次因子分析（2次因子分析）という形で実行されたという点である。これは，**図9−1**のパ

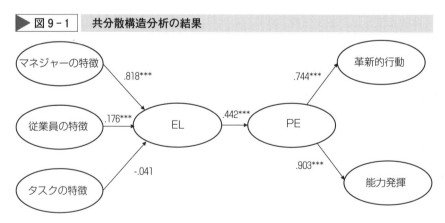

▶ **図9−1**　　**共分散構造分析の結果**

GFI＝.658　AGFI＝.639　CFI＝.814　RMSEA＝.058

注）①　図のELはエンパワリング・リーダーシップ，PEは心理的エンパワーメントを示す。
　　②　***p＜.001。

ス図に示される潜在変数各々の下位レベルに，さらにいくつかの潜在変数があり，潜在変数が複数のレベルに分かれていることを意味している

　例えば，**図9-1**のパス図に示されているマネジャーの特徴という潜在変数の下位レベルには，マネジャーのプロアクティブ性向と仕事の量的負担という2つの潜在変数があり，潜在変数が複数のレベルに分かれている。これは，従業員の特徴も同様であり，従業員の特徴という潜在変数の下位レベルには，従業員のプロアクティブ性向，仕事の熟達度，心理的成熟度という3つの潜在変数が存在している。

　この**図9-1**のパス図を見る上での第二の注意点は，観測変数が示されていないということである。観測変数は直接測定できる変数であるが，複数の観測変数は，この**図9-1**には示されていない。例えば，先に示したマネジャーの特徴であるが，この潜在変数の下位レベルにはマネジャーのプロアクティブ性向と仕事の量的負担という2つの潜在変数があるが，これら2つの潜在変数は，各々いくつかの観測変数によって測定されていくことになる。しかし，この**図9-1**には，観測変数は示されていない。

### （2）パス図から把握できること

　そして，すでに示してきた本書における11の仮説を検証するために用いたのが，**図9-1**のパス図である。このパス図は，仮説を検証するためのモデルを視覚的に示したものであり，モデルの適合度が高いため，本書では**図9-1**に示すモデルを採用することにした。モデルがどの程度受容できるかは，いくつかの適合度指標によって判断が可能であるが，この**図9-1**のモデルでは，RMSEAの値が0.058と低く，またCFIの値が0.814と1に近い値であることから，このモデルは受容可能と判断し採用することにした[2]。

　**図9-1**のパス図を見ると，マネジャーの特徴（プロアクティブ性向，仕事の量的負担）がエンパワリング・リーダーシップに影響を与えていることが把

---

2　GFIの値は0.658，AGFIの値は0.639で，こちらの適合度指標の値はあまり高くない。しかし，GFIとAGFIは，観測変数の数が多い時に影響を受けやすい性質があるため，主にRMSEAの値が0.1を下回っている点を重視して，図9-1のモデルは受容可能であると判断した（豊田・真柳，2001）。

握できるであろう。マネジャーの特徴からエンパワリング・リーダーシップへの影響は有意であり，標準化パス係数を見ると0.818とその値はかなり高く，マネジャーの特徴からエンパワリング・リーダーシップへの影響力がかなり高いことが把握できた[3]。

また，エンパワリング・リーダーシップから心理的エンパワーメントへの影響も有意であり，標準化パス係数は0.442というように，比較的高い値となっており，エンパワリング・リーダーシップが心理的エンパワーメントへかなり影響を与えていることも，この**図9-1**のパス図から把握できた。

さらに，心理的エンパワーメントから従業員の革新的行動への影響は有意であり，標準化パス係数も0.744とその値は高く，心理的エンパワーメントが従業員の革新的行動へ影響を与えていることもわかる。そして，心理的エンパワーメントから従業員の能力発揮への影響も有意であり，標準化パス係数も0.903とその値はやはり高く，心理的エンパワーメントが能力発揮へ影響を与えていることが**図9-1**のパス図から把握できた[4]。

---

3 すでに表9-1では，主要変数間の相関係数を示し，マネジャーの特徴であるプロアクティブ性向とエンパワリング・リーダーシップとの間にかなりの相関があること，また，マネジャーの仕事の量的負担とエンパワリング・リーダーシップとの間には，相関があることを確認してきた。一方，従業員の特徴である仕事の熟達度とエンパワリング・リーダーシップとの間には，ほとんど相関がないこと，また，心理的成熟度とエンパワリング・リーダーシップとの間にもほとんど相関がないことを確認してきた。図9-1のパス図には，変数間の関係性の強さだけでなく，変数間の影響の方向性まで示されているが，変数間の関係の強さだけ見ると，図9-1の分析結果は，表9-1に示された変数間の相関の強さと類似した傾向が見られた。

4 表9-1では，エンパワリング・リーダーシップと従業員の心理的エンパワーメントとの間に，ある程度の相関があること，さらには，従業員の心理的エンパワーメントと革新的行動との間，従業員の心理的エンパワーメントと能力発揮との間にも，かなり高い相関があることを確認してきた。こうした傾向は，図9-1のパス図にも示されており，エンパワリング・リーダーシップと従業員の心理的エンパワーメントとの間，従業員の心理的エンパワーメントと革新的行動との間，さらには，従業員の心理的エンパワーメントと能力発揮との間に，強い関係性が見られた。

# Ⅳ　エンパワリング・リーダーシップの先行要因の分析結果

　図9-1のパス図では，主要な潜在変数同士の関係性やその関係性の大きさを全体的に見てきたが，以下では，より詳細にその内容を検討していくことにしよう。まずは，パス図の左側にあるエンパワリング・リーダーシップの先行要因とエンパワリング・リーダーシップとの関係について，より詳細にその分析結果を述べてみたい。

## 1．共分散構造分析による結果

### （1）マネジャー・従業員の特徴がエンパワリング・リーダーシップに与える影響

　本書では，3つの明らかにしたい点をかかげ，データを分析しているが，図9-1の左側にあるエンパワリング・リーダーシップの先行要因とエンパワリング・リーダーシップそのものとの関係性では，マネジャーやリーダーは，どのような要因から影響を受けて，エンパワリング・リーダーシップというスタイルを取るのかという問題に関わる内容が示されていた。図9-1の左側部分の分析結果をさらに詳細に示したのが，図9-2のパス図である。このパス図には，エンパワリング・リーダーシップとその先行要因との関係性やその関係性の大きさが詳細に示されている。

　マネジャーやリーダーがエンパワリング・リーダーシップというスタイルを取るのは何故なのか。その影響を与える要因として取り上げたのは，マネジャーの特徴と従業員の特徴，そしてタスクの特徴であった。マネジャーの特徴という高次因子の下位レベルにマネジャーの仕事の量的負担とマネジャーのプロアクティブ性向という下位因子を設け，2次因子分析を行なってみた。これは，従業員の特徴も同様であり，従業員の特徴を高次因子として設け，この下位レベルに，従業員の仕事の熟達度，従業員の心理的成熟度，そして，従業員のプロアクティブ性向の3つの因子を下位因子として位置づけ，2次因子分析を行なってみた。

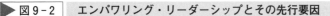

▶ 図9-2　エンパワリング・リーダーシップとその先行要因

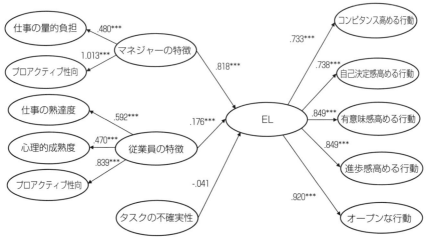

GFI＝.658　AGFI＝.639　CFI＝.814　RMSEA＝.058
注）図のELはエンパワリング・リーダーシップを示す。

　2次因子分析を行なったのは，こうした先行要因だけでなく，エンパワリング・リーダーシップも対象に行なった。エンパワリング・リーダーシップを高次因子として位置づけ，その下位レベルに，従業員のコンピタンスを高める行動，自己決定感を高める行動，有意味感を高める行動，さらには，進歩感を高める行動，オープンな行動という5つの因子を下位因子として位置づけ，2次因子分析を行なった。

　図9-2では，こうした先行要因とエンパワリング・リーダーシップとの関係性を示し，データの分析結果を示した。図9-2が示すように，エンパワリング・リーダーシップには，マネジャーの特徴が大きく影響を与えることがわかった。マネジャーの特徴からエンパワリング・リーダーシップへの影響は，有意であり，標準化パス係数は0.818となっており，マネジャーの特徴がエンパワリング・リーダーシップに大きく影響を与えていることがわかった。従業員の特徴からエンパワリング・リーダーシップへの影響は有意であるものの，標準化パス係数は0.176で，従業員の特徴からエンパワリング・リーダーシップへの影響は大きなものではなかった。また，タスクの特徴からエンパワリン

グ・リーダーシップへの影響は，そもそも有意ではなく，標準化パス係数もマイナスであった。

（2）マネジャーの特徴と従業員の特徴の詳細

　マネジャーの特徴を詳細に見ると，マネジャーの特徴からマネジャーの仕事の量的負担への標準化パス係数の値とプロアクティブ性向への標準化パス係数の値を比較すると，マネジャーの特徴からマネジャーのプロアクティブ性向への標準化パス係数が1.013と，その数値がかなり高いことがわかるであろう[5]。このことは，マネジャーの特徴は，マネジャーのプロアクティブ性向によってかなり説明できることを意味していた。つまり，マネジャーの特徴は，マネジャーのプロアクティブ性向の影響が大きいことを示していた。

　一方，従業員の特徴から下位レベルの下位因子それぞれの標準化パス係数を見ても，従業員の特徴から従業員のプロアクティブ性向への標準化パス係数が0.839というように，その値が一番大きくなっていた[6]。このことは，従業員の特徴という因子も，従業員のプロアクティブ性向からかなり説明できることを意味している。

　ちなみにエンパワリング・リーダーシップの下位レベルにあるそれぞれの下位因子に注目し，エンパワリング・リーダーシップから従業員のコンピタンスを高める行動への標準化パス係数を見ると0.733，エンパワリング・リーダーシップから従業員の自己決定感を高める行動への標準化パス係数を見ると0.738，さらにエンパワリング・リーダーシップから従業員の有意味感を高める行動への標準化パス係数を見ると0.849，そしてエンパワリング・リーダーシップから従業員の進歩感を高める行動への標準化パス係数を見ると0.849，またエンパワリング・リーダーシップからオープンな行動への標準化パス係数

---

5　マネジャーの特徴からマネジャーの仕事の量的負担への標準化パス係数は0.480であり，マネジャーの特徴からマネジャーのプロアクティブ性向への標準化パス係数の値よりもかなり小さくなっている。

6　従業員の特徴から従業員の仕事の熟達度への標準化パス係数は0.592，また，従業員の特徴から従業員の心理的成熟度への標準化パス係数は0.470であり，従業員のプロアクティブ性向への標準化パス係数0.839よりも小さい。

を見ると0.920というように，それぞれの標準化パス係数の値はあまり変わっていない。

## 2．重回帰分析の結果

　ここでは，エンパワリング・リーダーシップ の先行要因とエンパワリング・リーダーシップとの関係をさらに分析するために，重回帰分析も行なった。その結果を示したのが**表9-2**である。この**表9-2**では，エンパワリング・リーダーシップという潜在変数の下位レベルにある５つの潜在変数（５つの下位因子）が，マネジャーの特徴，従業員の特徴，各特徴を構成する各潜在変数から，どの程度影響を受けているのか，その分析結果を示してみた。

　**図9-2**では，すでに共分散構造分析を行なった結果を示しているが，ここでは，主に高次因子レベルの潜在変数同士の関係性や関係性の大きさを示してみた。しかし，エンパワリング・リーダーシップの下位レベルにある従業員のコンピタンスを高める行動，従業員の自己決定感を高める行動，従業員の有意味感を高める行動，従業員の進歩感を高める行動，従業員へのオープンな行動，こうした下位レベルに位置づけられる潜在変数に対して，マネジャーの特徴や従業員の特徴，タスクの特徴が，どのような影響を与えるのかは示していなかった。しかも，マネジャーの特徴の下位レベルに位置づけられるマネジャーのプロアクティブ性向と仕事の量的負担，従業員の下位レベルに位置づけられる従業員のプロアクティブ性向，仕事の熟達度，心理的成熟度，そしてタスク不確実性というものが，このエンパワリング・リーダーシップの下位レベルに位置づけられる５つの潜在変数に対して，どの程度の影響を与えるかは，**図9-2**では示さなかった。

　そこで，重回帰分析を行ない，エンパワリング・リーダーシップの下位レベルにある潜在変数とマネジャーの特徴の下位レベルにある潜在変数，従業員の特徴の下位レベルにある潜在変数，タスク不確実性との関係性を分析してみた[7]。この重回帰分析の結果を示したのが**表9-2**である[8]。

　**表9-2**に示される標準化係数の値を見て一番に気づくことは，マネジャーのプロアクティブ性向のいずれの値も有意であり，その値が高いということであった。このことは，エンパワリング・リーダーシップ行動の下位レベルにあ

る5つの行動各々は，いずれもマネジャーのプロアクティブ性向の影響を強く受けていることを示していた。一方，他の独立変数に関わる標準化係数を見ると，プロアクティブ性向に関わる標準化係数ほどには，有意になっていないし，その値も低かった。独立変数の中では，従業員の心理的成熟度に関わる標準化係数に有意なものが多いものの，その値は低く，マネジャーのプロアクティブ性向ほどには，エンパワリング・リーダーシップの下位レベルにある5つの行動に影響を与えていないことがわかった。

**表9-2　エンパワリング・リーダーシップを従属変数とした重回帰分析**

| 従属変数 | エンパワリング・リーダーシップ | | | | |
|---|---|---|---|---|---|
| | 進歩感を高める行動 | 有意味感を高める行動 | オープンな行動 | 自己決定感を高める行動 | コンピタンスを高める行動 |
| 独立変数 | 標準化係数 | 標準化係数 | 標準化係数 | 標準化係数 | 標準化係数 |
| 上・プロアクティブ性向 | .576*** | .675*** | .621*** | .392*** | .578*** |
| 上・仕事の量的負担 | .043 | .023 | .074 | .048 | .049 |
| 部・プロアクティブ性向 | .038 | .070 | .033 | .111* | .073 |
| 部・仕事の熟達度 | .042 | -.026 | -.020 | .108* | .059 |
| 部・心理的成熟度 | .007 | .083* | .065 | .116** | -.016 |
| タスク不確実性 | -.048 | -.002 | -.057 | -.069 | .001 |
| R | .369 | .503 | .452 | .259 | .381 |
| 調整済みR² | .360 | .496 | .444 | .249 | .372 |
| F値 | 40.905*** | 70.758*** | 57.793*** | 24.516*** | 43.071*** |
| N | 427 | 427 | 427 | 427 | 427 |

注）①　表の中の上（例えば上・プロアクティブ性向）とは，上司（マネジャー）のことを意味する。
　　　　また，部（例えば部・プロアクティブ性向）とは，部下（従業員）のことを意味する。
　　②　*p<.05，**p<.01，***p<.001。

---

7　従属変数には，エンパワリング・リーダーシップ行動の下位レベルにある5つのリーダーシップ行動（従業員のコンピタンスを高める行動，従業員の自己決定感を高める行動，従業員の有意味感を高める行動，従業員の進歩感を高める行動，そして，従業員へのオープンな行動を高める行動）を位置づけた。また，独立変数には，マネジャーの特徴の下位レベルにある2つの特徴（仕事の量的負担，プロアクティブ性向），従業員への特徴の下位レベルにある3つの特徴（仕事の熟達度，心理的成熟度，プロアクティブ性向），さらにタスクの特徴であるタスク不確実性を位置づけ，これらの各独立変数が，5つのリーダーシップ行動各々にどの程度影響を与えるのかを重回帰分析によって明らかにした。

8　表9-2に示される調整済みR²（決定係数）を見ると，0.496，0.444といった比較的高い数値が示されているものもあり，式の当てはまりが良いことが示されていた。一方，0.249といった低い数値もあり，式の当てはまりが十分でないものもあった。また，VIFの数値は，最高で1.290となっており，多重共線性の可能性がないこともわかった。

これら**図9-2**に示される共分散構造分析の結果，また**表9-2**に示される重回帰分析の結果を見ると，仮説3は支持されたが，仮説1と2，仮説4，5，6，そして仮説7と8は支持されなかった。

## V　心理的エンパワーメントの媒介効果分析の結果

次に本書で明らかにしたい第二，第三の問いへの分析結果を詳細に示してみたい。この第二，第三の問いというのは，マネジャーによるエンパワリング・リーダーシップは，本当に従業員の心理的エンパワーメントを高めるのか。また，マネジャーによるエンパワリング・リーダーシップは，本当に従業員の心理的エンパワーメントを通じて，従業員の革新的行動や能力発揮を促すのだろうかという問いであった。そして，これら第二，第三の問いにそれぞれ対応させて構築したのが，仮説9，仮説10，仮説11であった。以下では，この3つの仮説を入手したデータを分析し，検証することにしたい。

### 1．Baron&Kenny(1986)による媒介効果の分析方法

この3つの仮説のうち，より詳細な分析が必要となるのが，仮説10と仮説11の検証であろう。この2つの仮説の検証とは，心理的エンパワーメントという媒介変数が，はたしてエンパワリング・リーダーシップという変数と従業員の革新的行動・能力発揮という変数の間で媒介効果を持つのか，媒介効果を持つ場合，いかなる媒介効果を持つのかを分析することにほかならない。

そこで，媒介効果の分析にあたっては，多くの研究で用いられてきたBaron&Kenny(1986)の検証方法を用いることにした。Baron&Kenny(1986)は，媒介変数の媒介効果があるかどうかを検証するために，次の4つの条件をあげた[9]。まず条件の1つめにあげられるのが，独立変数と従属変数との間に，有意な関係があること。そして，条件の2つめにあげられるのが，独立変数と媒介変数との間に有意な関係があること。さらに条件の3つめにあげられるのが，媒介

---

9　ここでは，関口の次の文献を参考にした。関口倫紀(2012)「大学生のアルバイト選択とコミットメントおよび就職活動目標：中核的自己評価と職務特性の役割を中心に」『経営行動科学』第25巻第2号，129-140頁。

変数と従属変数との間に有意な関係があること。最後に，条件の4つめが，従属変数を独立変数ならびに媒介変数の両方を用いて予測する場合，独立変数による従属変数の予測力が有意でなくなるか，弱くなることである。これらBaron&Kenny(1986)の掲げた4つの条件をクリアできるかどうかを，データを分析し，仮説10と仮説11を検証することにした[10]。

## 2．エンパワリング・リーダーシップが　　従業員の革新的行動へ与える影響

　さて，共分散構造分析を行ない，仮説9，仮説10，仮説11を検証した結果を示したのが**図9-3**から**図9-6**である。このうち，**図9-3**と**図9-4**では，エンパワリング・リーダーシップという変数と従業員の革新的行動という変数との関係性がどうなっているかが示されている。そして，**図9-3**ではエンパワリング・リーダーシップという変数が，従業員の革新的行動という変数へ直接的に，どの程度影響を与えるのか，その分析結果が示されている。また，**図9-4**では，この2つの変数との間に，心理的エンパワーメントという媒介変数を導入した時の，3つの変数間の関係性やその関係性の強さが示されている。さらに，**図9-4**では，心理的エンパワーメントを通じた，エンパワリング・リーダーシップという独立変数が，従業員の革新的行動という従属変数に及ぼす影響の間接効果の検定結果も示されている。

　このうち，**図9-3**を見ると，エンパワリング・リーダーシップは，従業員の革新的行動に有意に影響を与えていることがわかるだろう。エンパワリング・リーダーシップから従業員の革新的行動へのパスが有意であり，標準化パス係数は0.260であった。しかし，**図9-4**に示されるように，心理的エンパワーメントという媒介変数を組み入れると，エンパワリング・リーダーシップから従業員の革新的行動へのパスは有意とならなくなり，標準化パス係数は0.260から-0.108へと変化した。

　一方，エンパワリング・リーダーシップから心理的エンパワーメントへのパ

---

10　仮説9の検証は，このBaron&Kenny(1986)の4つの条件の分析で，自動的に行なわれることになっている。

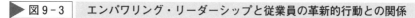

▶ 図9-3　エンパワリング・リーダーシップと従業員の革新的行動との関係

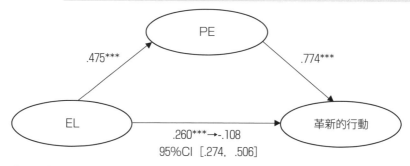

GFI=.791　AGFI=.764　CFI=.897　RMSEA=.070

注) ①　図のELはエンパワリング・リーダーシップを示す。
　　②　***p＜.001。

▶ 図9-4　心理的エンパワーメントを媒介にしたエンパワリング・リーダーシップと従業員の革新的行動との関係

GFI=.731　AGFI=.708　CFI=.867　RMSEA=.063

注) ①　図のELはエンパワリング・リーダーシップ，PEは心理的エンパワーメントを示す。
　　②***p＜.001。

スは有意であり，標準化パス係数は0.475，また，心理的エンパワーメントから従業員の革新的行動へのパスも有意であり，標準化パス係数も0.774で，ともにその値は高い値であった。このことは，心理的エンパワーメントという媒介変数を組み入れると，エンパワリング・リーダーシップから従業員の革新的行動への直接効果はなくなるものの，媒介変数を介すると間接効果があることを意味していた[11]。

---

11　エンパワリング・リーダーシップという独立変数と従業員の革新的行動という従属変数との関係性が，心理的エンパワーメントという媒介変数を経由した時の間接効果は，0.475×0.774，つまり0.368となり，直接効果の値より高くなった。

## 3．エンパワリング・リーダーシップが
## 　　従業員の能力発揮へ与える影響

　また図9-5と図9-6では，エンパワリング・リーダーシップという変数と従業員の能力発揮という変数との関係性の分析結果が示されている。図9-5では，エンパワリング・リーダーシップという変数が，従業員の能力発揮という変数へ直接的にどの程度影響を与えるのか，その分析結果が示されている。また，図9-6では，こうした2つの変数との間に心理的エンパワーメントという媒介変数を組み入れた時の，3つの変数間の関係性やその関係性の強さが示されている。そして，図9-6では，図9-4と同様に，心理的エンパワーメ

▶ 図9-5 　エンパワリング・リーダーシップと能力発揮との関係

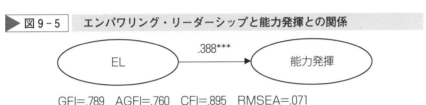

　　　　GFI=.789　AGFI=.760　CFI=.895　RMSEA=.071

注）① 　図のELはエンパワリング・リーダーシップを示す。
　　② 　***p＜.001。

▶ 図9-6 　心理的エンパワーメントを媒介にしたエンパワリング・リーダーシップと従業員の能力発揮との関係

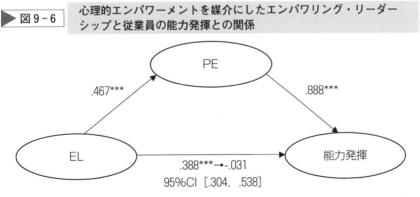

　　GFI=.731　AGFI=.708　CFI=.865　RMSEA=.065

注）① 　図のELはエンパワリング・リーダーシップ，PEは心理的エンパワーメントを示す。
　　② 　***p＜.001。

ントを通じたエンパワーメントが従業員の能力発揮に及ぼす間接効果の検定結
果も示されている。

　このうち**図9-5**では，エンパワリング・リーダーシップが従業員の能力発
揮に有意に影響を与えていることが示され，その標準化パス係数の値は0.388
であった。また，**図9-6**では，心理的エンパワーメントという媒介変数を組
み入れたエンパワリング・リーダーシップ，従業員の能力発揮，そして心理的
エンパワーメントという3つの変数間の関係性が示されている。**図9-6**に示
されるように，心理的エンパワーメントという媒介変数を組み入れると，エン
パワリング・リーダーシップから従業員への能力発揮へのパスは有意でなくな
り，標準化係数は0.388から-0.031へと低くなった。

　一方，エンパワリング・リーダーシップから従業員の心理的エンパワーメン
トへのパスは有意であり，標準化パス係数は0.467と高かった。そして，心理
的エンパワーメントから従業員の能力発揮へのパスも有意であり，標準化パス
係数も0.888と高い値であった。このことは，心理的エンパワーメントという
媒介変数を組み入れると，エンパワリング・リーダーシップから従業員の能力
発揮への直接効果はなくなるものの，媒介変数を通じて，エンパワリング・
リーダーシップから従業員の能力発揮への間接効果があることを意味してい
た[12]。

　このように，**図9-3**と**図9-5**の分析結果を見ると，Baron&Kenny(1986)
による媒介効果を証明するための第一の条件をクリアできたことがわかるであ
ろう。また，**図9-4**に示されるエンパワリング・リーダーシップから心理的
エンパワーメントへのパスが有意であること，心理的エンパワーメントから従
業員の革新的行動へのパスが有意であること，そして**図9-6**に示されるエン
パワリング・リーダーシップから心理的エンパワーメントへのパスが有意であ
ること，心理的エンパワーメントから従業員の能力発揮へのパスが有意である
ことを見ると，Baron&Kenny(1986)による媒介効果を証明するための第二，
第三の条件もクリアできたことがわかるであろう。このため，仮説9が示すマ

---

12　エンパワリング・リーダーシップから従業員の能力発揮への直接効果は小さいものの，
　　心理的エンパワーメントを経由したエンパワリング・リーダーシップと従業員の能力発揮
　　との関係性を示す間接効果（0.467×0.888＝0.415）は大きくなった。

ネジャーによるエンパワリング・リーダーシップが，従業員の心理的エンパワーメントを高めるという仮説は，この第二の条件をクリアしたことをもって，支持されたことになる[13]。

## 4．間接効果の検定

　**図9-4**，**図9-6**に示されるように，エンパワリング・リーダーシップから従業員の革新的行動への直接効果，エンパワリング・リーダーシップから能力発揮への直接効果よりも間接効果の方が大きいとしても，この間接効果が検定されたわけではない。また，**図9-4**，**図9-6**，いずれの図にも示されたように，エンパワリング・リーダーシップから心理的エンパワーメントへのパスが有意で，心理的エンパワーメントから従業員の革新的行動・能力発揮へのパスが有意だとしても，この間接効果が有意だとは限らない（清水・荘島2017）。

　そこで，**図9-4**に示される心理的エンパワーメントによる間接効果（0.368）と**図9-6**に示される心理的エンパワーメントによる間接効果（0.415）を検定するために用いたのが，ブートストラップ法という手法であった。これらの間接効果の値について，このブートストラップ法（1,000個の標本数）による95％信頼区間の推定を行ない，検定を行なった。その結果，いずれの場合にも信頼区間に0が含まれず，心理的エンパワーメントによる間接効果は有意となった。また，エンパワリング・リーダーシップから革新的行動への標準化パス係数の値が，0.260（p<.001）から-0.108（非有意）へと変化し，エンパワリング・リーダーシップから能力発揮への標準化パス係数の値が，0.388（p<.001）から-0.031（非有意）へと変化したため，心理的エンパワーメントの完全媒介効果が認められた。

　これは，**図9-4**に示されるように，エンパワリング・リーダーシップというのは，直接的には従業員の革新的行動へ影響を与えない。必ず，心理的エン

---

13　図9-4に示すように，エンパワリング・リーダーシップから心理的エンパワーメントへのパスにおける標準化パス係数は0.475と高く，その値は有意であった。また，図9-6に示すように，エンパワリング・リーダーシップから心理的エンパワーメントへのパスにおける標準化パス係数も0.467と高く，その値は有意であった。これらの点から仮説9は検証されたことになる。

パワーメントを媒介にして，従業員の革新的行動へ影響を与えることを意味していた。また，同じように，**図9-6**に示されるように，エンパワリング・リーダーシップは従業員の能力発揮へ直接的には影響を与えない。必ず，心理的エンパワーメントを媒介にして，従業員の能力発揮へ影響を与えることを意味していた。これらのことから，Baron&Kenny (1986)のかかげた4つめの条件もクリアし，間接効果の値も検定されたことから，仮説10と仮説11は支持された。

# VI　仮説検証の結果

　以上の分析から，マネジャーやリーダーが，エンパワリング・リーダーシップというスタイルを取るのは，どのような要因の影響力が強いかという点に関する仮説1から仮説8については，マネジャーの特徴という要因の影響力が大きいことがわかった。理論的には，従業員の特徴もタスクの特徴も，大きな影響力があると予測されたが，この2つの要因に関しては，影響力が見られなかった。具体的には，マネジャーやリーダーのプロアクティブ性向が，マネジャーやリーダーによるエンパワリング・リーダーシップに影響を与えるとする仮説3が支持された。また，分析の結果，マネジャーやリーダーによるエンパワリング・リーダーシップが，従業員の心理的エンパワーメントに影響を与えるかどうかに関わる仮説9も，支持された。

　さらに，マネジャーやリーダーによるエンパワリング・リーダーシップが，従業員の革新的行動や創造性発揮に直接的に影響を与えるのか，それとも心理的エンパワーメントを通じて，間接的に影響を与えるのかという問題に関わる仮説10，仮説11については，データを分析した結果，エンパワリング・リーダーシップは，直接的には従業員の革新的行動や能力発揮には影響を与えないこと，必ず心理的エンパワーメントを通じて，従業員の革新的行動や能力発揮へ影響を与えることが明らかになった。つまり，仮説10と仮説11は，データ分析の結果から支持された。

# VII　まとめ

　本章では，第7章で構築された本書の研究の分析枠組みに基づいて導出された11の仮説の検証結果を述べてみた。11の仮説を検証するにあたっては，日本の製造企業（1部上場企業）の製造部門で働く人々にアンケート調査を実施し，データを入手した。アンケート調査票は633人に配布し，回収できたアンケート調査票は532枚であった。この回収したアンケート調査票のうち，未回答の部分（欠損値）があるアンケート調査票を除き，最終的に427枚のアンケート調査票から得られたデータを用い，11の仮説を検証した。

　検証の結果，11の仮説のうち，支持されたのは4つで，7つの仮説は支持することができなかった。11の仮説のうち，支持することができなかった7つの仮説は，マネジャーやリーダーのエンパワリング・リーダーシップの先行要因に関わる仮説であった。

　また，マネジャーやリーダーによるエンパワリング・リーダーシップが，従業員の心理的エンパワーメントへ影響を与えるという仮説やこのエンパワリング・リーダーシップが心理的エンパワーメントを通じて，従業員の革新的行動や能力発揮という成果に影響を与えるという仮説は支持された。先行研究のいくつかが示していたように，心理的エンパワーメントには完全媒介の効果があり，マネジャーやリーダーによるエンパワリング・リーダーシップは，心理的エンパワーメントを必ず媒介にして，従業員の革新的行動や能力発揮へ影響を与えることが検証された。

# 第10章

# 結論と課題

　本章では，本書の要約や結論，また理論的意義や実践的意義，そして今後の研究課題を述べ，本書の締めくくりとしたい。

## I　要約

### 1．本書のリサーチ・クエスチョンとエンパワリング・リーダーシップの捉え方（序章，第1章）

　本書は，支援型のリーダーシップとされるエンパワリング・リーダーシップに焦点をあて，日本企業でのエンパワリング・リーダーシップの有効性について検証してきた。序章では，本書のリサーチ・クエスチョンの出発点が，「日本企業を対象にして，そこで働くマネジャーやリーダーが発揮するエンパワリング・リーダーシップは，従業員の革新的行動や能力発揮を促すのだろうか」という点であることを述べた。そして，このリサーチ・クエスチョンに加え，「日本企業を対象にして，そこで働くマネジャーやリーダーは，どのような要因から影響を受けて，エンパワリング・リーダーシップというスタイルを取るのか」というリサーチ・クエスチョンを掲げていることも述べた。

　続く第1章では，本書で研究対象とするエンパワリング・リーダーシップを定義した。支援型のリーダーシップとされるエンパワリング・リーダーシップ

が，詳細にどのように定義され，それが他のリーダーシップ・スタイルとどのように異なるのかを述べたのが第1章である。本章では，Thomas（2000, 2009）の考え方をベースにして，エンパワリング・リーダーシップを「従業員を支援し，彼らが心理的にエンパワーし，自律的に行動できるようにするリーダーシップのこと」とし，従業員の心理的エンパワーメントや自律的行動が，キーとなる概念であることを説明した。

## 2．エンパワリング・リーダーシップの文献サーベイ（第2章，第3章，第4章，第5章）

こうした本書のリサーチ・クエスチョンに対する答えを見出すためには，当然，エンパワリング・リーダーシップに関する先行研究をサーベイしていく必要があろう。この先行研究のサーベイ作業を行なったのが，第2章から第5章までの4つの章である。エンパワリング・リーダーシップに関する研究の全体像を提示したのは第2章であった。エンパワリング・リーダーシップ研究は，2000年代に入り，数多く発表されるようになり，各国，各組織で研究が行なわれるようになってきた。当初は，エンパワリング・リーダーシップの研究は規範的研究が主流であったが，その後，理論的・実証的研究が主流になっていくことを第2章では述べた。

続く第3章，第4章，第5章では，エンパワリング・リーダーシップ研究の理論的・実証的研究を取り上げ，その内容を詳細に検討した。第3章では，これまでのエンパワリング・リーダーシップ研究では，エンパワリング・リーダーシップの具体的成果としてどのようなものがあるのかを論じ，各成果に対して，エンパワリング・リーダーシップがどの程度の効果があるのかもサーベイした。多くの研究では，創造性・革新性に関わる成果を取り上げており，一方で，従業員の態度や心理に関わる成果を取り上げていることもわかった。これらの成果に与える直接的な効果を見ると，創造性・革新性に関わる成果への効果よりも，従業員の態度・心理に関わる成果への効果の方がやや大きいことがわかった。また，業績（チームの業績，企業業績）に関わる成果を取り上げた研究もあり，この業績に関わる成果への効果は，ほとんどないことがわかった。

　また，第4章では，こうした様々な成果に至るプロセスを，文献をサーベイし明らかにした。特にエンパワリング・リーダーシップから諸成果へ至るプロセス内の媒介変数にはどのようなものがあり，この媒介変数の媒介効果はどの程度あるのかをサーベイした。さらに，エンパワリング・リーダーシップが諸成果をもたらす状況を明らかにするために，各研究ではどのようなモデレータ変数を扱い，この変数のモデレート効果はどのくらいあるのかをサーベイした。いくつかの研究では，心理的エンパワーメントが媒介変数として組み入れられ，その媒介効果が分析されていること，また，モデレータ変数には，その国の文化的価値が導入され，モデレート効果が分析されていることなどがわかった。

　第3章，第4章のサーベイは，エンパワリング・リーダーシップがもたらす具体的な成果やその成果に至るプロセスを明らかにするために行なわれたが，より個別の研究を詳細に検討し，これらの具体的な成果や成果に至るプロセスを明らかにしようとしたのが第5章であった。全部で5つの研究を詳細に検討し，具体的な成果や成果に至るプロセスを明らかにした。また，第5章では，2015年時点のエンパワリング・リーダーシップ研究そのものが抱える問題点も詳細に検討し，明らかにした。

## 3．日本企業のエンパワリング・リーダーシップに関連した現状 （第6章）

　本書のリサーチ・クエスチョンに対する答えを見出すためには，第2章から第5章で行なわれたようなエンパワリング・リーダーシップ研究のサーベイは不可欠であろう。しかし，多くのエンパワリング・リーダーシップ研究は，日本国外で行なわれたものであり，十分日本の状況を反映していない可能性がある。そこで，第6章では，日本企業の現場をサーベイし，日本企業のエンパワリング・リーダーシップに関わる現状を把握した。発見したことは沢山あったが，例えば，状況が厳しくなるとマネジャーやリーダーは，支援型のリーダーシップではなく，トップダウン型のリーダーシップを用いる傾向があることなどがわかった。

## 4. 本書におけるエンパワリング・リーダーシップの
## 分析枠組みと検証（第7章，第8章，第9章）

　これらのエンパワリング・リーダーシップ研究のサーベイ，そして，日本企業の現場のサーベイを受けて，本書で掲げたリサーチ・クエスチョンへの答えを実証的に求めようとしたのが，第7章から第9章である。この3つの章のうち，まず第7章では，文献のサーベイ，現場のサーベイを受けて，本書の分析枠組みを提示した。また，この分析枠組みに基づいて，いくつかの仮説を導出した。

　多くのエンパワリング・リーダーシップ研究では，エンパワリング・リーダーシップを独立変数として位置づけ，成果に関わる変数を従属変数として位置づけることが多いが，本書では，あるマネジャーやリーダーが，何故エンパワリング・リーダーシップというスタイルを取るのかというリサーチ・クエスチョンを掲げたため，エンパワリング・リーダーシップを独立変数としては位置づけなかった。エンパワリング・リーダーシップに先立って，いくつかの先行要因（従業員の特徴，マネジャー・リーダーの特徴，タスクの特徴）を設け，これらの先行要因がエンパワリング・リーダーシップへ影響を与えるという分析枠組みを作った。また，エンパワリング・リーダーシップから諸成果への影響過程においては，心理的エンパワーメントという媒介変数を導入した。そして，本書のリサーチ・クエスチョンに基づいて，この成果に関わる変数には，従業員の革新的行動と従業員の能力発揮を設けた。こうしてでき上がった分析枠組みに基づいて，仮説を導出したのが第7章である。

　続く第8章では，これらの仮説を検証するための方法を述べた。本書では，仮説を検証するためにアンケート調査を実施した。そして，このアンケート調査に用いられる質問項目をどのように確定させていったのかを述べた。分析枠組みや仮説に出てくる概念や変数を測定するためには，どのような質問項目を用いるべきかを，文献サーベイを中心にして，まずは大まかに明らかにした。そして，各概念，各変数を測定するために適切であろうと考えられる質問項目を確定させるために，項目間の構造を明らかにしていった。

　そして，第9章では，第7章で示した仮説が，得られたデータによって，ど

の程度検証されたのかを述べた。仮説を検証するにあたっては，変数間の単相
関を確認し，共分散構造分析や重回帰分析といった手法を用いた。

## Ⅱ　結論

　以上，本書の内容を手短に述べてみたが，次に本書でどのような結論が得ら
れたのかを述べていくことにしよう。まずは，本書の掲げた２つのリサーチ・
クエスチョンに対して，いかなる結論が得られたのかを述べていくことにした
い。

### 1．心理的エンパワーメントを通じて
### 　革新的行動・能力発揮に影響する

　本書の最初に掲げたリサーチ・クエスチョンは，「日本企業を対象にして，
そこで働くマネジャーやリーダーが発揮するエンパワリング・リーダーシップ
は，従業員の革新的行動や能力発揮を促すのだろうか」ということであった。
日本の上場製造企業の製造部門から収集したデータを分析すると，マネジャー
やリーダーによるエンパワリング・リーダーシップは，直接的には従業員の革
新的行動や能力発揮を促すことはなかった。しかし，心理的エンパワーメント
を媒介すると，マネジャーやリーダーによるエンパワリング・リーダーシップ
は，従業員の革新的行動や能力発揮を促していた。しかも，この心理的エンパ
ワーメントという媒介変数の媒介効果は完全媒介であり，マネジャーやリー
ダーによるエンパワリング・リーダーシップは，必ず従業員の心理的エンパ
ワーメントを通して，革新的行動や能力発揮が促されるということが明らかに
なった。

### 2．プロアクティブ性向を持つリーダーが
### 　エンパワリング・リーダーシップを発揮する

　次に，本書の掲げたリサーチ・クエスチョンは，「日本企業を対象にして，
そこで働くマネジャーやリーダーは，どのような要因の影響を受けて，エンパ
ワリング・リーダーシップというスタイルを取るのか」ということであった。

このリサーチ・クエスチョンへの答えを求めるために，はじめのリサーチ・ク
エスチョンの検証で用いた上場製造企業の製造部門からのデータを利用した。
その結果，あるマネジャーやリーダーがエンパワリング・リーダーシップを取
るかどうかは，そのマネジャーやリーダー自身の特徴が影響することがわかっ
た。特に，マネジャーやリーダーがプロアクティブ性向を持っているかどうか
が，大きな影響を与えていた。マネジャーやリーダーがプロアクティブ性向を
持っているほど，彼らがエンパワリング・リーダーシップというスタイルを取
ることがわかった。しかし，従業員の特徴やタスクの特徴は，予測と異なり，
エンパワリング・リーダーシップには影響を与えなかった。

## 3．媒介効果の分析とモデレート効果の分析が
   今後研究の中心となる

　本書の2つのリサーチ・クエスチョンへの答えがどうなったのかを述べてみ
たが，その他の結論を述べていくことにしよう。エンパワリング・リーダー
シップの研究は，各国の各分野で行なわれてきたが，エンパワリング・リー
ダーシップが，直接的に何らかの成果に影響を与えるという結論を導く研究は
あまり多くない。むしろ，何らかの媒介変数を通じて，間接的に成果に関わる
変数に影響を与えるとした研究の方が多かった。しかし，この媒介変数の媒介
効果について結論はまちまちであり，完全媒介とする研究もあれば，部分媒介
とする研究もあった。

　また，こうした媒介効果だけでなく，モデレータ変数のモデレート効果を分
析することも，研究の焦点の1つであることもわかった。エンパワリング・
リーダーシップは，どのような状況の時にも，何らかの成果をもたらすわけで
はなく，ある状況の時に成果をもたらすことが，いくつかの研究では示唆され
ていた。しかし，モデレータ変数のモデレータ効果を分析する研究は発展途上
であり，まだ未解明の部分は多い。今後も，エンパワリング・リーダーシップ
研究の焦点は，こうした媒介変数による媒介効果を分析することと，モデレー
タ変数によるモデレート効果を分析することであることがわかった。

# Ⅲ　学問的意義と実践的意義

それでは，本書で行なってきたエンパワリング・リーダーシップ研究の学問的意義，実践的意義はどこにあるのだろうか。この点についてふれてみたい。

## 1．学問的意義

### （1）日本企業を対象にしたエンパワリング・リーダーシップ研究を行なう

まずは，本書の学問的意義についてである。この学問的意義の第一は，日本企業を対象にして，そこでのエンパワリング・リーダーシップを取り上げ，その効果を明らかにしたことである。2000年代に入り，エンパワリング・リーダーシップ研究は，世界各国で，しかも様々な分野で行なわれるようになってきた。しかし，日本においては，エンパワリング・リーダーシップそのものを対象にした研究はあまり行なわれてこなかった。この日本企業におけるエンパワリング・リーダーシップを対象に，その効果を分析したのが本書であった。

### （2）エンパワリング・リーダーシップの先行要因を実証的に明らかにする

そして，第二の学問的意義としてあげられるのは，エンパワリング・リーダーシップの先行要因に着目して，この先行要因とエンパワリング・リーダーシップとの関係を実証的に明らかにしたことである。文献サーベイの中で示したように，エンパワリング・リーダーシップというスタイルをマネジャーやリーダーが，何故取るのか，その原因を解明する必要があると指摘したのはSharma&Kirkman(2015)であった。しかし，Sharma&Kirkman(2015)は，どのような要因がエンパワリング・リーダーシップへ影響を与えるかという理論的な推測をしただけで，実証的な検討はしなかった。本書では，このような様々な先行要因とエンパワリング・リーダーシップとの関係を，実証的に明らかにした点で学問的な意義を持つ。

### （3）媒介変数である心理的エンパワーメントの媒介効果を明らかにする

さて，本書の第三の学問的意義は，媒介変数の媒介効果をあらためて検証し

たことである。多くの先行研究では，エンパワリング・リーダーシップが直接的に何らかの成果に影響を与えているとは考えていない。エンパワリング・リーダーシップは，何らかの媒介変数を通じて，間接的に成果へ影響を与えると捉えていた。そして，この媒介変数の媒介効果が，どのようなものかを検討していた。媒介変数の媒介効果の分析は，数多く行なわれ，媒介変数や媒介効果の捉え方はまちまちであったが，本書では，心理的エンパワーメントを媒介変数として取り上げ，この変数が完全媒介の効果を持つという結論を示した。

## 2．実践的意義

### （1）従業員が心理的にエンパワーしているかどうかを確認すること

　次に実践的意義について述べてみよう。その第一として，マネジャーやリーダーは，従業員が革新的行動をするためには，また，能力発揮をするためには，彼らが心理的にエンパワーしているかどうかに注意を払いながら，マネジメントすべきであることがわかった。従業員の心理的エンパワーメントという媒介変数が完全媒介の効果を持つという本書の結論に基づけば，単純にマネジャーやリーダーがエンパワリング・リーダーシップを発揮するだけでは，従業員は革新的行動を取らないし，能力も発揮しない。従業員が革新的行動を取り，能力を発揮するには，従業員が心理的にエンパワーしていなくてはならず，マネジャーやリーダーは，単純にエンパワリング・リーダーシップを発揮すれば良いというわけではない。エンパワリング・リーダーシップが従業員の心理的エンパワーメントと結びついているかどうかに目配りしながら，マネジメントすべきであることを，本書の研究結果は教えている。

### （2）プロアクティブ性向を持ったマネジャー・リーダーを配置すること

　第二に，あるマネジャーやリーダーに，エンパワリング・リーダーシップを発揮してもらいたいならば，そのマネジャーやリーダーがプロアクティブ性向を持っているかを判断すべきことがわかった。本書では，あるマネジャーやリーダーがエンパワリング・リーダーシップを発揮するかどうかは，このマネジャーやリーダーの特徴，特にそのプロアクティブ性向が大きく関係していることを明らかにした。この結論に基づけば，マネジャーやリーダーがエンパワ

リング・リーダーシップを発揮できるようにするためには，リーダーシップの訓練以上に，マネジャーやリーダーのプロアクティブ性向がどの程度かを判断し，それに適した人材を配置するべきである。そして，プロアクティブ性向を持ったマネジャーやリーダーが，エンパワリング・リーダーシップを発揮するようになれば，従業員の革新的行動や能力発揮が促されるようになっていくであろう。

## Ⅳ　課題

　最後に，今後の研究課題について述べてみよう。研究課題は数多くあるが，次の5つをあげた。第一の研究課題は，モデレータ変数を導入し，モデレータ効果を分析するということである。多くのエンパワリング・リーダーシップ研究をサーベイすると，成果に至るまでのプロセスを解明することが，この研究分野の大きな課題であることがわかった。本書では，この成果に至るプロセスを解明する課題のうち，媒介変数の媒介効果の分析は行なってきたが，モデレータ変数のモデレート効果の分析は行なっていない。このモデレータ変数によるモデレート効果が明らかになれば，どのような状況の時に，エンパワリング・リーダーシップの効果が生み出されるかが，より鮮明にわかるであろう。

　第二の研究課題は，エンパワリング・リーダーシップによるネガティブな効果を分析するということである。多くのエンパワリング・リーダーシップ研究をサーベイすると，創造性発揮や能力発揮というようなポジティブな成果を取り上げる研究が多い。しかし，エンパワリング・リーダーシップは万能ではなく，ネガティブな成果を生み出すこともある。こうしたネガティブな成果という側面に注目した研究も，今後必要となるであろう。

　第三の研究課題は，日本企業のエンパワリング・リーダーシップの現状を反映させたモデルや仮説を作り，検証するということである。本書でも，日本企業のマネジャーやリーダーは，従業員の能力発揮に関心が高いことから，能力発揮という成果変数を導入したものの，その他の日本企業のエンパワリング・リーダーシップをめぐる状況をモデルや仮説に，十分反映させることはできなかった。

　そして，第四の研究課題は，共通方法バイアス(common method bias)の問題をクリアするということである。共通方法バイアスとは，「各概念が同一の調査方法で測定されることによって，調査方法に起因する分散が発生し，実際の概念間の相関より高く見積もられるバイアスのこと」(竹内，2020)である。本書の実証研究でも，このバイアスがクリアされているわけではない。本書の実証研究でも，「因果関係における原因となる変数（独立変数）と結果となる変数（従属変数）を同じ評価者が評価する」といった共通評価者効果があり(竹内，2020)，共通方法バイアスの問題は，依然として残っている。

　第五の研究課題は，システマティックな文献サーベイを行なってみることである。本書で行なってきたエンパワリング・リーダーシップの文献サーベイは，必ずしもシステマティックなレビューと言えるものではない。参照した研究に漏れがあり，採択された研究に偏りがある。また，「複数の独立した研究の結果を統計的に統合するための技術であるメタアナリシス」(下川，2017)を用いたわけではない。こうした定量的システマティックレビューと位置づけられるメタアナリシスという技術を用い，文献をサーベイすることも課題である[1]。

---

1　システマティックに文献をレビューした研究例には，Minyoung et al.(2019)がある。彼らは，本書で言及したSharma&Kirkman(2015)の文献サーベイの方法をより洗練させ，システマティックに文献をサーベイし，エンパワリング・リーダーシップの効果を分析した。彼らは，この30年間にインパクトファクターのある27の雑誌に掲載された論文の中から，定量的にエンパワリング・リーダーシップの効果を分析した論文を取り上げ，その内容を分析した。また，エンパワリング・リーダーシップの先行研究をメタ分析した研究例には，Lee&Tian(2018)がある。

# 謝　辞

　本書を書き上げるにあたって，多くの方々のお力をいただいた。本書を締め
くくるにあたって，これらの方々への謝辞を述べたい。

　すでにお亡くなりになってしまったが，研究者という考えもしなかった道に
進むことを後押しして下さった学部時代の恩師，田中英明先生に御礼を申し上
げたい。また，「君の問題意識と社会の問題意識は必ずしも同じではない」と，
興味深い指導をして下さった野口祐先生にも御礼を申し上げたい。そして，
「自分のテーマは大事に持っていなさい。いつか脚光を浴びる時が来るから」
と励まして下さったのは小島三郎先生である。先生にも御礼を申し上げたい。
さらに，現場を見ること，聞くこと，感じることの重要性を教えて下さったの
は，関口操先生であった。先生にも御礼を申し上げたい。4人の先生方は，す
でにこの世にいらっしゃらないが，先生方の言葉は，ずっと心の中に生きて，
私を支えてくれた。

　大学院生時代の頃から公私にわたって，本当に丁寧に指導して下さったのは
十川廣國先生であった。先生のちょっとした一言が自信につながったことが沢
山あった。先生にも厚く御礼を申し上げたい。

　これまでに出会った先生方には，多くの弟子がいて，長い間，私の研究生活
を支えて下さった。田中英明ゼミで知り合った城戸康彰先生（産業能率大学）
は，私の先輩であり，関心のあるテーマも類似していたので，沢山のことを教
えていただいた。また，野口祐ゼミでは，中原秀登先生（千葉大学名誉教授）
にも出会うことができた。中原先生には研究のことだけでなく，様々なことで
支えになっていただいた。そして，関口操ゼミには，上野哲郎先生（和光大学
名誉教授）が在籍しており，上野先生にも研究の支えだけではなく，心の支え
になっていただいた。また，同じ関口ゼミの中野千秋先生（麗澤大学名誉教
授）には，研究は言うまでもなく，学生指導で大変お世話になった。先生方に
も深く感謝を申し上げたい。

　十川廣國ゼミでは，実に多くの先生方に出会うことができた。年齢的には私
よりも若い先生方であったが，とても優秀な方々で，私を大いに刺激して下

さった。研究会を開き，日本のあちこちの企業へ行き，一緒に本を書き，合同ゼミ研究発表会を開くというように，実に多様な活動を一緒にさせていただいた。十川廣國ゼミ出身者である神戸和雄先生（慶應義塾大学），遠藤健哉先生（成城大学），馬場杉夫先生（専修大学），清水馨先生（千葉大学），今野喜文先生（北海学園大学），山﨑秀雄先生（武蔵大学），山田敏之先生（大東文化大学），坂本義和先生（日本大学），周炫宗先生（日本大学），横尾陽道先生（千葉大学），小沢一郎先生（専修大学），角田光弘先生（拓殖大学），永野寛子先生（立正大学），どうもありがとうございました。

　そして，その他，多くの先生方のお世話になった。研究や学生の指導でお世話になった高石光一先生（亜細亜大学），木村有里先生（中央大学），研究だけでなく心の支えにもなってくれた石井昌宏先生（上智大学）にも感謝申し上げたい。

　本書を発表することができたのは，現在勤務する大東文化大学の教職員の方々のおかげである。働きやすい，研究しやすい環境を作っていただいた皆様に感謝を申し上げたい。特に，私が在籍する経営学部の教職員の方々には，深く感謝を申し上げたい。そして，副学長時代，大学のマネジメントに一緒に関わってきた門脇廣文先生（中国文学），中村年春先生（消費者法），河内利治先生（書道学），浅野善治先生（政治学），高橋進先生（スポーツ教育学），水谷正大先生（数学），山崎雅教先生（会計学）にも感謝を申し上げたい。専門の異なるメンバーがチームとして活動し，マネジメントできたのは，本当に貴重な体験であった。

　日頃，研究上のデータを一緒に収集し，分析し，解釈をする上で力になってくれたのは，私のゼミ出身者である當間政義君（和光大学）と北野康君である。お二人とも馬力があり，データの収集や分析を相当なスピードで行なってくれた。お二人にも感謝を申し上げたい。

　お名前を出すことはできないが，研修や講演に参加して下さった企業の方々，さらにアンケート調査に協力して下さった企業の方々にも，感謝を申し上げたい。また，研修を企画する上で，何度もミーティングを行なった企業の人事の方々にもあらためて感謝を申し上げたい。このミーティングで，企業の方々が，今何に悩み，どういうトレーニングをすべきなのかが，理解できるようになっ

た。さらに，私の前著をきっかけにお知り合いになった企業の方々にも，感謝申し上げたい。

　母，そして妻，眞知子の支えがなければ，本書が完成されることはなかったであろう。母，そして妻，眞知子にも感謝を述べたい。

　最後になるが，本書で行なった研究は，科学研究費・基盤研究C（課題番号15K03623）の助成を受けて実施することができた。

# 初 出 一 覧

序章　書き下ろし

第1章　「エンパワリング・リーダーシップ：そのコンセプトの検討」『経営論集』
　　　　第25号，2012年，1-15頁を加筆，修正。

第2章　「エンパワリング・リーダーシップ研究の発展と現状」『経営論集』第32号，
　　　　2016年，1-15頁を加筆，修正。

第3章　書き下ろし

第4章　書き下ろし

第5章　「エンパワリング・リーダーシップ：その効果の検討」『社会イノベーショ
　　　　ン研究』第9巻第32号，2016年，1-22頁を加筆，修正

第6章　「日本企業のエンパワリング・リーダーシップ：現場のサーベイ」『経営論
　　　　集』第27号，2014年，1-17頁を加筆，修正
　　　　「続・日本企業のエンパワリング・リーダーシップ：現場のサーベイ」『経営
　　　　論集』第28・29合併号，2015年，71-90頁を加筆，修正

第7章　書き下ろし

第8章　書き下ろし

第9章　書き下ろし

第10章　書き下ろし

## 資料　本書で実施したアンケートの質問項目

### マネジャーの特徴に関する質問項目

| 質問項目 |
| --- |
| (1)　上司は，おかしいと思うことがあればすぐに修正する方である。 |
| (2)　上司は，可能性がどうであろうと，こうと思えばやり遂げる方である。 |
| (3)　上司は，周りの人から反対されようと，自分の考えを貫く方である。 |
| (4)　上司は，もっと良いやり方がないかいつも考えている。 |
| (5)　上司は，何かアイディアが浮かぶと，それを実行に移さずにいられない。 |
| (6)　上司は，チャンスを見出すのが得意だ。 |
| (7)　上司は，たくさんの仕事をしなければならない状態である。 |
| (8)　上司は，一所懸命働かなければならない状態である。 |
| (9)　上司は，時間内に仕事を処理しきれていない。 |
| (10)　上司の仕事は，高度の知識や技術が必要である。 |
| (11)　上司は，職場の目標を達成しなければならない圧力を感じている。 |
| (12)　上司は，勤務時間中，いつも仕事のことを考えている。 |

### 従業員の特徴に関する質問項目

| 質問項目 |
| --- |
| (1)　あなたは，おかしいと思うことがあればすぐに修正する方である。 |
| (2)　あなたは，可能性がどうであろうと，こうと思えばやり遂げる方である。 |
| (3)　あなたは，周りの人から反対されようと，自分の考えを貫く方である。 |
| (4)　あなたは，もっと良いやり方がないかいつも考えている。 |
| (5)　あなたは，何かアイディアが浮かぶと，それを実行に移さずにいられない。 |
| (6)　あなたは，チャンスを見出すのが得意だ。 |
| (7)　あなたは，自分の能力を正確に把握できている。 |
| (8)　あなたは，自分の長所や短所を理解している。 |
| (9)　あなたは，自分を客観的に見ることができる。 |
| (10)　あなたは，集中して仕事に取り組むことができている。 |
| (11)　あなたは，「やらされ感」を持つことが多い。 |
| (12)　あなたは，今の仕事をこのまま続けていいのか疑問に感じている。 |
| (13)　あなたは，他人の評価がほとんど気にならない。 |

⑴ あなたは，リラックスして仕事ができている。

⑮ あなたは，スランプの時に落ちこんでしまいがちである。

⑯ あなたは，職場の仕事を遂行する上で，必要な知識・スキル・ノウハウを沢山持っている。

⑰ あなたは，職場の仕事を遂行する上で，必要な知識・スキル・ノウハウに関して，他の人から質問されることが多い。

⑱ あなたは，職場で他の人からアドバイスを受けるより，他の人へアドバイスを与えることが多い。

## タスクの特徴に関する質問項目

| 質問項目 |
| --- |
| ⑴ あなたの仕事内容は，毎日決まっており，手順通りに行なうことが大切である。 |
| ⑵ あなたの仕事上の問題を解決する方法，手順は，あらかじめ決められている。 |
| ⑶ あなたの仕事には，緊急性の高いものが多い。 |
| ⑷ あなたの仕事の出来ばえをいつでも知ることができる。 |
| ⑸ あなたの仕事は，同僚の協力がなければ進められない。 |
| ⑹ あなたの仕事は，他部門や社外の協力がなければ進められない。 |

## エンパワリング・リーダーシップに関する質問項目

| 質問項目 |
| --- |
| ⑴ 上司は，あなたの仕事があなたにとってどれだけ意義があるかを説明してくれる。 |
| ⑵ 上司は，あなたの仕事が会社や職場でどれだけ意義があるかを説明してくれる。 |
| ⑶ 上司は，あなたに会社の政策・方針・目標を説明してくれる。 |
| ⑷ 上司は，あなたに会社の政策・方針・目標の意味まで説明してくれる。 |
| ⑸ 上司は，あなたに会社の政策・方針・目標やそれらの意味を自分の言葉で説明してくれる。 |
| ⑹ 上司は，あなたの職場のビジョンや役割を，会社全体の政策・方針・目標と結びつけて説明してくれる。 |
| ⑺ 上司は，あなたの職場の課題を少数の重点項目にしぼりこんでいる。 |
| ⑻ 上司は，部下たちに期待することを，しばしば語っている。 |
| ⑼ 上司は，あなたの考えに批判的になることが多い。 |
| ⑽ 上司は，部下たちに職場に必要なアイディアや提案を出すように働きかけている。 |
| ⑾ 上司は，部下たちから出されたアイディアや提案に耳を傾けている。 |
| ⑿ 上司は，部下たちが自分の意見を言えるチャンスをたびたび与えてくれる。 |

⑬　上司は，基本的にあなたに仕事を任せてくれる。

⑭　上司は，あなたが一所懸命がんばれば何とかできる仕事を任せてくれる。

⑮　上司は，あなたの能力より少し高い仕事を任せてくれる。

⑯　上司は，あなたに絶妙なタイミングで仕事を任せてくれる。

⑰　上司は，部下たちに仕事を任せっぱなしにせず，「守るべきこと」「してはいけないこと」も伝えてくれる。

⑱　上司は，部下たちに仕事を任せっぱなしにせず，必要な情報や知識が入手できる手助けをしてくれる。

⑲　上司は，部下たちに仕事を任せっぱなしにせず，いつでも相談に来られるようオープンにしている。

⑳　上司は，あなたの仕事が改善されるような専門的知識やスキル，ノウハウをしばしば提供してくれる。

㉑　上司は，あなたが困った時にしばしば助け船を出してくれる。

㉒　上司は，あなたの抱えている仕事上の問題を，根気強く時間を取って話し合ってくれる。

㉓　上司は，自分が模範を示すことにより，部下たちをリードすることを心がけている。

㉔　上司は，あなたが自分の仕事内容をふりかえれる機会を与えてくれる。

㉕　上司は，あなたの仕事について客観的な意見を言ってくれる。

㉖　上司は，あなたの仕事がうまくいかなかった時，その原因をあなた自身に考えさせる。

㉗　上司は，あなたの仕事がうまくいかなかった時，うまくいく方法を自分で考えだすよう促している。

㉘　上司は，あなたのプライベートな問題にも気を配ってくれる。

㉙　上司は，あなたの幸福にも関心を払ってくれる。

㉚　上司は，部下たちを平等に扱ってくれる。

㉛　上司は，あなたの仕事の成功，失敗にかかわらず，まずは労をねぎらってくれる。

㉜　上司は，あなたの仕事について，まず良い点を伝えてから問題点を指摘する。

㉝　上司は，普段の仕事の中で，あなたが成長したと感じる部分を伝えてくれる。

㉞　上司は，あなたの成長を素直に誉めてくれる。

㉟　上司は，あなたの仕事の現状と改善点をしばしば伝えてくれる。

㊱　上司は，部下たちに職場の現状と問題点をしばしば伝えてくれる。

## 心理的エンパワーメントに関わる質問項目

| 質問項目 |
| --- |
| (1) あなたは，今やっている自分の仕事を大切にしている。 |
| (2) あなたの仕事は，重要なことに役立っていると思う。 |
| (3) あなたの行なっている仕事は，あなたにとって重要である。 |
| (4) あなたが，仕事で達成しようとしていることは，あなたにとって意味がある。 |
| (5) あなたは，価値のあることをしている。 |
| (6) あなたは，仕事を進める上でのいろいろなやり方を，自分で選択できていると思う。 |
| (7) どのように物事に取り組むかは，あなたに任されている。 |
| (8) あなたは，仕事上何を行なうかを自分で決めている。 |
| (9) あなたは，現在仕事をしている中で，多くの自由を感じている。 |
| (10) あなたは，たくさんのことを自分で決めている。 |
| (11) あなたにとって，今の仕事は得意な方である。 |
| (12) あなたは，今あなたが行なっていることに熟達していると思う。 |
| (13) あなたは，有能に仕事をこなしている。 |
| (14) あなたは，今の仕事がよくできる。 |
| (15) あなたは，仕事をなんとかうまくやっている。 |
| (16) あなたは，仕事で成長していると思う。 |
| (17) あなたは，現在，物事がうまくいっていると感じている。 |
| (18) あなたは，あなたの掲げた仕事の目標を達成しつつある。 |
| (19) あなたの様々な作業は，なんとか前へ進んでいる。 |
| (20) あなたの仕事は，順調に進んでいる。 |

## 革新的行動に関する質問項目

| 質問項目 |
| --- |
| (1) あなたは，仕事上の問題を効率的に解決している。 |
| (2) あなたは，日々改善しながら仕事を進めている。 |
| (3) あなたは，仕事の課題・問題点を明確にしている。 |
| (4) あなたは，仕事をより効率的に進めている。 |
| (5) あなたは，会社や職場に関連した情報を集めている。 |
| (6) あなたは，業界や競合企業などに関する知識を深めている。 |
| (7) あなたは，会社や仕事に必要と考える分野を勉強している。 |
| (8) あなたは，業務遂行に必要な情報を収集している。 |

(9)　あなたは，お客様や関連部署の要求や興味を踏まえて対応している。

(10)　あなたは，お客様や関連部署からのニーズや不満をよく聞いている。

(11)　あなたは，お客様や関連部署を優先した考えをしている。

(12)　あなたは，お客様や関連部署の立場に立った意見を出している。

(13)　あなたは，今までにないアイディアを出している。

(14)　あなたは，より良い方法を考えつく。

(15)　あなたは，より効果的なやり方を思いつく。

(16)　あなたは，新規プロジェクトのアイディアや仕事のやり方を改革するアイディアを提案している。

## 能力発揮に関する質問項目

| 質問項目 |
| --- |
| (1)　あなたは，以前より，相手の意見を否定せず尊重できるようになっている。 |
| (2)　あなたは，以前より，相手の表情の変化，身なり，体調などに関心を持てるようになっている。 |
| (3)　あなたは，以前より，どの相手に対しても同じ目線で話せるようになっている。 |
| (4)　あなたは，以前より，相手の良い点を素直に誉められるようになっている。 |
| (5)　あなたは，以前より，毎日，規則正しい生活ができるようになっている。 |
| (6)　あなたは，以前より，毎日，気持ちを安定させ仕事ができるようになっている。 |
| (7)　あなたは，以前より，自分の仕事がうまく成し遂げられるという自信が持てるようになっている。 |
| (8)　あなたは，以前より，問題の因果関係を探り，何が本当の問題かを明確にできるようになっている。 |
| (9)　あなたは，以前より，過去の事例や情に流されずに，安易な解決策を出さないようになっている。 |
| (10)　あなたは，以前より，迅速に解決策を作り，問題を処理できるようになっている。 |
| (11)　あなたは，以前より，常に達成できると信じて行動できるようになっている。 |
| (12)　あなたは，以前より，仕事の質をあげることができるようになっている。 |
| (13)　あなたは，以前より，素早く仕事をすることができるようになっている。 |
| (14)　あなたは，以前より，正確に仕事をすることができるようになっている。 |
| (15)　あなたは，以前より，仕事をするにあたって必要となる知識・ノウハウが増えている。 |
| (16)　あなたは，以前より，積極的に他の部署の人々と接触し，必要な時に助けを求められるようになっている。 |

注) いずれの質問項目においても，アンケート回答者には，①まったくちがう，②かなりちがう，③ややちがう，④ややそのとおり，⑤かなりそのとおり，⑥まったくそのとおり，のうちから該当する番号を選んでもらった。

# 参　考　文　献

Ahearne, M., Mathieu, J.&A. Rapp(2005)To Empower or Not to Empower Your Sales Force? An Empirical Examination of the Influence of Leadership Empowerment Behavior on Customer Satisfaction and Performance, *Journal of Applied Psychology*, 90(5), pp.945-955.

Aiken, L.S. &S.G.West(1991)*Multiple Regression:Testing and Interpreting Interaction*, Newbury Park, CA : Sage.

Amabile, T.M., Conti, R., Coon, H., Lazenby, J.&M. Herron(1996)Assessing the Work Environment for Creativity, *Academy of Management Journal*, 39(5), pp.1154-1184.

Amabile, T.M.(1997)Motivating Creativity in Organizations : On Doing What You Love and Loving What You Do, *California Management Review*, 40, pp.39-58.

青木幹喜（1998）「従業員のエンパワーメントとその効果：日本企業を対象にした実証研究」『東京情報大学研究論集』第 2 巻第 2 号，71-90頁。

青木幹喜（2000）「経営におけるエンパワーメント：そのコンセプトの変遷」『経営情報科学』第12巻，1 -20頁。

青木幹喜（2001）「企業の組織能力と収益性」『経営分析研究』第17号，54-61頁。

青木幹喜（2003）「日本企業の組織能力と財務的業績：日本の製造企業を対象にした実証研究」『経営論集』第 5 号，25-45頁。

青木幹喜（2005）『経営におけるエンパワーメント：その理論展開と実証研究』大東文化大学経営研究所。

青木幹喜（2006）『エンパワーメント経営』中央経済社。

青木幹喜（2012）「エンパワリング・リーダーシップ：そのコンセプトの検討」『経営論集』第25号，1 -15頁。

青木幹喜（2014）「日本企業のエンパワリング・リーダーシップ：現場のサーベイ」『経営論集』第27号，1 -17頁。

青木幹喜（2014）「エンパワリング・リーダーシップ：その効果の検討」『社会イノベーション研究』第 9 巻第 2 号，1 -22頁。

青木幹喜（2015）「続・日本企業のエンパワリング・リーダーシップ：現場のサーベイ」『経営論集』第28・29合併号，71-90頁。

青木幹喜（2016）「エンパワリング・リーダーシップ研究の発展と現状」『経営論集』

第32号，1-15頁。

青木幹喜（2019）「日本企業のエンパワリング・リーダーシップ：その先行要因の検討」『経営学論集第89集』（42）1-（42）9。

青木幹喜・北野康（2019）「非正規雇用従業員のサイコロジカル・エンパワーメントと創造性発揮・能力発揮：小売業を対象にした実証研究」『経営論集』第37号，9-27頁。

Arnold, J.A., Arad, S., Rhoades, J.A.&F. Drasgow(2000)The Empowering Leadership Questionnaire : The Construction and Validation of a New Scale for Measuring Leader Behaviors. *Journal of Organizational Behavior,* 21, pp.249-269.

馬塲杉夫（2019）『なぜ組織は個を活かせないのか』中央経済社。

Bakker, A.B.&M.P.Leiter(Eds.)(2010)*Work Engagement：A Handbook of Essential Theory and Research*, Psychology Press.（島津明人総監訳『ワーク・エンゲイジメント：基本理論と研究のためのハンドブック』星和書店，2014年）。

Bandura, A.(1977)Self-Efficacy : Toward a Unifying Theory of Behavioral Change, *Psychological Review*, 84(2), pp.191-215.

Bandura, A.(1995)*Self-efficacy in Changing Societies*, Cambridge University.（本明寛・野口京子監訳『激動社会の中の自己効力』金子書房，1997）。

Baron, R.M.&D.A.Kenny(1986) The Moderator-Mediator Variable Distinction in Social Psychological Research : Conceptual, Strategic, and Statistical Considerations, *Journal of Personality and Social Psychology*, 51(6). pp.1173-1182.

Bateman, T.S.&J.M. Crant(1993)The Proactive Component of Organizational Behavior：A Measure and Correlates, *Journal of Organizational Behavior*, 14(2), pp.103-118.

Blanchard, K.H.(2007)*Leading at a Higher Level*, Pearson Education, Inc.（田辺希久子・村田綾子訳『ケン・ブランチャード　リーダーシップ論：より良い成果をいかにしてあげるか』ダイヤモンド社，2012）。

Bobbio, A., Bellan, M.&A. M. Manganelli(2012)Empowering Leadership, Perceived Organizational Support, Trust, and Job Burnout for Nurses : A Study in an Italian General Hospital. *Health Care Management Review,* 37, pp.77-87.

Carmeli, A., Schaubroeck, J.&A. Tishler (2011)How CEO Empowering Leadership Shapes Top Management Team Processes : Implications for Firm Performance. *The Leadership Quarterly*, 22, pp.399-411.

Carmeli, A.&G. M.Spreitzer(2009)Trust, Connectivity, and Thriving : Implications for Innovative Behaviors at Work, *The Journal of Creative Behavior*, 43(3), pp.169-191.

Chen, Z. X., &S. Aryee(2007)Delegation and Employee Work Outcomes : An Examination of the Cultural Context of Mediating Processes in China. *Academy of Management Journal*, 50, pp.226-238.

Chen, G., Sharma, P.N., Edinger, S.K., Shapiro, D.L.&J-L. Farh(2011)Motivating and Demotivating Forces in Teams : Cross-Level Influences of Empowering Leadership and Relationship Conflict, *Journal of Applied psychology*, 96(3), pp.541-557.

Chen, G., Smith, T.A., Kirkman, B.L., Zhanhg, P., Lemoine, G.J.&J-L. Farh(2019) Multiple Team Membership and Empowerment Spillover Effects : Can Empowerment Process Cross Team Boundaries?, *Journal of Applied psychology*, 104(3), pp.321-340.

Conger, J.A.&R.N. Kanungo(1988)The Empowerment Process:Integrating Theory and Practice, *Academy of Management Review*, 13(3), pp.471-482.

Clugston, M., Howell, J.P.&P.W. Dorfman(2000)Does Cultural Socialization Predict Multiple Bases and Foci of Commitment?, *Journal of Management*, 26(1), pp.5-30.

Crant, J.M.(1995)The Proactive Personality Scale and Objective Job Performance among Real Estate Agents, *Journal of Applied Psychology*, 80(4), pp.532-537.

Daft, R.L.(2002) *The Leadership Experience : Second Edition*, South-Western.

Deci, E.L.(1975) *Intrinsic Motivation*, Plenum Press. (安藤延男・石田梅男訳『内発的動機づけ：実験社会心理学的アプローチ』誠信書房, 1980)。

Deci, E.L.(1981) *The Psychology of Self-Determination*, D.C. Heath&Company. (石田梅男訳『自己決定の心理学』誠信書房, 1985)。

Deshon, R.P., Kozlowski, S.W., Schmidt, A.M., Milner, K.R.&D. Wiechmann(2004)A Multiple-Goal, Multilevel Model of Feedback Effects on the Regulation of Individual and Team Performance, *Journal of Applied psychology*, 89(6), pp.1035-1056.

Dewettinck, K. &M.V. Ameijde(2007)Linking Leadership Empowerment Behavior to Employee Attitudes and Behavioral Intentions : Testing the Mediating Role of Psychological Empowerment, *Vlerick Leuven Gent Working Paper Series* 2007/21.

Esayas Degago(2015)*Psychological Empowerment and Employee Performance : Impact of Psychological Empowerment on Employee Performance*, LAP LAMBERT Academic Publishing.

Fiedler, F.E.(1967)*A Theory of Leadership Effectiveness*, McGraw-Hill, Inc. (山田雄

一監訳『新しい管理者像の探求』産業能率短期大学出版部，1970）。

Forrester, R.(2000)Empowerment : Rejuvenating a Potent Idea, *Academy of Management Executive*, 14(3), pp.67-80.

藤原文雄・露口健司・武井敦史編（2010）『学校組織調査法：デザイン・方法・技法』学事出版。

福原俊一（2013）『臨床研究の道標：7つのステップで学ぶ研究デザイン』認定NPO法人 健康医療評価研究機構。

福澤菜恵・岩田一哲（2015）「プレイング・マネジャーのストレスに関する実態調査：ミドル・マネジャーを中心に」『人文社会論叢・社会科学篇』145-166頁。

淵上克義（2002）『リーダーシップの社会心理学』ナカニシヤ出版。

Greenleaf, R.K.(1977)*Servant Leadership : A Journey into the Nature of Legitimate Power and Greatness*, Mahwah, NJ : Paulist Press.

Hackman, J.R.&E.E.Lawler(1971)Employee Reactions to Job Characteristics, *Journal of Applied Psychology*, 55(3), pp.259-286.

Hackman, J.R.&G.R. Oldham(1980)*Work Redesign*, Addison-Wesley Publishing Company.

Hamel, G. &M, Zanini(2020)Harnessing Everyday Genius, *Harvard Business Review*, July-August 2020.（有賀裕子訳「ミシュランの事例に学ぶ現場の潜在力を引き出すマネジャーの心得」『DIAMOND ハーバード・ビジネス・レビュー』2021年3月号，48-59頁）。

Harris, T.B., Li,N., Boswell, W.R., Zhang, X. &Z, Xie(2014)Getting What's New from Newcomers : Empowering Leadership, Creativity, and Adjustment in the Socialization Context, *Personnel Psychology,* 67, pp.567-604.

Hassan, S., Mahsud, R., Yukl, G. &G.E. Prussia(2013)Ethical and Empowering Leadership and Leader Effectiveness, *Journal of Managerial Psychology*, 28(2), pp.133-146.

蜂屋良彦（1999）『集団の賢さと愚かさ：小集団リーダーシップ研究』ミネルヴァ書房。

Hayes, A. F.(2018)*Introduction to Mediation, Moderation, and Conditional Process Analysis : A Regression-Based Aproach : Second Edition*, The Guilford Press.

林文俊・松原敏浩（1988）「リーダーシップ効果に及ぼす部下のレディネスの影響について：組織の階層水準を考慮したSituational Leadership理論の検討」『経営行動科学』第12巻第2号，103-112頁。

Heller, F. A.(1973)Leadership, Decision Making, and Contingency Theory, *Industrial*

*Relations*, 12, pp. 183-199.

Heller, F. A.(1992)*Decision-Making and Leadership*, Cambridge University Press.

Herold, D. M., Liden, R. C. &M. L. Leatherwood(1987)Using Multiple Attributes to Assess Sources of Performance Feedback, *Academy of Management Journal*, 30 (4), pp. 826-835.

Hersey, P.&K.H.Blanchard(1977)*Management of Organizational Behavior : Utilization of Human Resorces, 3rd ed.*, Prentice-Hall, Inc.（山本成二・水野基・成田攻訳『入門から応用へ　行動科学の展開：人的資源の活用』日本生産性本部, 1978）。

Hofstede, G.(1980)*Culture's Consquences*, Sage publications.（萬成博・安藤文四郎監訳『経営文化の国際比較』産業能率大学出版部，1984）。

Holmbeck, G.N.(2002)Post-hoc Probing of Significant Moderational and Mediational Effects in Studies of Pediatric Populations, *Journal of Pediatric Psychology*, 27(1), pp.87-96.

今田高俊（2001）「組織変革とポストモダン」経営学史学会編『組織・管理研究の百年』文眞堂，73-93頁。

今田高俊（2010）「組織活性化の条件：人と組織のエンパワーメント（基調講演）」『経営行動科学』第23巻第1号，67-78頁。

岩田一哲（2018）『職場のストレスとそのマネジメント：ストレス蓄積の過程に注目して』創成社。

Jordan, A.H. &P.G. Audia(2012)Self-Enhancement and Learning from Performance Feedback, *Academy of Management Review*, 37(2), pp.211-231.

金井壽宏（1989）「セルフ・リーダーシップ論の展望：その理論的基礎と実験的課題」『国民経済雑誌』160（6），85-113頁。

金井壽宏（1991）『変革型ミドルの探求：戦略・革新指向の管理者行動』白桃書房。

神戸康弘（2014）「Meanigful Work：意味深い仕事とは—リプス・ウィルスマ先生来日記念講演会—」『経営行動科学』第27巻第2号，177-184頁。

神戸康弘（2016）『「意味マップ」のキャリア分析：「個人の意味」が「社会の意味」になるメカニズム』白桃書房。

勝俣暎史（2005）『コンピタンス心理学：教育・福祉・ビジネスに活かす』培風館。

Kinicki, A.J., Prussia. G.E., Wu. B. &F.M. McKee-Ryan(2004)A Covariance Structure Analysis of Employees' Response to Performance Feedback, *Journal of Applied psychology*, 89(6), pp.1057-1069.

Kirkman, B.L.&B. Rosen(1997)A Model of Work Team Empowerment, in Woodman

R.W.&W.A. Pasmore eds., *Research in Organizational Change and Development*, Vol. 10, Greenwich, CT : JAI Press, pp.131-167.

Kirkman, B.L.&B. Rosen (1999) Beyond Self-Management : Antecedents and Consequences of Team Empowerment, *Academy of Management Journal*, 42(1), pp.58-74.

Kirkman, B.L.&B. Rosen (2000) Powering Up Teams, *Organizational Dynamics*, Winter, pp.48-65.

Kitano, K., Aoki, M.&M, Toma (2020) Effect of Empowering Leadership on Creativity and Ability of Employees : Comparison of Regular and Non-Regular Employees, *Journal of Japanese Management*, 5(1), pp.18-34.

小杉俊哉（2013）『リーダーシップ3.0：カリスマから支援者へ』祥伝社。

久保田康司（2019）『上司の自律性支援とコーチングが部下の動機づけに与える影響：自己決定理論に着目して』文眞堂。

Lawler, E.E. (1986) *High-Involvement Management*, Jossey-Bass Inc., Publishers.

Lawler, E.E. (1992) *The Ultimate Advantage ; Creating the High-Involvement Organization*, Jossey-Bass Inc., Publishers.

Lawler, E.E. (1996) *From the Ground up : Six Principles for Building the New Logic Corporation*, Jossey-Bass Inc., Publishers.

Leavitt, H.J. (2005) *Top Down : Why Hierarchies are Here to Stay and How to Manage Them More Effectively*, Harvard Business School Press.

Leana, C,R. (1986) Predictors and Consequences of Delegation, *Academy of Management Journal*, 29(4), pp.754-774.

Leana, C.R. (1987) Power Relinquishment versus Power Sharing : Theoretical Clarification and Empirical Comparison of Delegation and Participation, *Journal of Applied Psychology*, 72(2), pp.228-233.

Lee, A.W.&A.W.Tian (2018) Empowering Leadership : A Meta-Analytic Examination of Incremental Contribution, Mediation, and Moderation, *Journal of Organizational Behavior*, 39(3), pp.306-325.

Lips-Wiersma, M.S. (2002) The Influence of Spiritual "Meaningful-Making" on Career Behavior, *Journal of Management Development*, 21, pp.497-520.

Lips-Wiersma, M.S.&L.Morris (2009) Discriminating Between 'Meaningful Work' and the 'Management of Meaning', *Journal of Business Ethics*,. 88, pp.491-511.

Lorinkova, N.M., Pearsall, M.J.&H.P. Sims Jr. (2013) Examining the Differential Longitudinal Performance of Directive versus Empowering Leadership in Teams.

*Academy of Management Journal*, 56(2), pp.573-596.

Manz, C.C.&C.P. Neck(1999)*Mastering Self-Leadership : Second Edition*, Prentice-Hall, Inc.（宍戸由希子訳『なりたい自分になる技術：あなたを成功に導くセルフリーダーシップ』生産性出版，1999）。

Martin, S.L., Liao, H.&E.M. Campbell(2013)Directive versus Empowering Leadership : A Field Experiment Comparing Impacts on Task Proficiency and Proactivity, *Academy of Management Journal*, 56(5), pp.1372-1395.

Martínez-Córcoles, M., Schöbel, M., Gracia, F.J., Tomàs, I.&J.M. Peiró(2012)Linking Empowering Leadership to Safety Participation in Nuclear Power Plants : A Structural Equation Model. *Journal of Safety Research*, 43, pp.215-221.

松尾睦（2011）『職場が生きる人が育つ「経験学習」入門』ダイヤモンド社。

松尾睦（2013）『成長する管理職：優れたマネジャーはいかに経験から学んでいるのか』東洋経済新報社。

松尾睦（2013）「育て上手のマネジャーの指導方法：若手社員の問題行動とOJT」『日本労働研究雑誌』639号，40-53頁。

松尾睦（2014）「経験から学ぶ能力を高める指導方法」『名古屋高等教育研究』14号，257-276頁。

松尾睦（2015）『「経験学習」ケーススタディ』ダイヤモンド社。

McCauley, C.D., Moxley, R.S.&E.V.Velsor(Eds.)(1998)*The Center for Creative Leadership : Handbook of Leadership Development*, Jossey-Bass Inc., Publishers.（金井壽宏監訳『リーダーシップ開発ハンドブック』白桃書房，2011）。

Minyoung, C., Yammarino, F.J., Dionne, S.D., Spain, S.M.&C-Y.Tsai(2019)A Review the Effectiveness of Empowering Leadership, *The Leadership Quarterly*, 30, pp.34-58.

三隅二不二編（1987）『働くことの意味：Meaning of Working Life : MOWの国際比較研究』有斐閣。

両角亜希子編（2019）『学長リーダーシップの条件』東信堂。

本村美和・川口孝泰（2013）「中規模病院の看護管理者におけるコンピテンシー評価尺度の開発」『日本看護研究学会雑誌』第36巻第1号，61-70頁。

Mulder, M.(1977)*The Daily Power Game*, Leiden : Martinus Nijhoff.

奈須正裕（2017）『「資質・能力」と学びのメカニズム』東洋館出版社。

西村毅（2014）『フリーダム経営：「日本的経営」を革新する』日経事業出版センター。

中原淳（2010）『職場学習論：仕事の学びを科学する』東京大学出版会。

中原淳（2012）『経営学習論：人材育成を科学する』東京大学出版会。

中原淳（2017）『フィードバック入門』PHPビジネス新書。

岡本大輔・古川靖洋・佐藤和・馬場杉夫（2012）『深化する日本の経営：社会・トップ・戦略・組織』千倉書房。

大久保幸夫（2010）『日本型キャリアデザインの方法：「筏下り」を経て「山登り」に至る14章』経団連出版。

太田さつき・竹内倫和・高石光一・岡村一成（2016）「プロアクティブ行動測定尺度の日本における有効性：Griffin, Neal&Parker(2007)のフレームワークを用いた検討」『産業・組織心理学研究』第29巻第2号，59-71頁。

Parker, S.&T.Wall(1988)*Job and Work Design : Organizing Work to Promote Well-Being and Effectiveness*, SAGE Publications, Inc.

Pearce, C. L.&H.P. Sims, Jr.(2002)Vertical Versus Shared Leadership as Predictors of the Effectiveness of Change Management Teams:An Examination of Aversive, Directive, Transactional, Transformational, and Empowering Leader Behaviors, *Group Dynamics : Theory, Research, and Practice*, 6(2), pp.172-197.

Quinn, R.E.&G.M. Spreitzer(1997)The Road to Empowerment : Seven Questions Every Leader Should Consider, *Organizational Dynamics*, Autumn, pp. 37-49.

Raub, S.&C. Robert(2012) Empowerment, Organzational Commitment, and Voice Behavior in the Hospitality Industry : Evidence from a Multinational Sample, *Cornell Hospitality Quarterly*, 54(2), pp.136-148.

Robbins, S.P.(1994)*Management : Fouth Edition*, Prentice-Hall International, Inc.

Rosso, B.D., Dekas, K.H.&A. Wrzesniewski(2010)On the Meaning of Work : A Theoritical Integration and Review, *Research in Organizational Behavior* 30, pp.91-127.

Sagnak, M.(2012)The Empowering Leadership and Teachers' Innovative Behavior : The Mediating Role of Innovation Climate, *African Journal of Business Management*, 6(4), pp.1635-1641.

坂田桐子・淵上克義編（2008）『社会心理学におけるリーダーシップ研究のパースペクティブI』ナカニシヤ出版。

Schaufeli, W.B.&P, Dijkstra(2010) *Bevlogen aan het werk*, Uitgeverij van Schouten&Nelissen.（島津明人・佐藤美奈子訳『ワーク・エンゲイジメント入門』星和書店，2012）。

Schilpzand, P., Houston, L.&J. Cho(2018)Not Too Tired To Be Proactive : Daily Empowering Leadership Spurs Next-Morning Employee Proactivity as Moderated by Nightly Sleep Quality, *Academy of Management Journal*, 61(6), pp.2367-2387.

Sharma, P.N.&B.L. Kirkman(2015)Leveraging Leaders : A Literature Review and Future Lines of Inquiry for Empowering Leadership Research, *Group&Organization Management*, 40(2), pp.193-237.

支援基礎論研究会編（2000）『支援学：管理社会をこえて』東方出版。

柴田高（2013）「事業再建におけるリーダーシップ」『東京経大学会誌』第280号，11-24頁。

清水龍瑩（1979）『企業行動と成長要因の分析』有斐閣。

清水裕士・荘島宏二郎（2017）『心理学のための統計学3　社会心理学のための統計学』誠信書房。

下川敏雄（2017）「メタアナリシス：医学統計セミナー2017」（https://waidai-csc.jp/updata/2018/08/seminar-igaku-20180223.pdf）。

関口倫紀（2012）「大学生のアルバイト選択とコミットメントおよび就職活動目標：中核的自己評価と職務特性の役割を中心に」『経営行動科学』第25巻第2号，129-140頁。

Simons, R.(1995)*Levers of Control : How Managers Use Innovative Control Systems to Drive Strategic Renewal*, Harvard Business School Press.（中村元一・黒田哲彦・浦島史惠訳『ハーバード流「21世紀経営」4つのコントロール・レバー』産能大学出版部，1998）。

Simons, R.(2005)*Levers of Organization Design : How Managers Use Accountability Systems for Greater Performance and Commitment*, Harvard Business School Press.（谷武幸・窪田祐一・松尾貴巳・近藤隆史訳『戦略実現の組織デザイン』中央経済社，2008）。

Sims Jr, H.P., Faraj. S.&S. Yun(2009) When Should a Leader be Directive or Empowering? How to Develop Your Own Situational Theory of Leadership, *Business Horizons*, 52, pp.149-158.

十川廣國（1997）『企業の再活性化とイノベーション』中央経済社。

十川廣國・青木幹喜・遠藤健哉・馬場杉夫・清水馨・大前慶和・今野喜文・許秀媚，周炫宗，横尾陽道（2000）「『企業変革のマネジメント』に関するアンケート調査」『三田商学研究』第42巻，227-252頁。

十川廣國・青木幹喜・遠藤健哉・馬場杉夫・清水馨・大前慶和・今野喜文・許秀媚・山﨑秀雄・山田敏之・周炫宗・横尾陽道（2000）「『企業変革のマネジメント』に関するアンケート調査2」『三田商学研究』第43巻第5号，193-224頁。

十川廣國・青木幹喜・遠藤健哉・馬場杉夫・清水馨・大前慶和・今野喜文・山﨑秀

雄・山田敏之・許秀媚・周炫宗・横尾陽道（2002）「『戦略経営』に関するアンケート調査」『三田商学研究』第44巻第6号，145-179頁。

十川廣國・青木幹喜・遠藤健哉・馬塲杉夫・清水 馨・今野喜文・坂本義和・山﨑秀雄・山田敏之・周炫宗・横尾陽道・小沢一郎・角田光弘（2003）「『未来創造型経営』に関するアンケート調査」『三田商学研究』第45巻第6号，143-186頁。

十川廣國・青木幹喜・遠藤健哉・馬塲杉夫・清水 馨・坂本義和・山﨑秀雄・今野喜文・山田敏之・周炫宗・朱炎・横尾陽道・小沢一郎・角田光弘・岡田拓己・渡邊航（2003）「『新時代の企業行動：継続と変化』に関するアンケート調査」『三田商学研究』第46巻第5号，45-65頁。

十川廣國・青木幹喜・遠藤健哉・馬塲杉夫・清水 馨・今野喜文・山﨑秀雄・山田敏之・坂本義和・周炫宗・横尾陽道・小沢一郎・角田光弘・岡田拓己・渡邊航（2005）「『新時代の企業行動：継続と変化』に関するアンケート調査2」『三田商学研究』第47巻第6号，121-145頁。

十川廣國・青木幹喜・遠藤健哉・馬塲杉夫・清水 馨・今野喜文・山﨑秀雄・山田敏之・坂本義和・周炫宗・横尾陽道・小沢一郎・角田光弘・岡田拓己・永野寛子（2006）「『新時代の企業行動：継続と変化』に関するアンケート調査3」『三田商学研究』第48巻第6号，147-167頁。

十川廣國・青木幹喜・遠藤健哉・馬塲杉夫・清水 馨・今野喜文・山﨑秀雄・山田敏之・坂本義和・周炫宗・横尾陽道・小沢一郎・角田光弘・岡田拓己・永野寛子（2007）「『変化の時代における不変のマネジメント』に関するアンケート調査」『三田商学研究』第49巻第7号，205-228頁。

十川廣國・青木幹喜・神戸和雄・遠藤健哉・馬塲杉夫・清水 馨・今野喜文・山﨑秀雄・山田敏之・坂本義和・周炫宗・横尾陽道・小沢一郎・角田光弘・永野寛子（2008）「イノベーションの源泉としての学習能力」『社会イノベーション研究』第3巻第2号，19-55頁。

十川廣國・青木幹喜・神戸和雄・遠藤健哉・馬塲杉夫・清水 馨・今野喜文・山﨑秀雄・山田敏之・坂本義和・周炫宗・横尾陽道・小沢一郎・角田光弘・永野寛子（2009）「マネジメント・イノベーションと組織能力の向上：新たな競争優位構築を目指して」『社会イノベーション研究』第4巻第2号，1-26頁。

十川廣國・青木幹喜・神戸和雄・遠藤健哉・馬塲杉夫・清水 馨・今野喜文・山﨑秀雄・山田敏之・坂本義和・周炫宗・横尾陽道・小沢一郎・永野寛子「製品イノベーションを誘導する組織プロセス」（2010）『社会イノベーション研究』第5巻第2号，1-31頁。

十川廣國・青木幹喜・神戸和雄・遠藤健哉・馬塲杉夫・清水 馨・今野喜文・山﨑秀

雄・山田敏之・坂本義和・周　炫宗・横尾陽道・小沢一郎・永野寛子「製品イノ
ベーションのためのコラボレーション」(2011)『社会イノベーション研究』第 6 巻
第 1・2 号合併号，1 -21頁。

Spreitzer, G.M.(1995)Psychological Empowerment in the Workplace : Dimensions,
Measurement, and Validation. *Academy of Management Journal*, 38(5), pp.1442-
1465.

Spreitzer, G.M.(1996)Social Structural Characteristics of Psychological
Empowerment, *Academy of Management Journal*, 39(2), pp.483-504.

Spreitzer, G.M., M.A. Kizilos&S.W. Nason(1997)A Dimensional Analysis of the
Relationship Between Psychological Empowerment and Effectiveness, Satisfaction,
and Strain, *Journal of Management*, 23(5), pp.679-704.

Spreitzer, G.M.&R.E. Quinn(2001)*A Company of Leaders : Five Disciplines for
Unleashing the Power in Your Workforce*, Jossey-Bass, Inc.

Spreitzer, G.M.&C. Porath(2014)Enable Thriving at Work, in *How to be a Positive
Leader : Small Actions, Big Impact*, Berrett-Koehler Publishers, Inc. pp.45-54.

Srivastava, A., Bartol, K.M.&E.A. Locke(2006)Empowering Leadership in
Management Teams : Effects on Knowledge Sharing, Efficacy, and Performance,
*Academy of Management Journal*, 49(6), pp.1239-1251.

Steger, M.F., Dik, B.J.&R.D. Duffy(2012)Measuring Meanigful Work : The Work and
Meaning Inventory(WAMI), *Journal of Career Assessment*, pp.1-16.

Stone, D.&S. Heen(2015)*Thanks for the Feedback : The Science and Art of
Receiving Feedback Well*, Penguin.（花塚恵訳『ハーバードあなたを成長させる
フィードバックの授業』東洋経済新報社，2016)。

Stone, E.F.(1978)*Research Methods in Organizational Behavior : 5th Edition*,
Goodyear Publishing Co., Inc.（鎌田伸一・野中郁次郎訳『組織行動の調査方法』
白桃書房，1980)

杉浦健（2001)「スポーツ選手としての心理的成熟理論についての実証的研究」『体
育学研究』第46号，337-351頁。

杉浦健（2004)『転機の心理学』ナカニシヤ出版。

杉浦健（2009)『スポーツ心理学者が教える「働く意味」の見つけ方』近代セールス
社。

田尾雅夫（1986)「中間管理者における役割ストレスと疲労感」『心理学研究』第57
巻第 4 号，246-249頁。

田尾雅夫（1987)『仕事の革新』白桃書房。

高石光一・古川久敬 (2008)「企業の経営革新を促進する従業員の自発的行動について：組織市民行動を超えて」『九州大学心理学研究』第9巻，83-92頁。

高石光一 (2013)「経営革新促進行動に対する経営革新支援，変革型リーダーシップ，プロアクティブ・パーソナリティの影響過程に関する実証研究」『赤門マネジメント・レビュー』第12巻第3号，197-218頁。

竹内倫和 (2020)「第10章 量的研究」高橋正泰・大月博司・清宮徹編『経営組織論シリーズ3 組織のメソドロジー』学文社。

竹脇誠 (2005)「成果主義（業績給）における目標とフィードバックの研究」『東京経大学会誌』第244号，33-46頁。

Tannennbaum, R.&W.H. Schmidt (1958) How to Choose a Leadership Pattern, *Harvard Business Review*, 36, pp.95-101.

Thomas, K.W. (2000) *Intrinsic Motivation at Work:Building Energy&Commitment*, Berrett-Koehler Publishers, Inc.

Thomas, K.W. (2009) *Intrinsic Motivation at Work : What Really Drives Employee Engagement*, Second edition, Berrett-Koehler Publishers, Inc.

Thomas, K.W., Jansen, E.&W.G. Tymon, Jr. (1997) Navigating in the Realm of Theory : An Empowering View of Construct Development, in *Research in Organizational Change and Development*, Volume10, JAI Press Inc., pp.1-30.

Thomas, K.W.,&B.A. Velthouse (1990) Cognitive Elements of Empowerment : An Interpretive Model of Intrinsic Task Motivation, *Academy of Management Review*, 15(4), pp.666-681.

Thomas, K.W.&W. G. Tymon, Jr. (2009) *Work Engagement Profile*, Mountain View, California.

豊田秀樹 (1998)『共分散構造分析 [入門編]：構造方程式モデリング』朝倉書店。

豊田秀樹編 (1998)『共分散構造分析 [事例編]：構造方程式モデリング』北大路書房。

豊田秀樹・真柳麻誉美 (2001)「繰り返し測定を伴う実験のための因子分析モデル：アイスクリームに関する官能評価」『行動計量学』第28巻第1号，1-7頁。

Tress, A. (2017) *The Effect of Empowering Leadership on Work Engagement in an Organizational Change Environment : An Investigation of the Mediating Roles of Self-Efficacy and Self-Esteem*, Anchor Acadmic Publishing.

Tuckey, M.R., Bakker, A.B.&M.F.Dollard (2012) Empowering Leaders Optimize Working Conditions for Engagement : A Multilevel Study. *Journal of Occupational Health Psychology*, 17, pp.15-27.

露口健司 (2008)『学校組織のリーダーシップ』大学教育出版。

内山研一（2007）『現場の学としてのアクションリサーチ：ソフトシステム方法論の日本的再構築』白桃書房。

Velsor, E.V., McCauley, C.D.&M.N. Ruderman(2010) *The Center for Creative Leadership : Handbook of Leadership Development : Third Edition*, Jossey-Bass Inc., Publishers.

Vroom, V.H.&P.W. Yetton(1973)*Leadership and Decision-Making*, University of Pittsburgh Press.

渡辺真弓・金井Pak雅子（2019）「日本語版精神的エンパワメント尺度の信頼性・妥当性の検証」『日本看護管理学会誌』第23巻第1号，50-60頁。

Welbourne, T.M., Johnson, D.E.&A, Erez(1998)The Role-Based Performance Scale : Validity Analysis of a Theory-Based Mesure, *Academy of Management Journal*, 41 (5), pp.540-555.

White, R.W.(1959)Motivation Reconsidered : The Concept of Competence, *Psychological Review*, 66(5), pp.297-333.（佐柳信男訳『モチベーション再考：コンピテンス概念の提唱』新曜社，2015）。

Won Jun Kwak(2016)*Empowering Leadership : How would Empowering Leaders Empower ?*, LAP LAMBERT Academic Publishing.

Yeoman, R., Bailey, C., Madden, A.&M, Thompson.(2019)*The Oxford Handbook of Meaningful Work*, Oxford University Press.

吉野有助・松尾睦（2019）「心理エンパワーメント研究の現状と課題」『商學討究』第70巻第1号，125-142頁。

吉野有助・松尾睦（2020）「心理エンパワーメントの決定プロセス：ホテル従業員を対象とした質的研究」『JSMDレビュー』第4巻第2号，41-48頁。

Yukl, G.(2006)*Leadership in Organizations : Sixth Edition*, Pearson Education, Inc.

Yukl, G.(2013)*Leadership in Organizations : Eighth Edition*, Pearson Education, Inc.

Zhang, X.&K.M. Bartol(2010)Linking Empowering Leadership and Employee Creativity : The Influence of Psychological Empowerment, Intrinsic Motivation, and Creative Process Engagement, *Academy of Management Journal*, 53(1), pp.107-128.

Zhou, J.&J.M.George(2003)Awakening Employee Creativity : The Role of Leader Emotional Intelligence, *The Leadership Quarterly*, 14, pp.545-568.

# 索　引

〈著者紹介〉

青木幹喜（あおき みきよし）
1956年 栃木県に生まれる
1978年 千葉大学人文学部卒業
1983年 慶應義塾大学大学院商学研究科博士課程修了
2002年 大東文化大学教授
2017年 大東文化大学副学長（～2020年）
現在 大東文化大学教授 博士（商学）

**主要著書**
『エンパワーメント経営』（単著）中央経済社，2006年
『人と組織を活かす経営管理論』（編著）八千代出版，2009年

## エンパワリング・リーダーシップ

2021年11月15日　第1版第1刷発行

著　者　青　木　幹　喜
発行者　山　本　　　継
発行所　㈱中央経済社
発売元　㈱中央経済グループ
　　　　パブリッシング

〒101-0051　東京都千代田区神田神保町1-31-2
電話 03 (3293) 3371 (編集代表)
　　 03 (3293) 3381 (営業代表)
https://www.chuokeizai.co.jp
製版／三英グラフィック・アーツ㈱
印刷／三　英　印　刷　㈱
製本／㈲井　上　製　本　所

© 2021
Printed in Japan

ISBN978-4-502-39861-2　C3034

# ベーシック＋プラス
## Basic Plus

Let's START!

学びにプラス！
成長にプラス！
ベーシック＋で
はじめよう！

いま新しい時代を切り開く基礎力と応用力を兼ね備えた人材が求められています。

このシリーズは，各学問分野の基本的な知識や標準的な考え方を学ぶことにプラスして，一人ひとりが主体的に思考し，行動できるような「学び」をサポートしています。

教員向けサポートも充実！

ベーシック＋専用HP

中央経済社